MANUAL DE GESTÃO E PROGRAMAÇÃO FINANCEIRA DE PAGAMENTOS

(INCLUINDO ABORDAGEM DE ORGANIZAÇÃO, SISTEMAS E MÉTODOS)

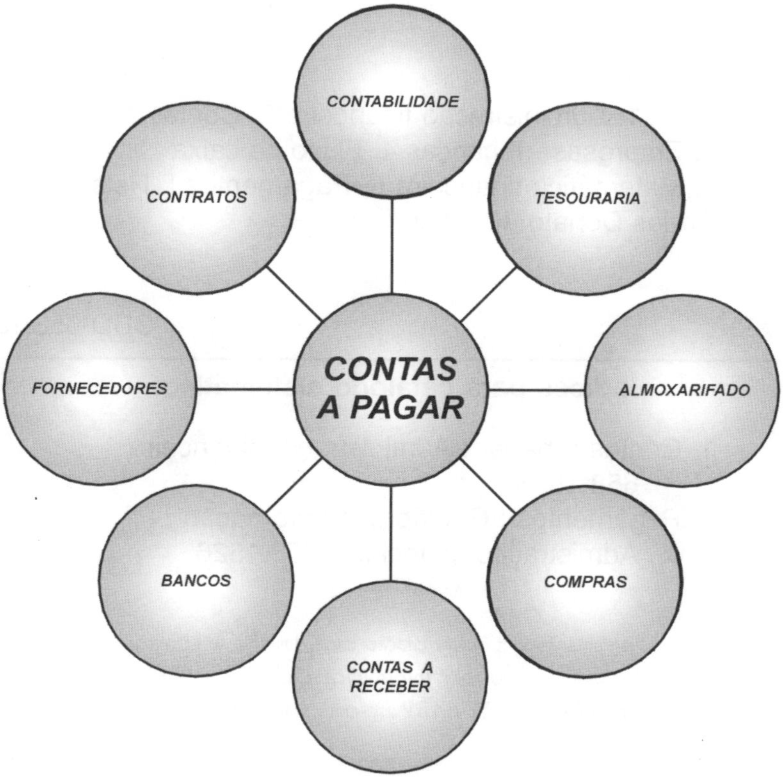

Carlos Donato Reis
José Vittorato Neto

Dados Internacionais de Catalogação na Publicação (CIP)
(Câmara Brasileira do Livro, SP, Brasil)

Reis, Carlos Donato
Manual de gestão e programação financeira de pagamentos / José Vittorato Neto, Carlos Donato Reis. -- São Paulo : Edicta, 2000.

Bibliografia.

1. Administração financeira 2. Contas a pagar 3. Empresas - Finanças 4. Fluxo de caixa 5. Matemática financeira 6. Pagamentos I. Reis, Carlos Donato. II. Título.

00-3733 CDD-658.1526

Índices para catálogo sistemático:

1. Contas a pagar : Administração financeira 658.1526
2. Pagamentos : Gestão e Programação : Admistração financeira 658.1526

Diagramação eletrônica, criação capa, laserfilm e fotolito
SoftSer Informática Ltda
Fone(11) 5021-6482 / e-mail: s.art@ig.com.br

2006
EDICTA
Rua Botucatu, 419 - Vila Clementino
CEP 04023-061 – São Paulo - SP
Tel.: 11 – 5082-3173
www.edicta.com.br

Dedicatória

Este trabalho é dedicado às pessoas que aliaram compreensão e apoio para acompanhar nossos passos em muitas etapas da vida.

Agradecemos aos nossos pais, aos amigos e também aos mestres pelo estímulo que nos inspirou nesta empreitada.

Os autores

À Valéria, companheira e esposa singular

Aos filhos amados: Thiago, Carolina e Mariana, que são motivos de orgulho sempre renovado

À minha família, com carinho, amizade e amor

Carlos Donato

À Roseli, adorável esposa

À Renata, à Gabriela e ao Danilo, meus queridos filhos

Agradeço a vocês pelo amor, carinho e apoio, decisivos para a concepção deste livro.

José Vittorato Neto

Índice

PREFÁCIO

Em recente viagem a Belo Horizonte, onde iríamos ministrar um curso preparado a partir dos temas que abordamos no presente livro, tivemos a satisfação de conhecer um emérito professor de finanças, da Universidade de Chicago, radicado nos Estados Unidos.

Enquanto aguardávamos o embarque no saguão do aeroporto, trocamos algumas palavras e em seguida iniciamos uma interessante conserva. Soubemos então que muitos colegas com os quais mantinha constante intercâmbio eram cientistas financeiros – alguns deles, concorreram ao prêmio Nobel - e ele estava no Brasil para um ciclo de palestras, cursos, simpósios e outros eventos da área.

Contando um pouco sobre a nossa experiência, descrevemos os nossos cursos e seus principais propósitos e pudemos notar o crescente interesse que o professor demonstrava à medida que avançávamos no assunto. Na ocasião ficamos bastante surpresos e até envaidecidos. Havia um motivo para essa especial atenção. O ilustre mestre nos confessou que muitas vezes assinara cheques para pagar compromissos de sua empresa de consultoria, sem a mínima convicção ou segurança do que estava fazendo, porque desconhecia os procedimentos operacionais de controle que antecediam aqueles desembolsos. E acrescentou que em muitas organizações nas quais prestara consultoria pôde diagnosticar o mesmo problema. Independentemente do porte das empresas, sempre pairava no ar um clima reticente no tocante a esse controle operacional.

Este caso particular ratificou de certo modo o nosso ideal de colaborar com os profissionais que procuram melhorar a qualidade de informações de controle administrativo e gerencial. Dirigimo-nos, portanto aos profissionais da área de administração de pagamentos, bem como das demais, que se ligam direta ou indiretamente ao Contas a Pagar (Compras, Almoxarifado, Contabilidade e Tesouraria, entre outras), a estudantes, assessores, consultores e administradores de qualquer nível, comprometidos com o setor financeiro.

Para as organizações em geral, este livro permitirá o treinamento e desenvolvimento de equipes, com melhor retorno na qualidade das atividades executadas.

O presente trabalho tem um duplo objetivo: primeiro, oferecer uma referência prática e adaptada às organizações, fortalecendo a análise e programação de pagamentos. Lembramos que a "análise e programação de pagamentos" está diretamente vinculada ao preceito ***GESTÃO E CONTROLE DOS PAGAMENTOS A EFETUAR E A DECORRENTE PROGRAMAÇÃO DE DESEMBOLSO,*** e não sob aspectos abrangentes da administração financeira; o segundo objetivo é sensibilizar os profissionais envolvidos com a área financeira - contas a pagar, especialmente – para as questões importantes e necessárias dos controles administrativos e financeiros, que possam afetar o desempenho e a sustentação do "caixa" da empresa.

Também faz parte do projeto instrumentar para os desafios que surgem no dia-a-dia, em conseqüência das mudanças em curso nas organizações. Se considerarmos a informação como um "diamante em seu estado bruto", a nossa preocupação é lapidar essa preciosa pedra para obter um fluxo melhor de informações de controle e decisão.

O livro reúne fundamentos básicos de organização, missão da empresa, delegação de autoridade e responsabilidade, fluxo de caixa e contas a pagar, além de alguns outros tópicos tratados de forma clara, direta e atualizados, permitindo ao leitor aprimorar seus conhecimentos no processo contínuo do aprendizado.

OS AUTORES

São Paulo – Dezembro de 2000

APRESENTAÇÃO

Nos últimos anos, em função das transformações sócio-econômicas mundiais, as mudanças organizacionais passaram a ocorrer de uma forma mais rápida. As estruturas foram reduzidas vertical e horizontalmente, passando a exigir dos profissionais, maior especialização dentro de sua área de atuação e, ainda, uma visão global de toda a organização.

Espera-se, portanto, do profissional da área de Contas a Pagar, um aprendizado visando melhorar suas habilidades no processo de previsão de desembolsos e, também, compreender com clareza as relações com clientes e fornecedores internos, principalmente com as áreas de Compras, Estoques, Tesouraria e Contabilidade.

Praticamente inexiste na literatura, uma obra que trate especificamente do funcionamento detalhado da área de Contas a Pagar e de seu relacionamento com as demais áreas da empresa.

O livro se propõe a preencher esta lacuna, uma vez que o seu conteúdo abrange o processo completo de contas a pagar, que vai desde o surgimento da necessidade da compra de um determinado recurso até a liquidação da obrigação de pagar por tal compra, utilizando uma abordagem de sistemas, organização e métodos.

Esta obra destina-se a todos os profissionais da área de contas a pagar, quer sejam iniciante ou experiente e, também, como leitura complementar aos profissionais das áreas de Controladoria e Finanças, Compras e de Estoques.

Pode ser adotado como livro texto complementar nas disciplinas de Administração Financeira, Controladoria Geral e Auditoria.

CAPÍTULO 1

ORGANIZAÇÕES

1. ORGANIZAÇÕES

1.1. UM POUCO DA HISTÓRIA DAS ORGANIZAÇÕES

O que é uma "organização"? Vamos voltar no tempo. Os imperadores romanos, e antes deles, os faraós, e posteriormente os papas, imperadores chineses, senhores feudais, czares russos, instituíram, de forma abstrata, microssociedade de pessoas, que colaborando, dividiam seus trabalhos, constituindo assim as "organizações".

Num tempo mais distante, o homem primitivo, para sua sobrevivência e manutenção da espécie, dedicava-se à caça e à pesca, enquanto sua mulher, ficava com a responsabilidade das tarefas de cozinhar e cuidar dos filhos. Esta divisão de atividades e responsabilidades, iniciada na família, expandiu-se para a religião, política, economia, educação e EMPRESAS.

O desempenho de papéis diferentes, por meio de tarefas específicas dentro de uma sociedade de aldeia primitiva, permanece e perdura até os dias de hoje. Por que? A "especialização" de tarefas das diversas atividades necessárias para o sustento, bem estar da humanidade e manutenção da espécie, ocorreu pelos seguintes motivos:

a) Pessoas tinham condições de melhor desempenhar determinadas atividades do que outras, em função de suas características físicas, idade e sexo;

b) As tarefas tornaram-se cada vez mais complexas e o tempo para o aprendizado delas tornava-se cada vez maior. Em função disto, a pessoa não poderia mais desempenhar, satisfatoriamente, diversas tarefas e atividades.

A partir desse ponto, inicia-se o processo de especialização das tarefas. Com a especialização, surgem várias profissões, como, por exemplo, a advocacia, a engenharia, a medicina, a administração de empresas. Hoje, já podemos considerar que há especialização dentro da especialização. Certamente o profissional da área financeira não domina todos os segmentos da sua área de atuação, acontecendo o mesmo com a medicina, engenharia, entre outras profissões.

A complexidade das "organizações" faz com que o profissional da área financeira não tenha tempo hábil e nem condições de assumir, num mesmo momento, responsabilidades com as atividades/atribuições das contas a pagar, contabilidade, tesouraria e administração de contratos, por exemplo.

Portanto, as organizações surgiram em função do homem. "A nossa sociedade é uma sociedade de organização" (Robert Presthuds – The Oganization Society (Nova York: Knopf, 1962).

1.2. CONCEITOS DE ORGANIZAÇÕES

Considera-se organizações as representações sociais com objetivos claramente conhecidos e identificados (missão, direção), que reúne grupos em torno de idéias determinadas. Estas pessoas, usando de recursos materiais, humanos e tecnológicos, de forma estruturada e organizada, realizam atividades ou tarefas específicas. As organizações podem ser públicas ou privadas, de caráter lucrativo ou não, dependendo de seu escopo ou interesse.

Registramos, ainda, algumas definições e para tornar o conceito mais claro.

Etzioni define seu ponto de vista sociológico: "As organizações são unidades sociais que procuram atingir objetivos específicos; *sua razão de ser* é servir a esses objetivos".

Idalberto Chiavenato (Introdução a Teoria Geral da Administração) delineando suas idéias num prisma parecido com Etzioni, define a organização como "unidades sociais (ou agrupamento humanos) intencionalmente construídas e reconstruídas, a fim de atingir objetivos específicos. Incluem nesse conceito as corporações, os exércitos, as escolas, os hospitais, as igrejas; excluem-se as tribos, as classes, os grupos étnicos, os grupos de amigos e família".

Wight Bakke, dentro de uma abordagem sistêmica, concluiu que, "uma organização social é um sistema contínuo de atividades humanas diferenciadas e coordenadas, que utiliza, transforma e amálgama um conjunto específico de recursos humanos, materiais, de capital, ideológico e natural, num todo único solucionador de problemas, empenhando em satisfazer necessidades humanas particulares, em interação com outros sistemas de atividades e recursos humanos de sua ambientação".

Cyro Bernardes, na sua obra Teoria Geral das Organizações observando um aspecto comportamental humano, conceitua a organização como sendo uma "associação de pessoas caracterizada por ter a função de produzir bens, prestar serviços à sociedade e atender necessidades de seus próprios participantes; possuir uma estrutura formada por pessoas que se relacionam colaborando e dividindo o trabalho para transformar insumos em bens e serviços; ser perene no tempo".

Dentro do enfoque e objetivos propostos, as "organizações" podem ser entendidas como uma pessoa ou um grupo de pessoas exercendo controle sobre obtenção de capital próprio e de terceiros, investimento inicial, geração de receitas e despesas, obtenção de lucros, reinvestimentos e, distribuição de dividendos (nos casos de organizações com finalidade lucrativa).

1.3. OBJETIVOS ORGANIZACIONAIS

Partindo dessas conceituações, podemos afirmar que as organizações nascem da necessidade humana de cooperação, pois para que os objetivos sejam atingidos/concretizados, a pessoa envolvida no processo tem necessariamente que participar ativamente. A cooperação dos indivíduos na organização permite que ela possa ser mais produtiva e com maior eficiência, gerando lucro.

A organização se torna formal, a partir do momento que o agrupamento social passa ser regido por normas, regras, regulamentos e leis dentro de uma estrutura hierárquica que regulam as relações de maneira formal, dentro dos princípios de autoridade e responsabilidade, visando atingir os objetivos (*) previamente definidos.

Em função do porte ou da natureza das atividades, na organização formal surgem as organizações complexas. Assim, o relacionamento das unidades que compõem a estrutura, e os processos e controles, otimiza os esforços dedicados à operacionalização da empresa.

O conceito de organização está diretamente ligado à divisão do trabalho e ao processo de sinergia (palavra originária do grego, que significa "colaboração").

Por divisão do trabalho, entende-se delegar através de autoridade a pessoas especializadas a parte de uma tarefa em atividade, definindo também responsabilidades individuais no processo.

Sinergia ocorre quando o desempenho coletivo consegue mais que a soma dos resultados obtidos pelos esforços individuais (Cyro Bernardes – Teoria Geral das Organizações, fl. 23).

1.4. A MISSÃO MODERNA DAS ORGANIZAÇÕES

Objetivamente, ***"A MISSÃO É GANHAR DINHEIRO"***, fazendo crescer a Organização, respeitando sua filosofia, seus princípios e ainda atendendo e os requisitos exigidos pelos seus clientes, acionistas, empregados e fornecedores. É lucrar gerando liquidez, buscando crescer indefinidamente no tempo até atingir a perenidade, preservando o desenvolvimento, o meio ambiente físico e social e distribuindo esse lucro aos seus empregados e acionistas.

Podemos dizer que a missão moderna das organizações é ***MAXIMIZAR OS RESULTADOS***, pelo aumento de vendas e da

(*) – Objetivo: "é o resultado final que a pessoa pretende obter, manter ou afastar-se" (Cyro Bernardes – Teoria Geral das Organizações – fl. 77.).

produtividade, melhoria na qualidade, expansão e estratégias de crescimento, entre outros tópicos empresariais.

É na maximização dos resultados que a organização irá ganhar dinheiro. Para isso, o empreendedor precisa utilizar critérios próprios, dentro da sua área de abrangência e negócios. Ofereceremos ao leitor um exemplo prático de como uma empresa (indústria, comércio e serviços) - maximizou seus resultados. As idéias a seguir poderão subsidiar as demais organizações para otimizar seus resultados, gerando lucros.

1.4.1. MAXIMIZANDO RESULTADOS

Inaugurando a estratégia de maximização de resultados, a Empresa Modelo Ltda. (nome fictício) dirigiu seus esforços para aumentar o volume de vendas. Em se tratando de uma empresa do ramo da indústria, comércio e serviços de alimentos, adotou as seguintes premissas: aproveitar a capacidade das unidades de negócios (restaurantes/lojas), por meio de ações de marketing e promoções específicas quando caracterizada a ociosidade; oferecer o serviço *Delivery*, implantando linha telefônica 0800; melhor apresentação do produto com o desenvolvimento de novas embalagens e acondicionamento das refeições; análise da concorrência para criar mecanismos, processos e procedimentos ainda não explorados pelo concorrente, além de incluir os cartões de crédito para pagamento de refeições fornecidas através de *Delivery*.

Com a finalidade de aumentar sua produtividade, a empresa de alimentação maximizou seus resultados, alterando os processos de produção com a aquisição de novos equipamentos; flexibilização da jornada de trabalho e comunicação entre as diversas unidades de produção na área fabril.

Com relação à administração de estoques, implantou inventários rotativos; efetuou contagens dos materiais recebidos comparando o seu rendimento – porcentual de perdas, no caso por exemplo de uma peça de picanha, após o corte, na elaboração de um determinado prato.

Renovou os procedimentos na área de expedição da unidade industrial e na recepção da unidade de negócio (restaurante/loja), otimizando os controles de movimentação de materiais e produtos.

Dentro da administração de estoques, introduziu o processo de compras fracionadas; definiu novo layout da área de estocagem, melhorando o espaço físico existente. Passou a contar com novos fornecedores e definiu critérios para aquisição de produtos substitutos.

Ainda objetivando maximizar os resultados, a empresa de alimentação aumentou sua produtividade utilizando a administração de recursos humanos: adaptou o quadro de pessoal à nova estratégia empresarial; flexibilizou a jornada de trabalho nas unidades de negócios (restaurantes/ lojas) através do critério pessoal à disposição x número de clientes atendidos; elaborou escalas de serviços e folgas; implantou plano salarial e políticas de premiação.

Na próxima etapa do processo, analisou outros custos, como por exemplo, a renegociação dos condomínios; repasse a terceiros (programa de terceirização) a operação e administração de estacionamentos localizados nas unidades de negócios. Repassou também a terceiros os serviços de entrega domiciliar de refeições – motoboy - incluindo nas despesas do contratado uniforme, combustível, seguro e encargos sociais, entre outros.

Procurou a melhoria de controles internos, ou seja, conferência da movimentação financeira através de contagem de caixa (sem aviso prévio); melhoria nos relatórios gerenciais; análise diária e detalhada de faturamento (mercadológica) com acompanhamento de cheques devolvidos.

A qualidade foi uma das principais preocupações dessa empresa que aumentou o treinamento operacional dos profissionais das unidades de negócios e de produção (fábrica), além de promover o desenvolvimento de gerentes, supervisores e titulares de áreas. Implantou também critérios estatísticos de avaliação feita por clientes quanto aos serviços prestados, abrindo canal de comunicação direta seja através de carta ou telefone.

Caracterizada a falha, seja no atendimento, ou no produto oferecido, o cliente recebe "cortesia", podendo voltar à unidade de negócio (restaurante/loja) e utilizar os serviços sem nenhum ônus.

Com relação às estratégias de expansão, a organização maximizou seus resultados, abrindo unidades, elaborando novos produtos e serviços e ainda outras áreas de atuação.

Na abrangência dos assuntos empresariais configurou a *holding*, redesenhou o escritório de administração central, elaborou estudos de tributação, definiu novos critérios para "distribuição de lucros", regulamentou ativos e consolidou os contratos sociais. A "Empresa Modelo Ltda", para reduzir custos e, conseqüentemente, melhorar os resultados, detalhou por área de atuação as seguintes estratégias:

- as organizações visam metas e objetivos para concluir seus projetos. Para tanto, é necessário estabelecer sua missão e seu propósito, antes mesmo de seus objetivos;

- inserida num contexto social e econômico, a organização deve identificar as funções que pretende executar, para a integração e continuidade de seus objetivos e posteriormente estabelecer estratégias, políticas e planos específicos.

Marketing:

✓ Merchandising com os principais fornecedores no cardápio de seus restaurantes, para cobrir custos de produção e impressão.

✓ Merchandising no material de uso constante a fim de diminuir custos fixos.

✓ Investimentos em equipamentos modernos para o aproveitamento da capacidade interna do departamento de criação, produção e, em alguns casos, impressão de material de comunicação – visando reduzir custos com agências de propaganda e gráficas.

- ✓ Parceria com gráficas, para diminuir custos através de volume constante.

- ✓ Implantação de projeto para comercialização de *mailing*, levantando assim, fundos para investimento em promoções internas.

- ✓ Negociação com fornecedores para realização de atividades de marketing sem custo para a empresa.

- ✓ Criação de um fundo de marketing (percentual sobre o faturamento) pago por todas as unidades de negócio, destinado à propaganda e promoção da rede.

- ✓ Realização de promoções para incentivar o consumo nas unidades de negócios em geral, e de produtos específicos.

- ✓ Planejamento de promoções e atividades que visem à ocupação das unidades de negócios nos horários ociosos.

Engenharia e Manutenção

- ✓ Otimização das áreas de produção, seguindo a prática já implantada de redução de áreas de cozinha a partir da elaboração de layout adequado e produtivo. Desta forma, diminuiu-se a área locada e aumentou a área de vendas.

- ✓ Aumento de lugares no salão das unidades de negócios (restaurantes), para melhor aproveitamento dos picos de movimento.

- ✓ Crescimento do número de parcerias com fornecedores ligados à área de engenharia, arquitetura, projetos e empresas de manutenção predial e de equipamentos.

- ✓ Elaboração e realização de cursos de operação com equipamentos, dirigidos a gerentes e funcionários, visando à redução de ocorrências.

- ✓ Consolidação do conjunto que forma a Manutenção Total (MT) = Manutenção de Rotina (MR) + Manutenção Preventiva (MP) + Manutenção Corretiva (MC). O objetivo principal é criar condições para que a MC seja zero.

Unidade Industrial – a empresa de alimentos (indústria, comércio e serviços), utilizou-se de maneira precisa do conceito JUST IN TIME, visando o Controle Total da Qualidade (CTQ), através de Controles Estatísticos de Processos (CEP) e Controles Estatísticos de Qualidade (CEQ), fornecendo também aos funcionários treinamento adequado para a realização das atividades/tarefas, conseguindo assim, uma melhoria contínua da qualidade, tornando os serviços a prova de erros, conforme padrão "POKA-YONE".

Nota: "POKA-YONE", idéia defendida pelo consultor japonês Shigeo Shingo que consiste em evitar que funcionários cometam erros – "se há chances de um produto ser produzido de maneira dúbia, ele deve ser reparado para que possa somente ser efetuado de maneira certa".

A Unidade Industrial com base nas estratégias definidas de controle de estoques maximizou seus resultados através dos seguintes itens:

- ✓ levantamento e análise dos fluxos das requisições de compra e fluxo de recebimento de mercadorias, localização física de itens, custos dos produtos e da movimentação de materiais e produtos;
- ✓ elaboração de índice para o controle de estoques: custo total; rotatividade; custo dos estoques de segurança; definição do custo de materiais e mercadorias sem giro ou fora de uso;
- ✓ determinação da ociosidade da mão-de-obra por falta de material e falta de planejamento de produção, e
- ✓ verificação de itens críticos na produção.

Quanto à movimentação e armazenagem, a Unidade Industrial usou as estratégias abaixo para melhorar seus resultados:

- ✓ análise de mão-de-obra, atrasos e manuseio de mercadorias;
- ✓ avaliação das medidas através de três índices: porcentual de mão-de-obra, perda de tempo de trabalho não específico e número de manuseios;
- ✓ mecanização e informatização através do aspecto econômico, verificando despesas de manutenção, taxa de retorno do capital investido, imposto e depreciação de equipamentos.

A produtividade, outro item estratégico estabelecido pela Unidade Industrial, observa as seguintes ações para as finalidades propostas pela empresa:

- ✓ planejamento e controle da produtividade e da eficiência;
- ✓ racionalização das tarefas;
- ✓ capacidade real de estoque na fábrica e nas unidades de negócios;
- ✓ tempo real de armazenagem de produtos.

Estes são alguns exemplos que a organização deve adotar para maximizar seus resultados, cumprindo o objetivo único de sua missão, ou seja, **GANHAR DINHEIRO**.

A missão da empresa tem cinco componentes essenciais: negócio da empresa, os fornecedores, o meio ambiente, a comunidade e os clientes.

Na figura 1.1. apresentamos a sua configuração.

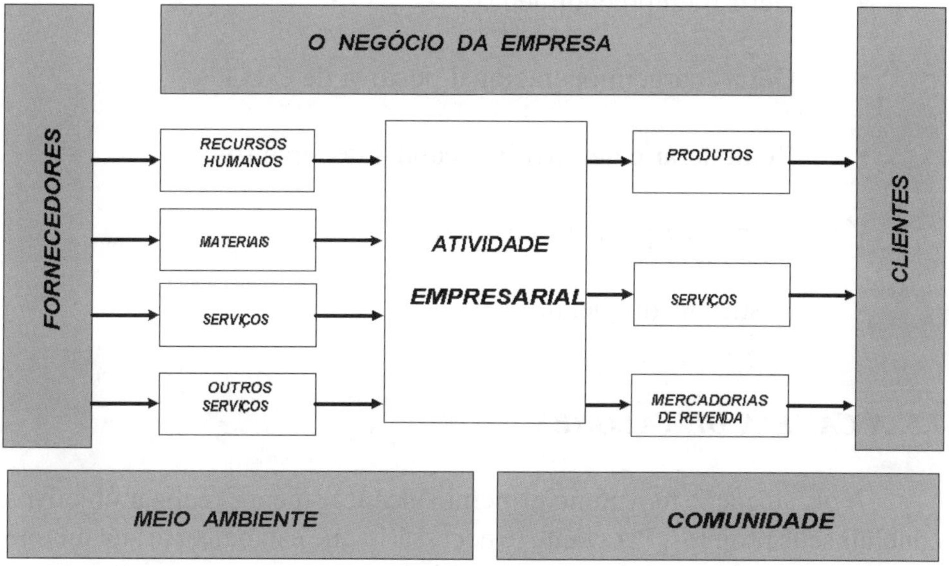

Fig. 1.1. A missão da empresa e os cinco componentes básicos

Num panorama de finanças, uma organização que tem uma missão moderna segue os seguintes preceitos:

- ✓ Montar o projeto
- ✓ Estabelecer o negócio
- ✓ Atrair capital de terceiros
- ✓ Implantar o empreendimento
- ✓ Gerir o empreendimento
- ✓ Gerar margem operacional positiva de caixa
- ✓ Remunerar e desenvolver capital de terceiros
- ✓ Reinvestir para crescimento
- ✓ Distribuir dividendos

1.5. A CADEIA DE VALORES

A organização tem como princípio alcançar metas, realizar objetivos, concluir seus projetos. Para tanto, é necessário que estabeleçam sua missão, seu propósito, antes mesmo de seus objetivos.

No processo social e econômico, a organização deve identificar objetivamente suas funções para a integração e continuidade de seus objetivos e posteriormente estabelecer as estratégias, as políticas e planos específicos.

Temos um exemplo através da cadeia de valores de uma empresa sediada em São Paulo, que atua no segmento indústria, comércio e serviços de alimentação (comida fora de casa – pratos rápidos), de como essa organização definiu primeiramente sua missão, para em seguida atingir os objetivos traçados, através das políticas, das estratégias e planos específicos, como já dissemos.

O propósito dessa empresa é fornecer refeições a clientes nas suas unidades de serviços e negócios. Empresa constituída há 10 anos, não modificou sua missão. Nos últimos quatro anos dobrou a quantidade de "lojas" (conta atualmente com 10 Unidades de Negócio – maio de 2000), reduziu preços, otimizou processos, racionalizou procedimentos administrativos e operacionais, minimizou custos, aumentou faturamento, gerou receitas, distribui lucros (todos os anos!).

A missão da empresa é a identificar as necessidades dos clientes e o tipo de serviços que estará à sua disposição.

E a sua estratégia, através da *"Cadeia de Valores"*, está demonstrada nas figuras a seguir:

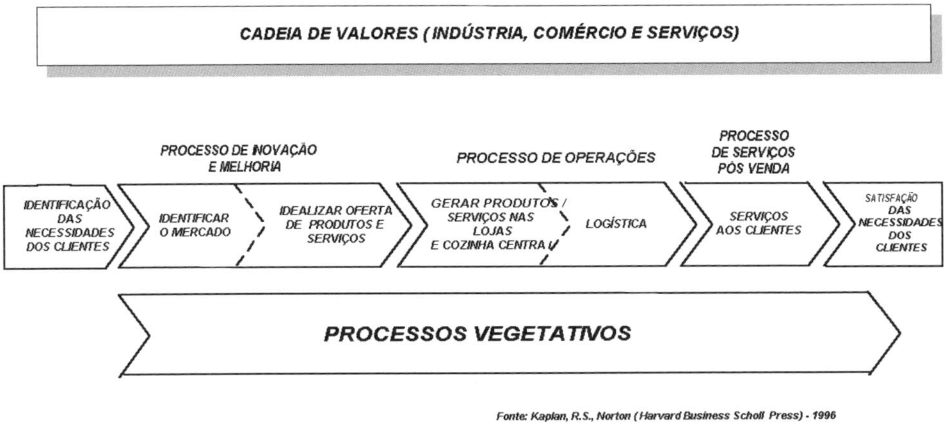

Fig. 1.2. Cadeia de valores (Indústria, Comércio e Serviços)

Uma outra visão da cadeia de valores, observando a estratégia da empresa:

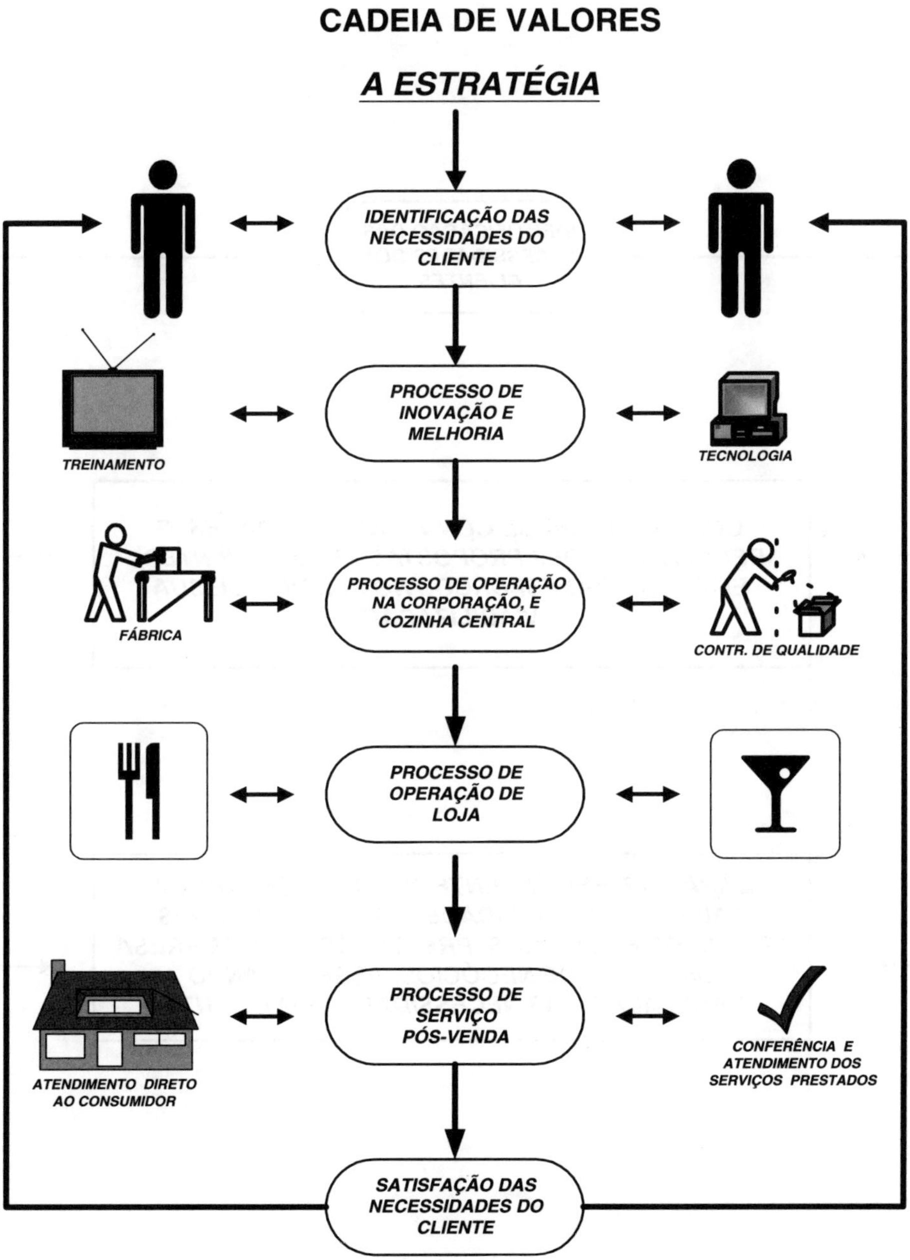

Fig. 1.3. A estratégia da cadeia de valores

Os objetivos da empresa na identificação das necessidades dos clientes estão definidos na figura 1.4:

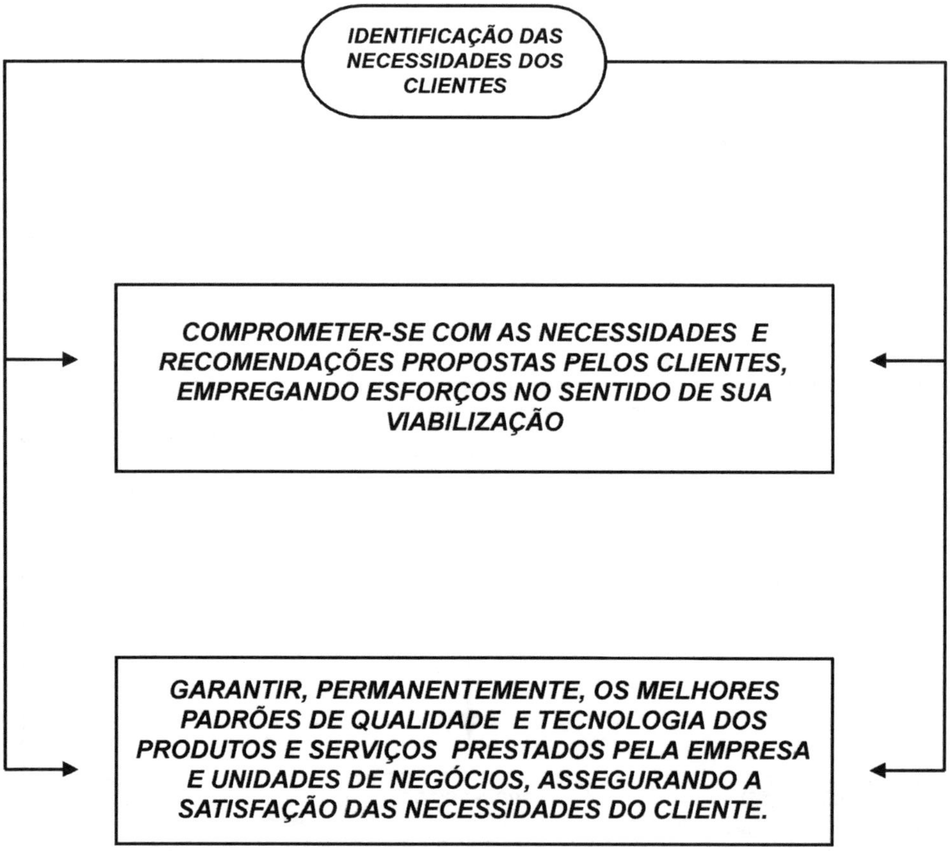

Fig.1.4. Identificação das necessidades dos clientes

Demonstramos os objetivos da empresa nos processos de inovação e melhoria, dentro ainda da "cadeia de valores", como na figura 1.5:

CADEIA DE VALORES (INDÚSTRIA, COMÉRCIO E SERVIÇOS

A ESTRATÉGIA

PROCESSO DE INOVAÇÃO E MELHORIA

PROCESSO DE INOVAÇÃO E MELHORIA

ATENDIMENTO ATIVO, RECEPTIVO E DIFERENCIADO. PREÇOS COMPETITIVOS, KNOW-HOW ESPECÍFICO ,PROCESSOS INTEGRADOS, MÉTODOS DE TRABALHO PERSONALIZADOS E PRINCIPALMENTE ,"QUALIDADE"

APRIMORAMENTO TÉCNICO, ATRAVÉS DE AÇÃO EFETIVA E INTEGRADA DOS SISTEMAS DE INFORMAÇÃO, CONSOLIDANDO SEUS CONTROLES E GERENCIAMENTO

ESTRUTURAÇÃO DA EMPRESA PARA ATENDER AS DEMANDAS DE FORMA COMPETITIVA, USANDO IDENTIDADE PRÓPRIA E DIFERENCIADA

PROGRAMAS DE TREINAMENTO PARA O DESENVOLVIMENTO DE PROFISSIONAIS

MODERNIZAÇÃO DAS INSTALAÇÕES PARA ATENDER E OFERTAR O MELHOR SERVIÇO

OTIMIZAÇÃO E EFICIÊNCIA DOS CONTROLES E RACIONALIZAÇÃO DOS PROCESSOS ADMINISTRATIVOS, TÉCNICOS E OPERACIONAIS

Fig.1.5. Processo de inovação e melhoria

Os objetivos, dentro da estratégia da empresa, com relação ao processo de operação da corporação e da cozinha industrial, estão na figura abaixo:

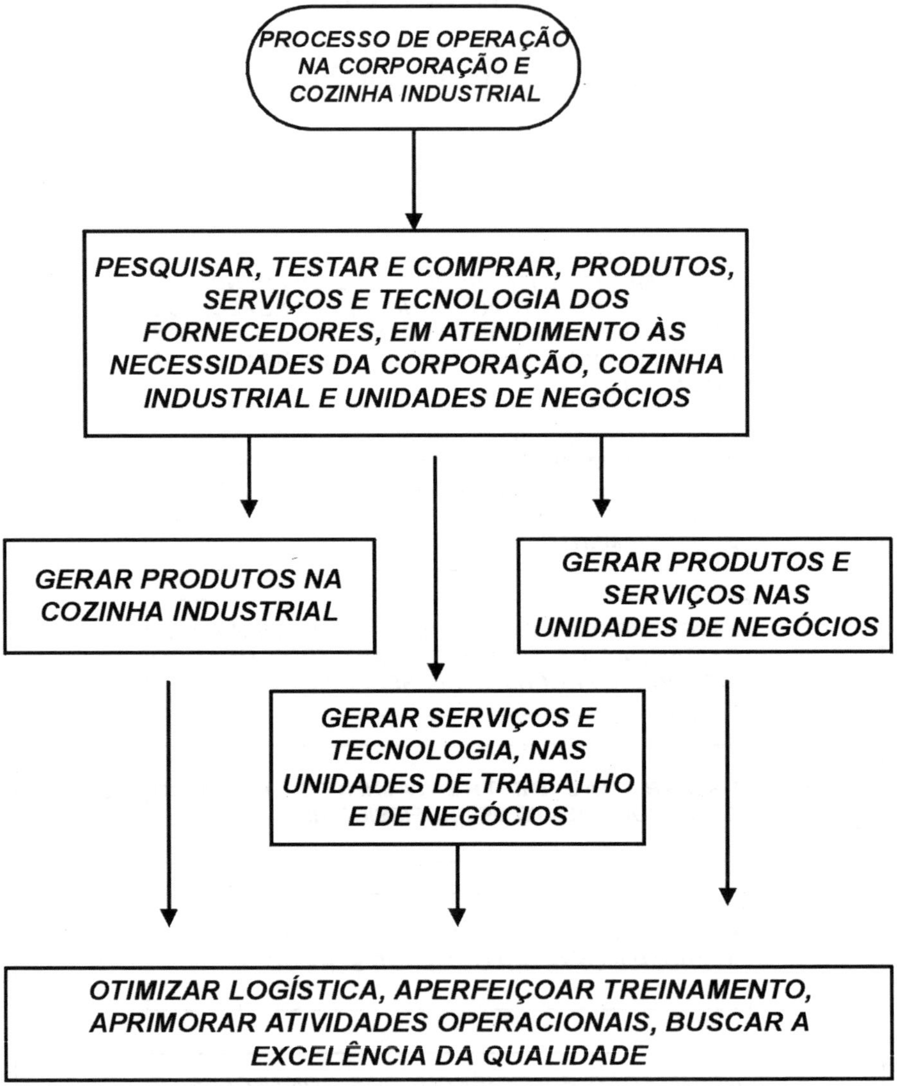

Fig.1.6. Processo de operação na corporação e cozinha industrial

Na "cadeia de valores", a estratégia da empresa para o processo de operação nas lojas, considerando uma unidade de negócio, defini-se na figura 1.7:

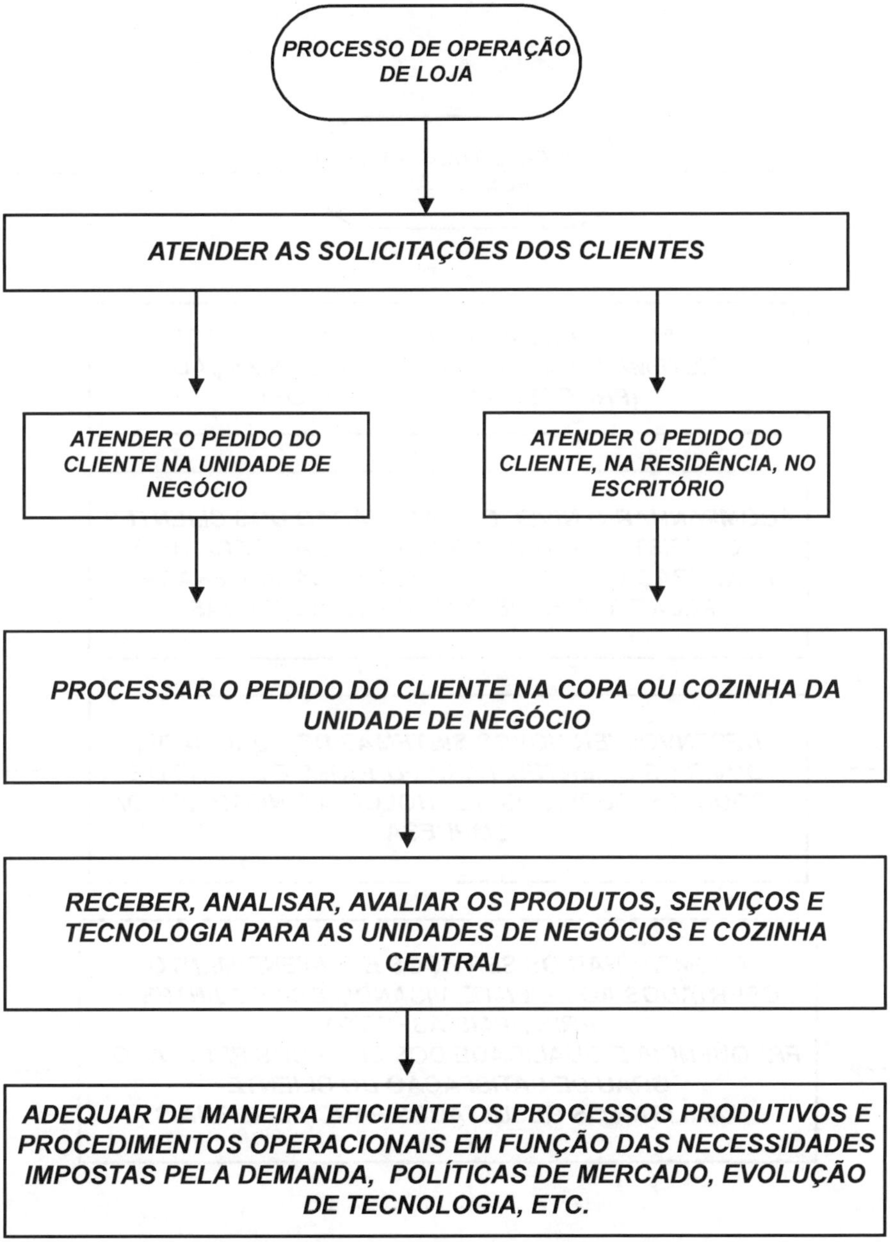

Fig. 1.7. Processo de operação de lojas (Unidades de Negócios)

E concluindo os processos da cadeia de valores e estratégias da empresa de alimentação, na figura 1.8 são indicados os objetivos do processo de serviços pós-venda:

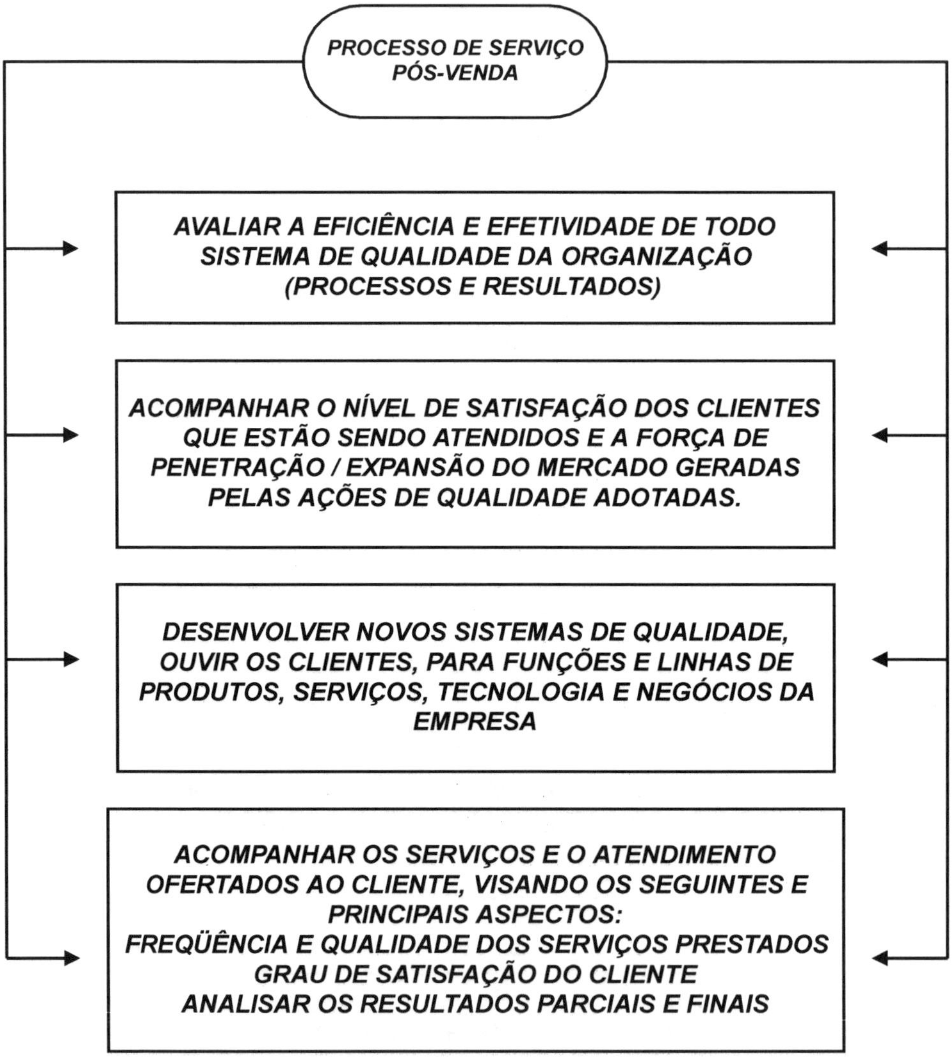

Fig. 1.8. Processo de serviço pós-venda

1.6. ADMINISTRAÇÃO

Qualquer organização requer de seus colaboradores constantes decisões na direção e condução de pessoas, além da coordenação de atividades e tarefas, obtenção de recursos etc. A administração nas organizações modernas trabalha com variáveis como as tarefas, a estrutura, as pessoas, o ambiente e a tecnologia. As variáveis são interligadas e interdependentes; seus componentes complexos atuam de forma sistêmica. Influências e modificações nas variáveis provocarão alterações maiores ou menores nos demais componentes.

Buscando alcançar metas com eficiência e eficácia, através da organização humana, a administração tem como tarefa básica fazer e consolidar com planejamento, organização, direção e controle os componentes e variáveis para que apresentem os melhores resultados.

Pode-se definir administração como "trabalhar com pessoas para determinar, interpretar e alcançar os objetivos organizacionais pelo desempenho das funções de planejamento, organização, preenchimento de vagas, direção e controle" (Leon C. Megginson – 1986).
George Rodrigo de Camargo Biller define: "Administração é a arte de obter resultados eficazes, com o concurso de pessoas especialmente preparadas" .

1.6.1 - QUAL A NECESSIDADE DA ADMINISTRAÇÃO?

Imaginemos pessoas que trabalham numa determinada empresa e executam suas atividades para alcançar seus próprios objetivos, suas próprias metas. E também necessário que estas pessoas estejam preocupadas consigo mesmas em detrimento das demais. Com a ausência da administração nas organizações, todo esforço será nulo, todo trabalho será desperdiçado, todo objetivo, as metas, e a **MISSÃO** não serão atingidos, ou realizados. A importância da **ADMINISTRAÇÃO** está precisamente aí: trabalhar com as pessoas para atingir um objetivo comum, com resultados eficazes.

Portanto, os empreendimentos, os negócios e as empresas são, resumidamente, as **PESSOAS** (ver figura 1.9).

É claro que o trabalho não é produzido de forma isolada. Mesmo com a tecnologia de maior sofisticação, aplicada a máquinas e equipamentos, estes não planejam a atividade. Somente pessoas conseguem fazer o trabalho ser executado. Empresas são compostas por grupo de pessoas, cada uma delas executa determinada tarefa que contribui para a realização do objetivo comum.

Portanto, a administração é necessária para concretizar objetivos organizacionais e pessoais.

Fig. 1.9. Administração = Massa de conhecimentos = Pessoas

CAPÍTULO 2

TEORIA DE SISTEMAS

2. TEORIA DE SISTEMAS

2.1. CONCEITO

A palavra sistema tem sido utilizada para determinar diferentes tipos de fenômenos, por exemplo: Sistema Planetário, Sistema Habitacional, Sistema Financeiro, Sistema de Energia Elétrica, Sistema de Transporte, Sistema Circulatório etc.

As organizações também possuem seus sistemas que identificam os fenômenos administrativos e operacionais, tais como: **SISTEMA DE CONTAS A PAGAR**, Sistema de Suprimentos, Sistema de Controle de Estoque, Sistema de Produção, Sistema de Pessoal, entre outros.

No conceito, define-se sistema como "um conjunto de elementos, ligados entre si, por interação e/ou por interdependência, para atingir objetivos comuns." (George R.C. Biller – 1991).

Todo sistema possui dentro de si outros sistemas (subsistemas), e também este mesmo sistema sempre faz parte de um outro maior.

Em nível organizacional, exemplificamos, conforme figura 2.1.:

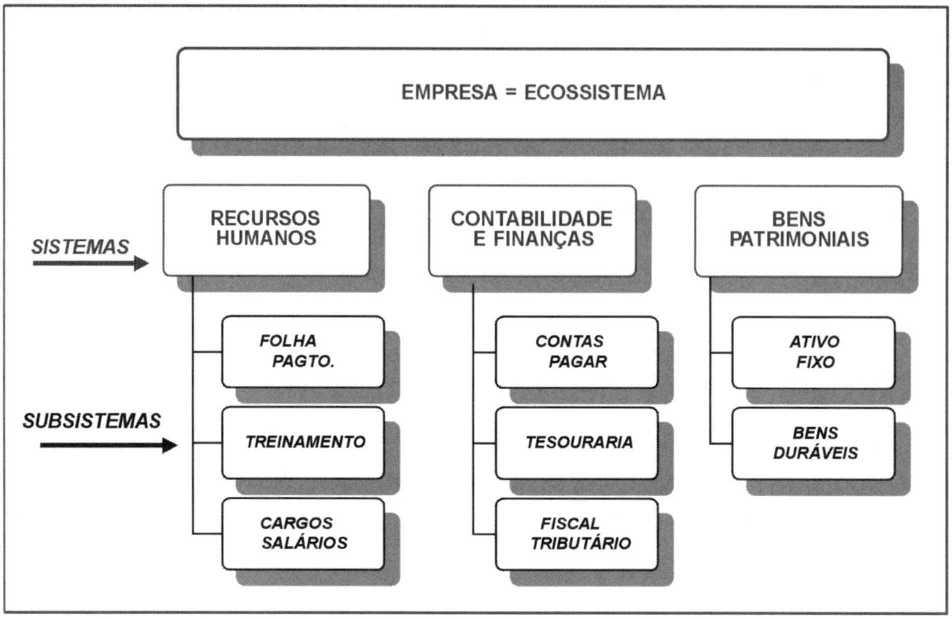

Todo sistema seja físico, biológico ou social, tem uma ou mais finalidades específicas, para a qual contribuem todos os seus elementos. Sem essas finalidades comuns, a interligação dos elementos componentes do sistema não teria justificativa.

Os sistemas são complexos. Cada intervenção que modifique um ou mais de seus elementos afetará o conjunto.

A organização vista como SISTEMA, tem a representação gráfica da figura 2.2.:

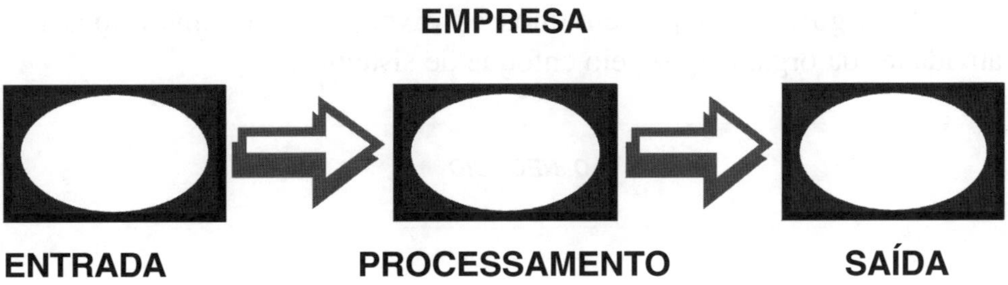

Fig. 2.2. Organização vista como Sistema

Já na figura 2.3, é possível observar um exemplo prático de Sistema, considerando as "entradas", o "processamento" e "saídas":

Fig. 2.3. Entradas, Processamento e Saídas

Na figura 2.4, apresentamos as diversas áreas envolvidas nas atividades da organização pelo enfoque de sistemas.

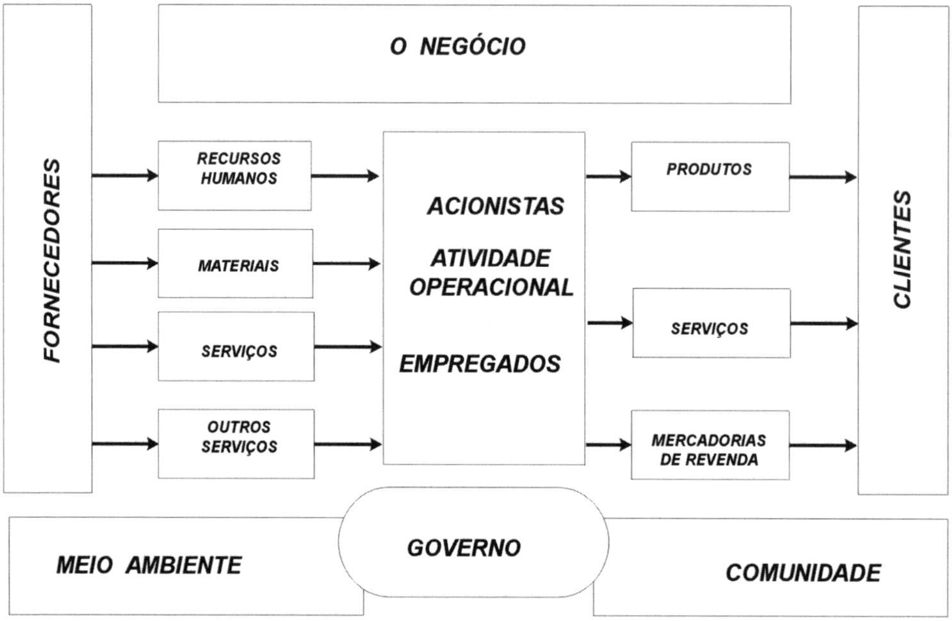

Fig. 2.4. A atividade operacional das organizações pelo enfoque de sistemas

2.2. SISTEMAS DE INFORMAÇÃO

Um conjunto de procedimentos executados de forma organizada para subsidiar e dar suporte de controle e tomada de decisão pode ser definido com um Sistema de Informação, que também é desenvolvido para servir de ferramenta aos administradores, conforme o próprio nome sugere.

Um Sistema de Informação processa dados de maneira informatizada ou de forma manual, disponibilizando-os a um usuário ou a um grupo de pessoas, para que sejam interpretados, gerando outras informações para controle e tomada de decisão. Essas análises, por sua vez, criam as informações de saída, dentro desse conceito.

Muitos sistemas, porém, são usados somente para verificações e requerem pouca tomada de decisão. Por exemplo, algumas organizações utilizam-se do controle de visitantes (emissão automática de crachás, controle de vagas no estacionamento interno, data e hora de chegada e saída etc.). Nestes casos, necessitam pouca atenção do corpo diretivo da organização. Por outro lado, existem sistemas desenvolvidos e implantados para o planejamento estratégico da empresa. Estes (por exemplo, alocação de investimento, logística de mudança de uma unidade fabril etc.) darão suporte às decisões da alta administração da organização.

Os Sistemas de Informação podem ser classificados nas seguintes categorias e com as características a seguir, de acordo com André de Oliveira Carvalho e Maria Bernadete de Paula Eduardo ("Sistema de Informações na Saúde Pública"):

- ***Sistema de Informação Transacional (SIT)***
  - ✓ Objetiva tarefas estruturadas nas quais estão claros os procedimentos, as regras de decisão e os fluxos de informações;
  - ✓ Tem em vista a eficiência, que pode ser traduzida por redução de custos, tempo ou pessoal, ou ainda, por aumento de produtividade;
  - ✓ Relevância indireta dos gerentes.
- ***Sistemas de Informação Gerencial (SIG)***
  - ✓ Ajuda gerentes no processo de decisão em tarefas semi-estruturadas;
  - ✓ Apóia e não substitui o julgamento do gerente;
  - ✓ Aumenta a efetividade do processo de decisão em vez de sua eficiência.

- ***Sistemas de Apoio à Decisão (SAD)***

  ✓ Apóia as decisões: prescinde de estruturação suficiente para que recursos analíticos ou computadorizados possam oferecer mais elementos para o julgamento do gerente;

  ✓ Aumenta o alcance e capacidade do gerente, assim como sua efetividade;

A organização definirá, dentro de seus objetivos, qual ou quais os Sistemas de Informação deve implementar para seu processo decisório. Essa ferramenta pode ser enquadrada nos seguintes enfoques:

- *Planejamento estratégico:* voltada para as decisões que norteiam os rumos da organização;

- *Controle gerencial:* dirigido para o uso eficiente e efetivo dos recursos da empresa para alcançar seus objetivos;

- *Controle operacional:* para a execução das tarefas essenciais ao funcionamento da organização.

2.2.1. COMPONENTES DE TECNOLOGIA DA INFORMAÇÃO: HARDWARE E SOFTWARE

Por *hardware* podemos definir, de maneira simplificada, os dispositivos visíveis do computador e seus periféricos. A tarefa do computador seja ele de pequeno ou grande porte é processar informações. Todo equipamento tem uma central de processamento, memória para armazenar dados, um dispositivo de entrada e um de saída.

Como componentes de entrada podemos mencionar o teclado, leitores de código de barras, *scaners* (para imagens e textos), microfones (para reconhecimento de voz), entre outros. E de saída são as impressoras (matricial, jato de tinta, laser); alto-falantes, monitor, vídeo, projetores. Para o processamento dos dados, existe um microprocessador, ou *chip*.

Softwares representam a inteligência que dá funcionalidade ao *hardware*, na forma de programas ou instruções executadas segundo seqüências lógicas. Os aplicativos, ou programas de computador são componentes de *software*.

2.2.2. SISTEMAS DE INFORMAÇÃO COMO INSTRUMENTO DE GERÊNCIA

Na conceituação e na apresentação de propostas para adequação e implantação de Sistemas de Informação na empresa deve-se ter os seguintes objetivos:

- otimizar a tecnologia disponível no campo de Sistemas de Informação, ordenando e transformando as informações (dados) disponíveis em efetivos RECURSOS GERENCIAIS;

- adequar os SISTEMAS às necessidades da empresa, por intermédio da integração, com prazos e responsabilidades definidos, e o envolvimento de toda a cadeia de informações.

Os leitores devem levar em conta alguns pré-requisitos para melhorar a utilização da tecnologia de Sistemas de Informação, que registramos como sugestões:

- evitar o desenvolvimento de SISTEMA em "pedaços" em detrimento ao enfoque sistêmico;

- entender os SISTEMAS DE INFORMAÇÃO como instrumento de GESTÃO EMPRESARIAL, e não como noção subjacente ao computador – entrada – processamento – saída;

- considerar o desenvolvimento de SISTEMAS como um processo de mudança técnica e comportamental, dando especial atenção ao envolvimento e contribuição de todas as pessoas da empresa que interagirão com o SISTEMA;

- a concepção dos SISTEMAS é uma responsabilidade GERENCIAL e não apenas de especialistas em informática, pois envolve decisões sobre políticas, conceitos, critérios, mudanças organizacionais, além da necessária experiência e conhecimentos empresariais de gerência, e motivação dos envolvidos.

Deve-se também considerar alguns tópicos para o desenvolvimento dos Sistemas de Informação de uma Organização:

- envolver a Administração da Empresa (diretores, superintendentes, gerentes, chefes de departamento etc.) nos processos de planejamento e desenvolvimento dos SISTEMAS DE INFORMAÇÕES;

- assegurar o aporte de conhecimento/experiência adequados, contando com profissionais que tenham conhecimento multidisciplinares (internos ou externos);

- incentivar o efetivo envolvimento, treinamento e adesão das áreas e pessoas cuja rotina é influenciada pelo SISTEMA;

- assegurar mecanismos e instrumentos de gerenciamento, buscando desenvolver os SISTEMAS sob o conceito de "Projeto", de forma a garantir objetivos, prazos, atividades, recursos, custos;

- existir pontos de controle intermediários, para avaliação, pela Administração, de premissas, condições e requisitos;

- garantir efetivamente a integração dos SISTEMAS DE INFORMAÇÃO na ADMINISTRAÇÃO, transformando os usuários em "donos" do SISTEMA.

Destacamos também as políticas de informática da organização que devem estar com foco dirigido para esses aspectos:

- ênfase empresarial, através da integração aos negócios da organização;
- descentralização de autoridade, sem prejuízo dos controles corporativos;
- segurança nas informações sob controle dos usuários responsáveis;
- administração integrada dos recursos disponíveis;
- contratação de consultores e serviços externos, sem prejuízo do *know-how* estratégico;
- atualização tecnológica a custos adequados;
- abordagem evolutiva a partir de estratégias de médio prazo;
- desenvolvimento de um Plano Diretor de Informática para toda a Organização.

Na figura 2.5, apresentamos a organização básica para desenvolvimento dos projetos. No caso, a Comissão Diretora tem como atribuição o estabelecimento dos objetivos e diretrizes, e a Equipe de Projeto, a estruturação, desenvolvimento e propostas de soluções à Comissão.

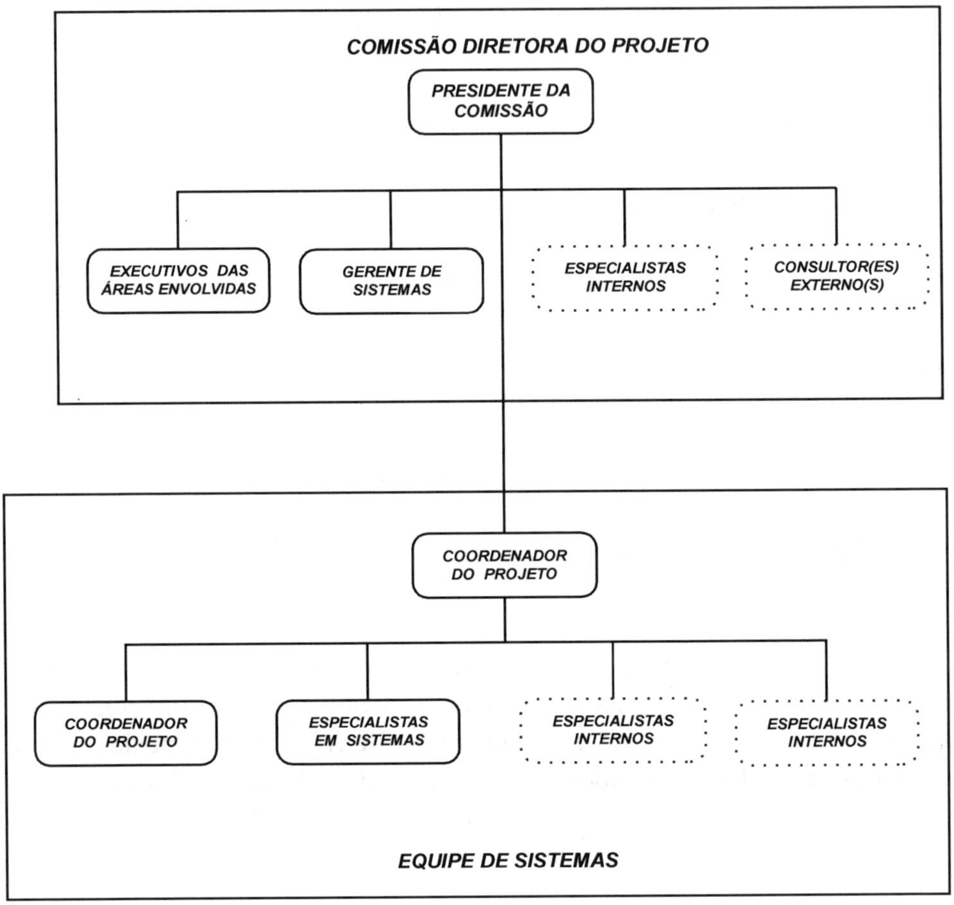

Fig. 2.5. Organização Básica para Desenvolvimento de Projetos

Na figura 2.6, o leitor poderá ter uma visão abrangente de um Sistema de Informação dentro de uma Organização.

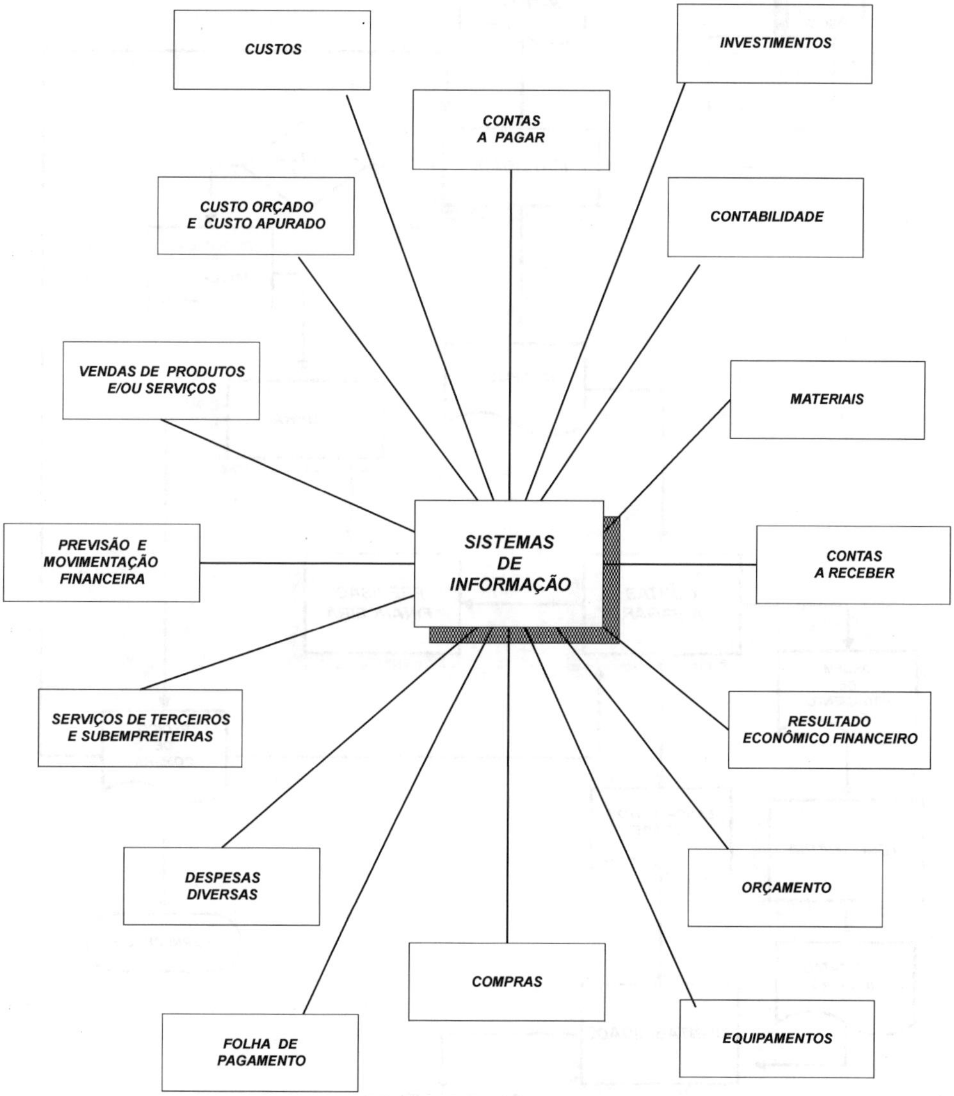

Fig. 2.6. Sistemas de Informação dentro de uma Organização

Na figura 2.7, um exemplo, através de um fluxograma da integração dos Sistemas de Informação:

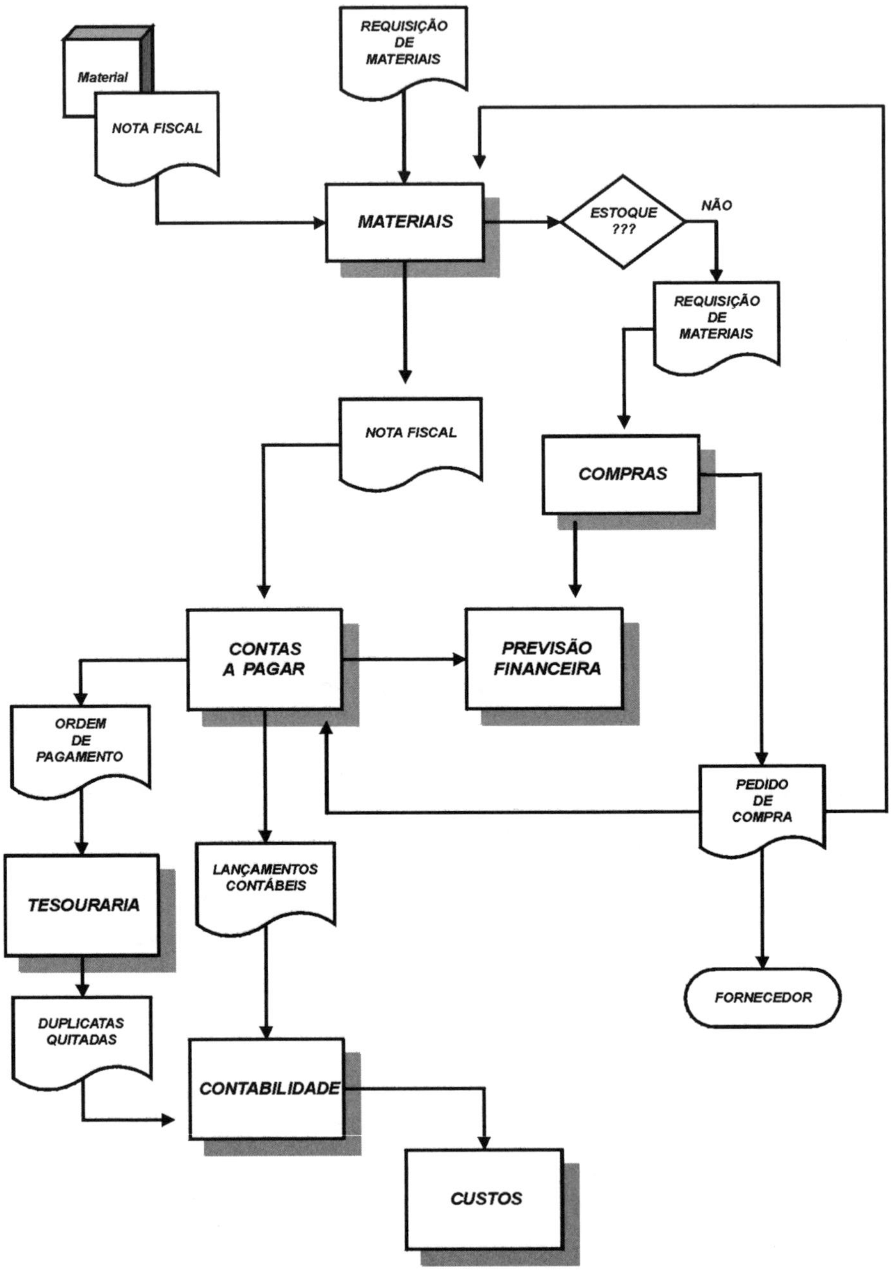

Fig. 2.7. *Fluxograma da Integração dos Sistemas de Informação*

Para uma visão mais detalhada da interação dos Sistemas de Informação nas empresas, acrescentando as diversas informações geradas, nas figuras 2.8, 2.9, 2.10, 2.11 e 2.12 apresentamos individualmente os seguintes sistemas: Compras, Materiais, Contas a Pagar/ Receber, Contabilidade e Resultado Econômico e Financeiro. Observa-se, nestes fluxogramas, as principais informações fornecidas pelos usuários, a saída de cada sistema mencionado, como também as interligações entre cada módulo.

COMPRAS

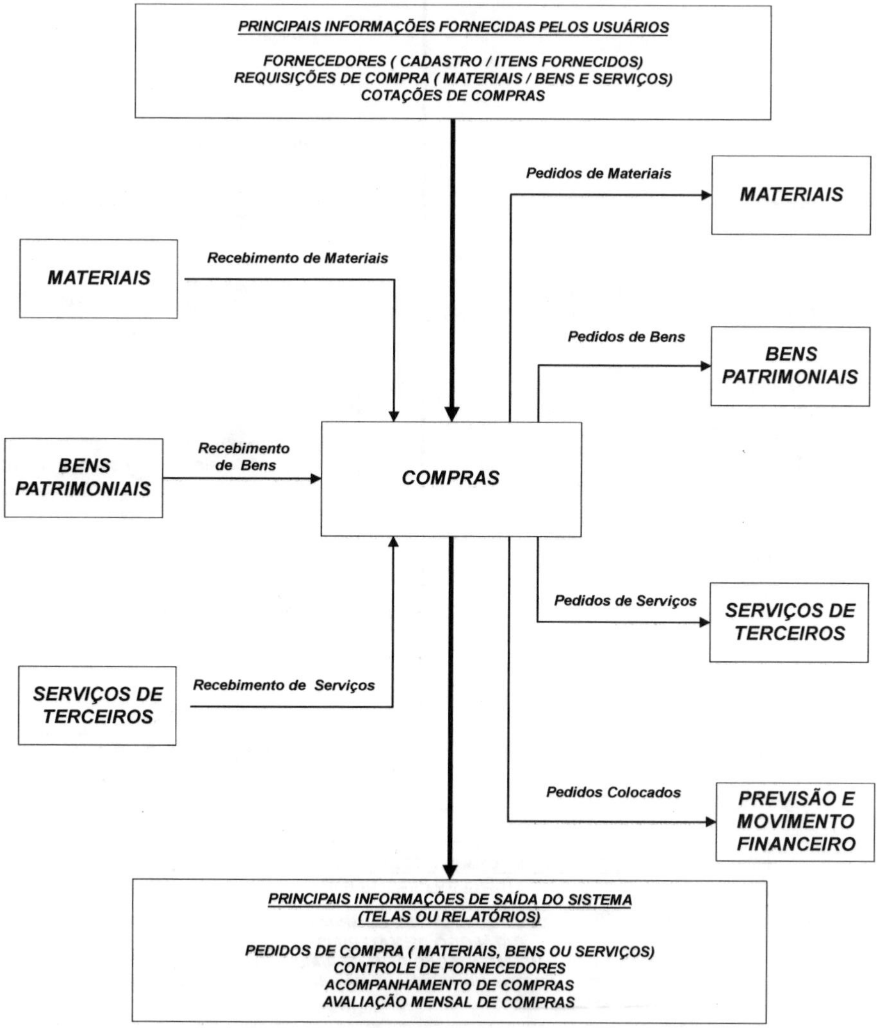

Fig. 2.8. Compras

MATERIAIS

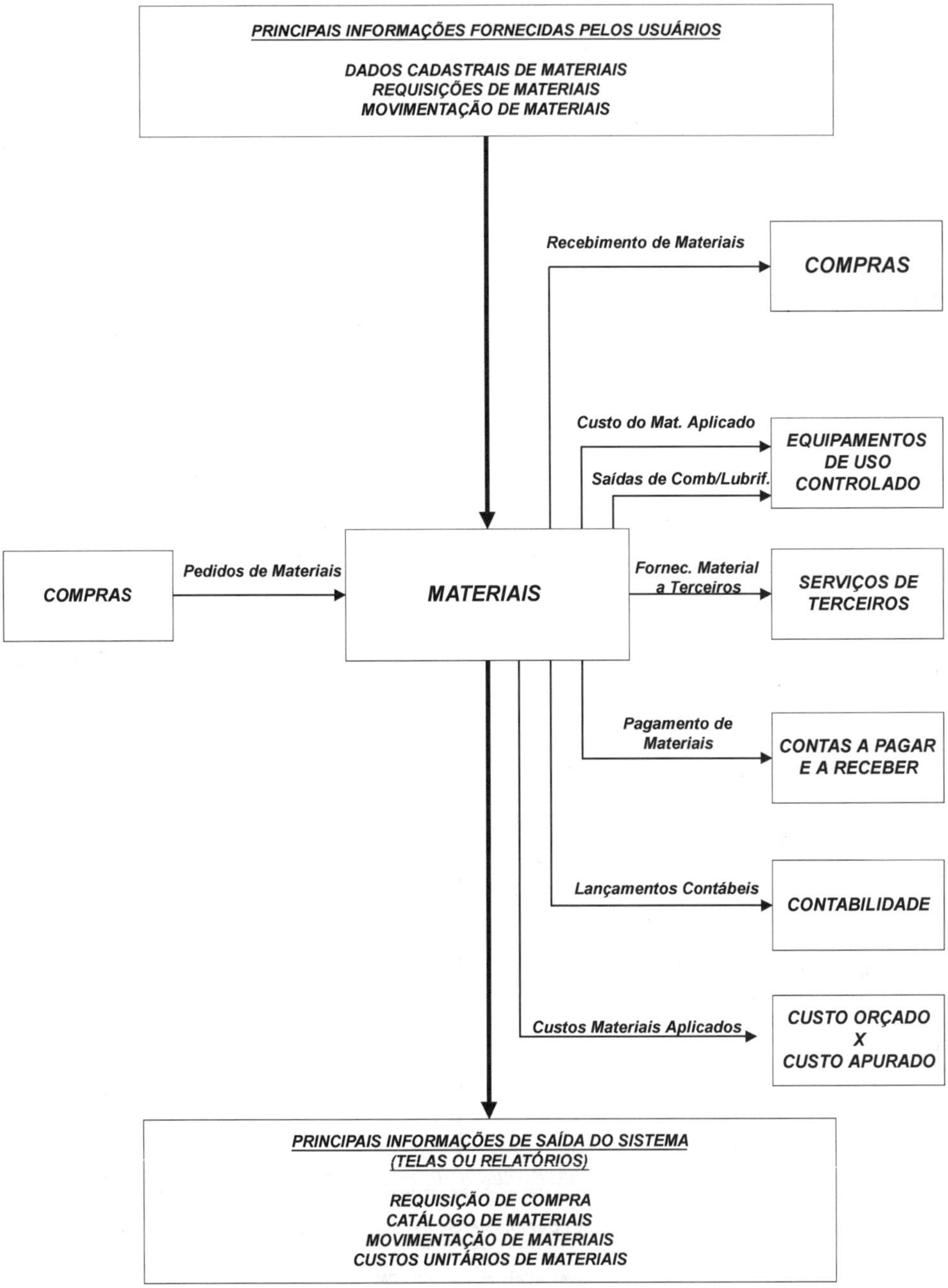

Fig. 2.9. Materiais

CONTAS A PAGAR

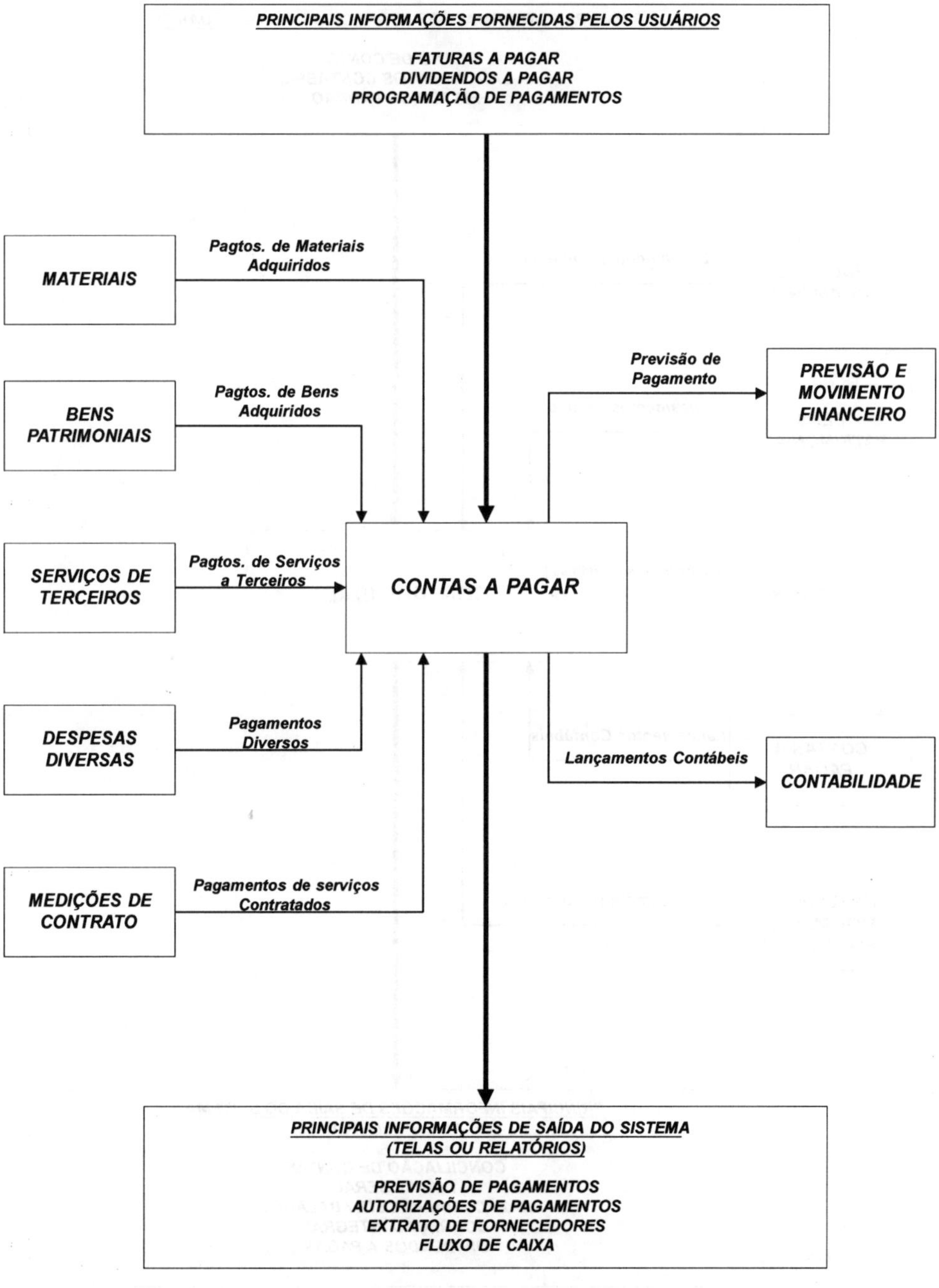

Fig. 2.10. Contas a Pagar

CONTABILIDADE

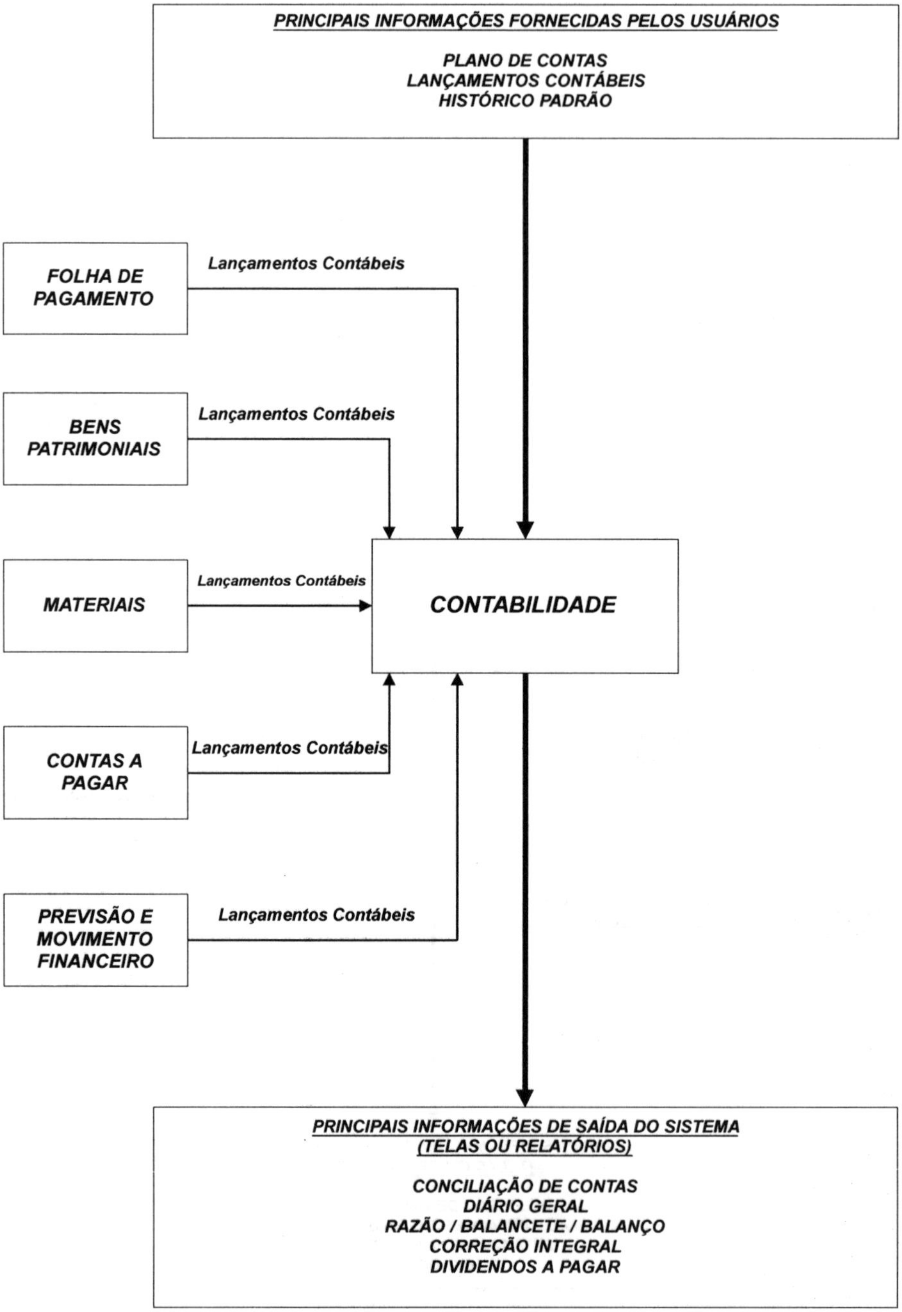

Fig. 2.11. Contabilidade

RESULTADO ECONÔMICO-FINANCEIRO

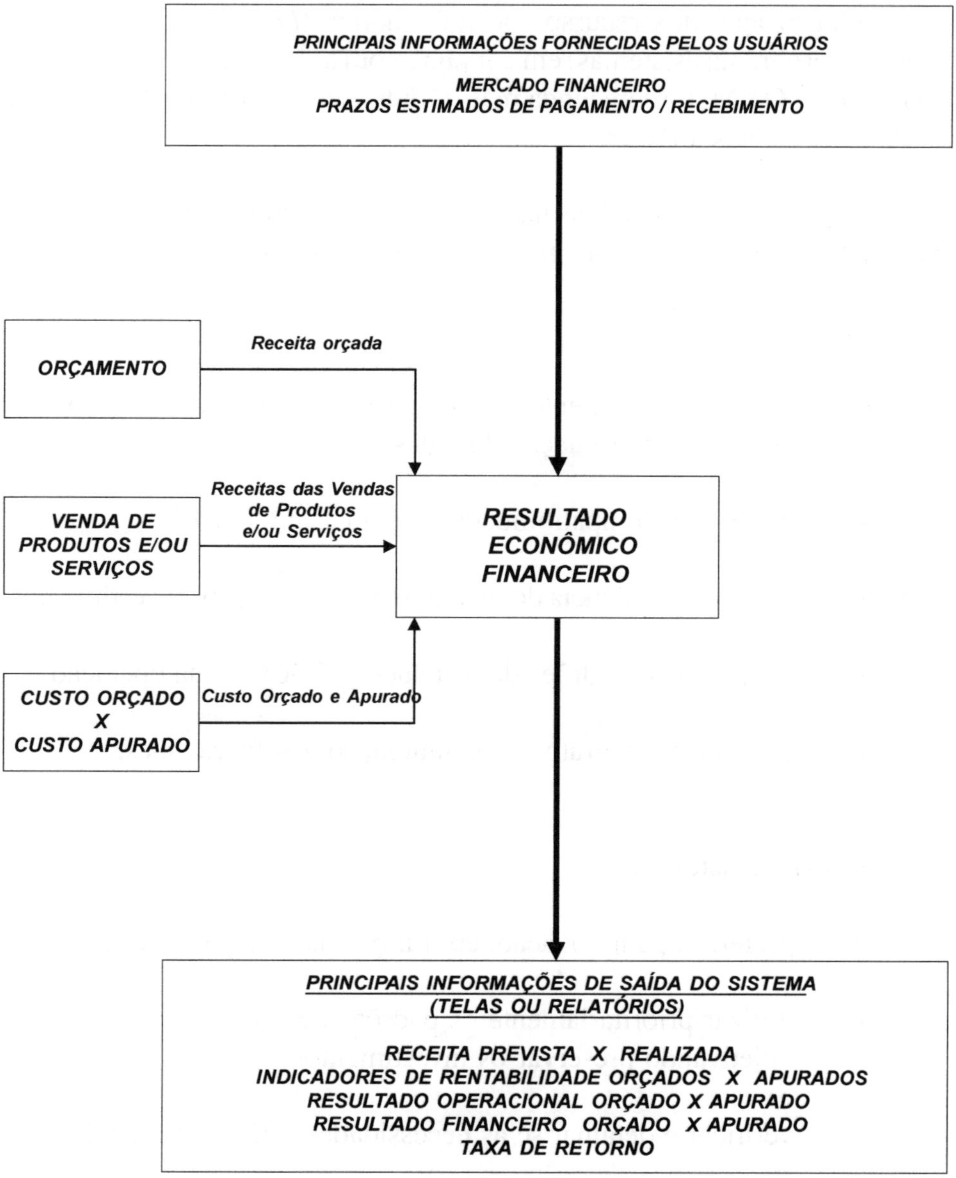

Fig. 2.12. Resultado Econômico - Financeiro

2.2.3. UTILIZAÇÃO DOS RECURSOS DE INFORMÁTICA

A utilização dos recursos de informática (*hardware*: máquinas e *software*: programas/sistemas) em conjunto com as técnicas de Organização e Métodos – O&M, tornará ainda mais rápido e eficaz o processamento e a Gestão das Contas a Pagar.

As políticas introduzidas na Organização, no âmbito do segmento da informática, devem estar orientadas para os seguintes aspectos:

- *Hardware*
  - ✓ efetuar levantamentos de necessidades e verificar se a melhor opção é por instalação de redes ou não;
  - ✓ verificar a compatibilidade de marcas e modelos;
  - ✓ analisar a tendência do mercado, preservando os investimentos;
  - ✓ comparar os padrões de instalações físicas e sua operação;
  - ✓ analisar os contratos de manutenção dos fabricantes.

- *Software*/Sistemas
  - ✓ preferir a padronização, em função da redução de custos;
  - ✓ utilizar prioritariamente os padrões de *softwares* de mercado, objetivando preservar os investimentos;
  - ✓ verificar e detalhar se as necessidades estão bem definidas;
  - ✓ dimensionar o equilíbrio abrangência x especialidade;
  - ✓ direcioná-los para a tomada de decisão;

- ✓ integrar as informações com outros sistemas;
- ✓ fazer as entradas de dados acontecerem a partir dos documentos originais.

Os *softwares* podem ser desenvolvidos internamente se a companhia contar com equipes especializadas, ou adquiridos de empresas que comercializam este tipo de produto ("*softhouse*").

O importante é que os sistemas/programas, além de racionalizar e otimizar os procedimentos operacionais, minimizem a digitação de dados. Atualmente estão disponíveis no mercado inúmeros modelos de *softwares* específicos para o porte de cada organização, levando-se em conta também, seus objetivos, controles e procedimentos internos. Recomenda-se que estes sistemas sejam integrados, quer dizer, quando se registrar os dados de nota fiscal no almoxarifado, validando a contratação, estas mesmas informações devem estar disponíveis para a área de Contas a Pagar, como também para o Setor de Compras, para baixa do respectivo pedido.

As ferramentas de informática (máquinas e sistemas) em uso nas pequenas, médias e grandes empresas, são recursos disponibilizados com valores de aquisição perfeitamente compatíveis com o porte da organização.

As instituições bancárias oferecem serviços que incluem os sistemas implantados e operacionalizados pelos clientes. O valor do fornecimento de *software* já está embutido na negociação comercial.

Reforçamos a necessidade de as organizações efetuarem estudos antecipados com os seus Analistas de Organização e Métodos – O&M, antes de incorporar às suas atividades os serviços de tecnologia da informática.

Para a implantação ou implementação de recursos na área de informática é necessário definir claramente os objetivos a se alcançar, de forma a garantir que o produto final atenda às necessidades específicas. Registramos alguns requisitos a se considerar na definição do plano de informatização da empresa.

Com relação aos aspectos funcionais, verificar como o sistema funciona (interface homem-máquina, as entradas necessárias para o processamento dos dados e as informações de saída geradas).

Quanto aos aspectos operacionais, observar os volumes/quantidades de dados de entrada, os volumes/quantidades de saída, o tempo de processamento, o número de usuários e se o sistema é compatível com os outros já utilizados.

No que se refere aos aspectos de configuração, verificar a capacidade de memória, os dispositivos de entrada e saída e tipo de processador do *hardware*, entre outros.

Considerando os aspectos de apoio, procure averiguar a garantia do fabricante, treinamento aos funcionários e critérios de manutenção preventiva e corretiva.

Nas alternativas de implementação de aplicativos/programas (*software*), as opções são muito variadas. Adquirir pacotes ou desenvolver soluções com a ajuda de profissionais internos ou a contratação de empresa específica (*softhouse*) requer análise, em função das vantagens e desvantagens técnicas. Passamos a comentar essas alternativas.

2.2.3.1. Aquisição de pacotes

As vantagens: o custo de aquisição é pequeno em função da economia de escala; os produtos já foram testados e avaliados pelo mercado; o suporte técnico ofertado pela empresa fornecedora do produto está sempre disponível; existência de manuais.

***As desvantagens*:** a organização fica sempre dependendo do fornecedor; haverá uma adaptação no produto – alteração de relatórios, de rotinas, formato dos dados etc; o fornecedor detém o código fonte, e nos casos de pequenas alterações ou adaptações no sistema, é preciso recorrer a ele para solucioná-las.

2.2.3.2. Desenvolvimento Interno

As vantagens: a equipe de especialistas de informática (analistas, programadores) já conhece as operações e os objetivos da organização; o custo de mão-de-obra por hora dedicada ao projeto é menor; o detalhamento e controle do cronograma das atividades terão maior controle; facilidade de manutenção e modificação das rotinas.

As desvantagens: altos custos para manter a equipe; a rotatividade de pessoal de informática implica treinamento continuado; os custos de desenvolvimento podem ser acrescidos no caso de improdutividade destes profissionais.

2.2.3.3. Desenvolvimento externo (contratação de terceiros)

As vantagens: elaboração do sistema de acordo com as necessidades e especificações do cliente; controle de prazos e custos; experiência anterior de consultores e especialista.

As desvantagens: custo alto de mão-de-obra por hora trabalhada; especialistas desconhecem as particularidades da organização; dependência da situação financeira e permanência do contratado no mercado.

CAPÍTULO 3

O PROCESSO DE GESTÃO DAS ORGANIZAÇÕES

3. O PROCESSO DE GESTÃO DAS ORGANIZAÇÕES

3.1. A ESTRUTURA ORGANIZACIONAL (ORGANOGRAMA)

O Dicionário Aurélio define organograma como um "quadro geométrico representativo de uma organização ou de serviços, e que indica os arranjos e as inter-relações de suas unidades constitutivas, o limite das atribuições de cada uma destas".

A palavra "Organograma" provém do grego Organ (o)=Órgão + Grama/Grama (to)= Escrito.

Numa estrutura organizacional (organograma), independentemente da empresa, de seus objetivos e de seu tamanho, estão envolvidos os seguintes níveis distintos, conforme demonstrado nas figuras 3.1 e 3.2, a seguir.

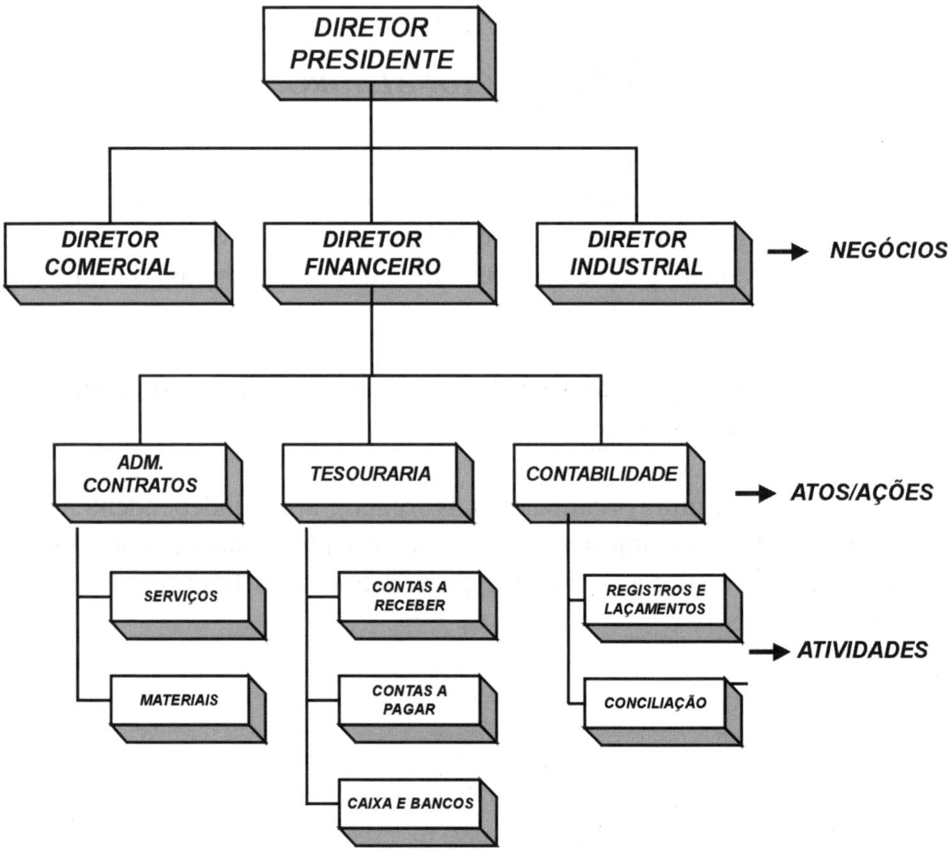
DIRETOR PRESIDENTE
DIRETOR COMERCIAL
DIRETOR FINANCEIRO
DIRETOR INDUSTRIAL
NEGÓCIOS
ADM. CONTRATOS
TESOURARIA
CONTABILIDADE
ATOS/AÇÕES
SERVIÇOS
MATERIAIS
CONTAS A RECEBER
CONTAS A PAGAR
CAIXA E BANCOS
REGISTROS E LAÇAMENTOS
CONCILIAÇÃO
ATIVIDADES

NÍVEL ESTRATÉGICO:
Tem como função básica o planejamento, a organização e o controle dos objetivos, das políticas, das estratégias e dos recursos da organização.

NIVEL TÁTICO:
Tem como função básica a coordenação, a direção e a supervisão das metas e tarefas.

NÍVEL OPERACIONAL
Tem como função básica executar as atividades.

Fig 3.2. Níveis e Funções

CAPÍTULO 4

MODELOS DE GESTÃO

4. MODELOS DE GESTÃO

4.1. O MODELO TRADICIONAL E O MODELO ATUAL

O modelo de gestão tradicional é estruturado rigidamente em cargos e funções estanques, com um número elevado de níveis hierárquicos, tanto em "linha" como em "staff", conforme figura 4.1.:

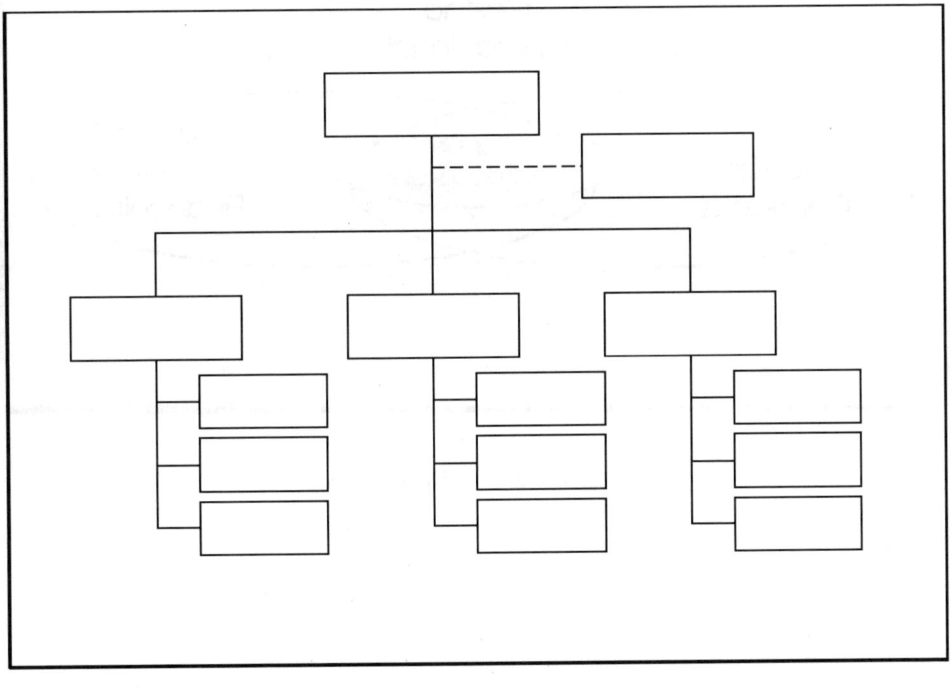

Fig. 4.1. Modelo de Estrutura Tradicional

O modelo de gestão atual, por sua vez, é estruturado em cargos e funções flexíveis e interseccionais, com reduzido número de níveis hierárquicos. Esta forma é uma das principais estratégias para a empresa atingir os seus objetivos e cumprir a sua missão.

Na figura 4.2 mostramos um modelo atual.

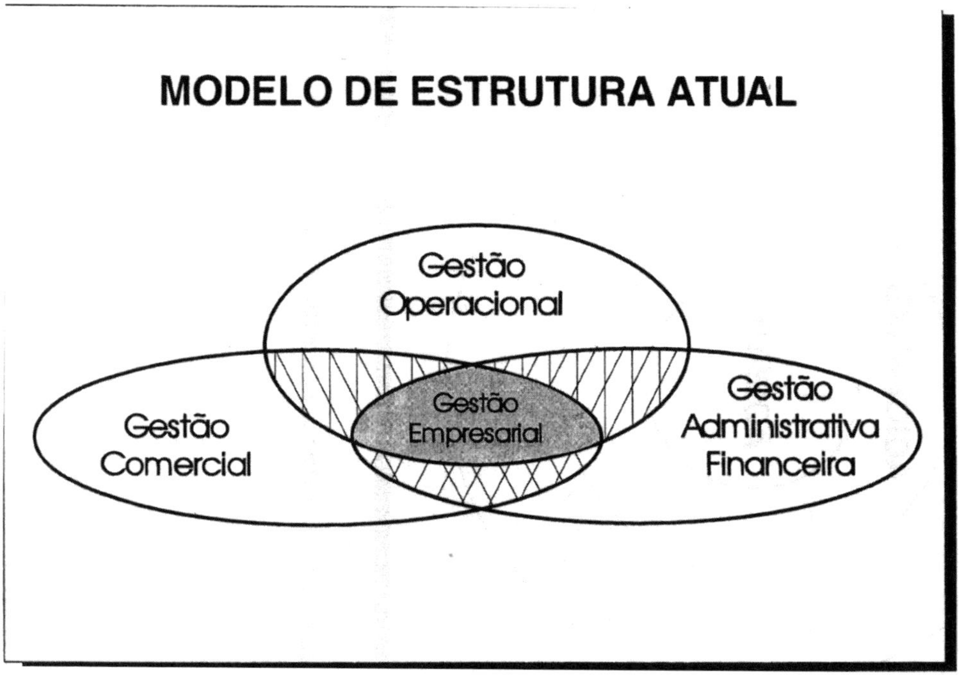

Fig. 4.2. Modelo de Estrutura Atual

4.2. AS TRÊS FUNÇÕES SIMULTÂNEAS

A concepção do modelo considera cada elemento da organização como exercendo simultaneamente, em diferentes proporções, três funções, conforme figura 4.3.:

- a função básica,
- a função expandida
- a função empresarial (ou empreendedora)

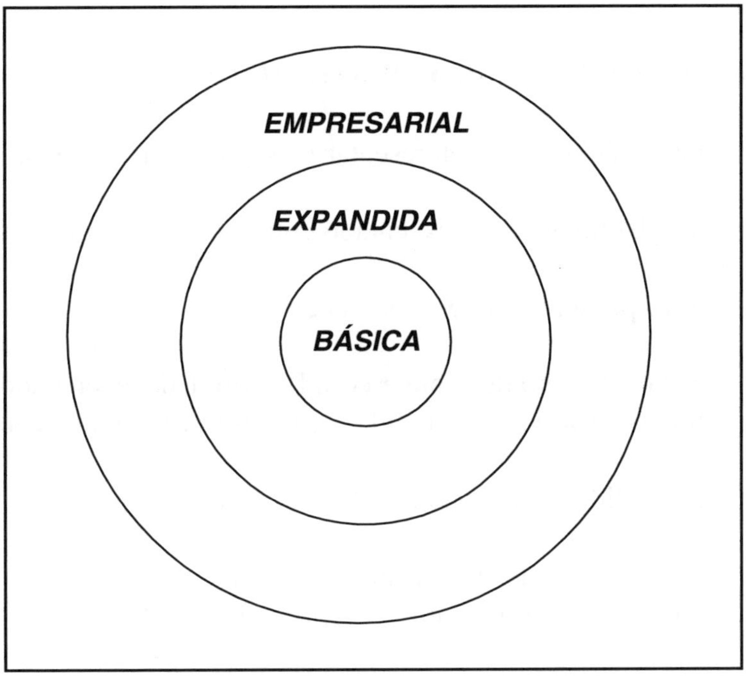

Fig. 4.3. Modelo de Funções Simultâneas

A *função básica* é aquela para a qual o profissional foi contratado.

A *função expandida* está além das fronteiras da função básica. É o conceito da polivalência. Consiste em exercer a função básica de outro, em substituição.

Finalmente, a função empresarial é quando um profissional exerce uma função como se fosse o empresário ou proprietário da empresa, principalmente:

1) no atendimento ao cliente;

2) na redução dos custos;

3) no aumento das vendas;

4) Na prospecção de novos clientes.

4.3. CARACTERÍSTICAS DO MODELO DE GESTÃO ATUAL

Para sua eficácia precisa apresentar os seguintes requisitos:

- o trabalho deve ser executado com espírito de equipe;
- deve possuir "líderes", não chefes;
- cada elemento deve atuar com flexibilidade, exercendo as três funções (básica, expandida e empresarial) simultaneamente;
- ter agilidade nas tomadas de decisões;
- as iniciativas devem partir tanto de cima para baixo (*top down*), como de baixo para cima (*bottom up*);
- todos os elementos devem partilhar da missão e dos mesmos objetivos da organização.

4.4. BENEFÍCIOS DO MODELO DE GESTÃO ATUAL

Como resultado, este modelo traz, imediatamente, os seguintes benefícios:

- facilidade na execução do planejamento de curto, médio e longo prazos;
- redução dos custos fixos;
- informações recuperadas, quase que em tempo real, para a tomada de decisões;
- relacionamento eficaz com o mercado (clientes, fornecedores, concorrentes, governo e comunidade).

4.5. MISSÃO DA EMPRESA E PLANEJAMENTO ESTRATÉGICO

4.5.1. A MISSÃO DA EMPRESA

A missão orienta a ação da empresa e determina seus limites, ou seja, exprime o que é proposto. Em resumo, é a razão de ser da empresa.

A missão tem cinco componentes essenciais, conforme apresentado na figura 4.4.

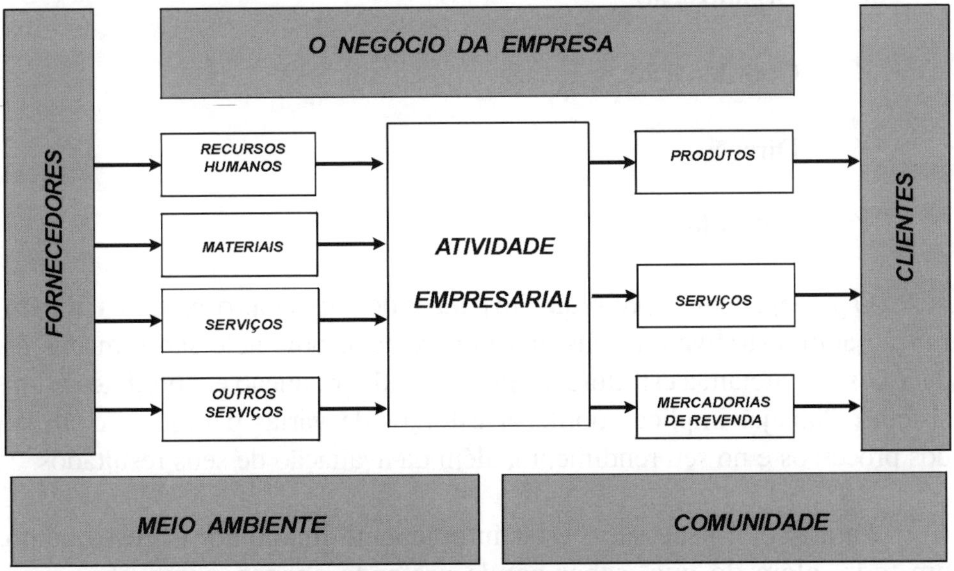

Fig. 4.4. A missão da empresa e os cinco componentes básicos

1. O negócio da empresa é a orientação específica da atividade empresarial, isto é, aquilo que explora para satisfazer as necessidades de seus clientes.
2. Os clientes, pessoas físicas e jurídicas, cujas necessidades a empresa pretende atender;
3. Fornecedores são pessoas físicas e jurídicas que suprem às necessidades de recursos para que a empresa execute a sua atividade empresarial;
4. Meio Ambiente é o local em que a empresa está operando, e que deve ser por ela preservado, e
5. Comunidade, que é o meio social no qual a empresa está inserida.

4.5.2. O PROCESSO DE GESTÃO EMPRESARIAL

O processo de gestão empresarial, também conhecido como processo administrativo, pode ser dividido em cinco subprocessos:

- ✓ Planejamento;
- ✓ Organização;
- ✓ Coordenação;
- ✓ Direção;
- ✓ Controle.

O planejamento é pré-requisito para os demais subprocessos, e também função administrativa da mais alta importância, pois nele são tomadas as decisões que afetam a estrutura, os processos de produção e o produto de um sistema. Planejar implica coordenar esforços de várias partes, no controle dos processos e no seu rendimento, além da avaliação de seus resultados.

Para isso, é necessário estar intimamente ligado ao processo como um todo, além do que, saber aonde pretende chegar, como atingir os objetivos definidos pela organização.

Poderíamos dizer que um plano não é uma receita feita por uma pessoa, uma camisa-de-força, e também não é permanente ou imutável.

É, pelo contrário, uma ferramenta que possibilita atingir um determinado ponto no futuro, seja trilhando caminhos desconhecidos no presente até o momento desejado. Os planos permitirão, através de avaliações constantes, concretizar as metas traçadas.

O planejamento, em função da complexidade de cada processo e considerando-se também a estrutura hierárquica da organização em que se desenvolve (o sistema e sua amplitude), poderá ser dividido em três níveis:

- ✓ planejamento normativo ou de decisões (político);
- ✓ planejamento estratégico;
- ✓ planejamento tático/operacional.

O planejamento político é de competência da alta administração da empresa, e destinado a promover mudanças na missão e objetivos.

O planejamento estratégico indica os meios – estratégias – pelos quais a administração julga que seja possível atingir as metas pré-definidas.

O planejamento tático/operacional refere-se ao desenvolvimento de ações (planos), que permitirá a empresa executar os procedimentos e normas estabelecidas/planejadas para atingir os objetivos.

4.5.3. O CONCEITO DE PLANEJAMENTO ESTRATÉGICO

O processo de planejamento que a empresa executa, visando cumprir a sua missão e objetivos, é denominado de Planejamento Estratégico. Na figura 4.5 fazemos uma representação esquemática dos passos associados a essa estratégia.

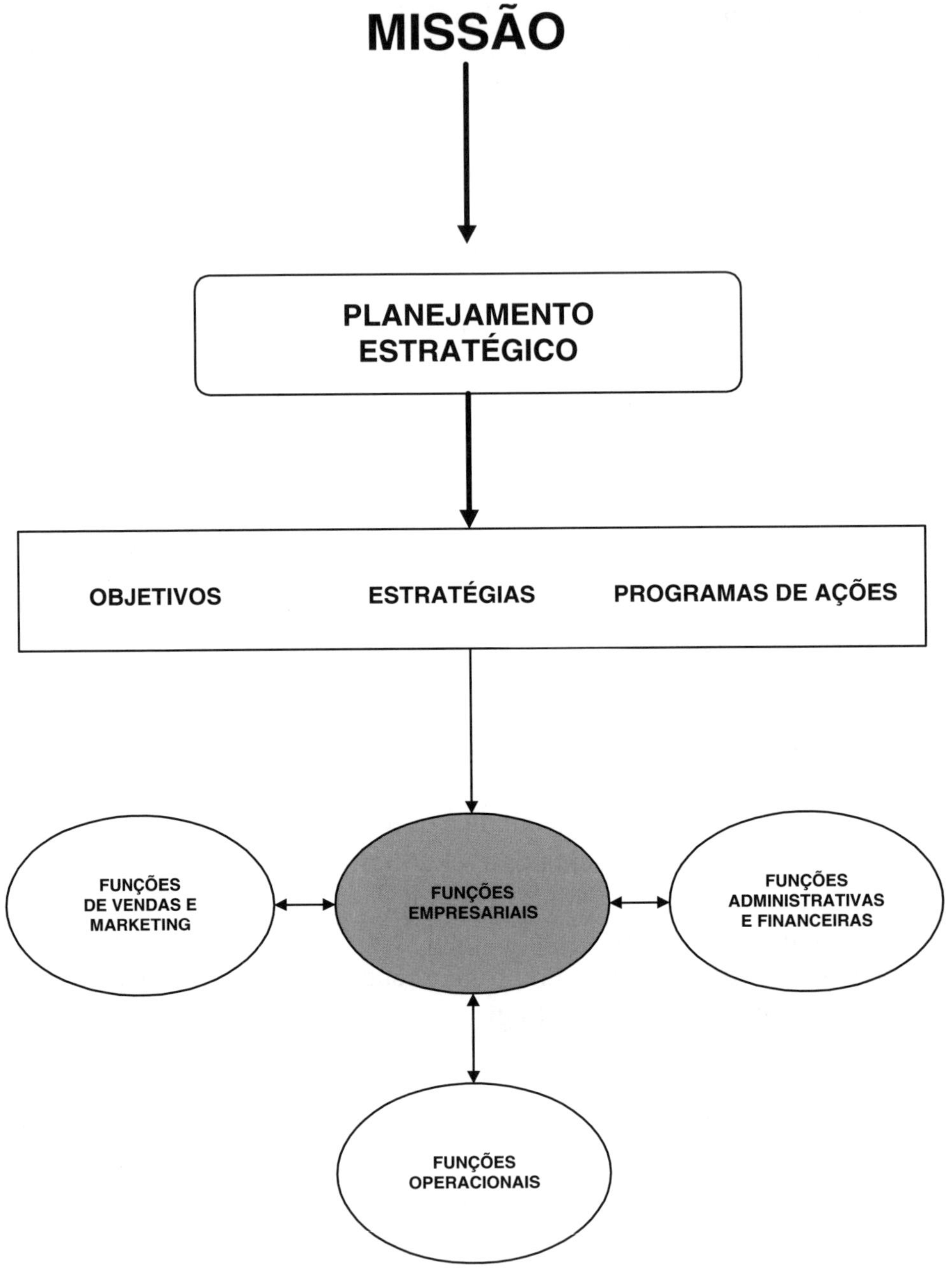

Fig 4.5. Passos para a realização de Planejamento Estratégico

4.5.4. *AS CINCO ETAPAS DO PLANEJAMENTO ESTRATÉGICO*

O planejamento estratégico deve ser concebido em cinco etapas:

1) determinar os objetivos da empresa;

2) analisar o ambiente em que a empresa vai atuar (mercado, clientes, fornecedores, concorrentes etc.);

3) avaliar os recursos utilizados para executar a atividade empresarial: recursos humanos, materiais, equipamentos e máquinas, capital próprio ou de terceiros;

4) determinar as estratégias para a empresa atingir seus objetivos, ou seja, as suas linhas gerais de ação;

5) detalhar as estratégias, criando um programa de ações, que é o conjunto dos planos específicos de cada uma das funções da empresa. Esse programa deve conter os seguintes requisitos básicos:

- ✓ o que a empresa está fazendo agora e o que pretende fazer;
- ✓ quando se pretendem atingir as novas metas;
- ✓ como deverá ser implementada a nova estratégia,
- ✓ quem deve realizá-la.

CAPÍTULO 5

O PODER DE DELIBERAÇÃO NAS ORGANIZAÇÕES

5. O PODER DE DELIBERAÇÃO NAS ORGANIZAÇÕES

5.1. AUTORIDADE

Iniciaremos este capítulo definindo o conceito de autoridade, que é o direito legal (direito de comandar) que chefes e supervisores de uma determinada área possuem para influenciar pessoas, alterando seu comportamento, e também de utilizar-se dos recursos organizacionais da empresa, para atingir metas preestabelecidas.

A autoridade existe porque alguém a concedeu. Alguns teóricos, como, Chester Barnard, afirmam que *"a autoridade de uma pessoa tem origem somente quando ela foi aceita pelo grupo ou pelo indivíduo sobre quem está sendo exercida"*. Não vamos aqui polemizar sobre a teoria.

A autoridade é dada a uma pessoa (diretor, gerente, supervisor, chefe), com objetivo de assegurar que seus comandados executem suas atividades dentro dos planos e metas, respeitando as diretrizes, normas e procedimentos de cada processo na organização.

A autoridade delegada às pessoas, por mais elevada a posição que ocupa na estrutura organizacional da empresa, é limitada. Consideremos isto também, em qualquer outro segmento ou entidade. Um Governador de Estado, por mais autoridade que tenha, não pode criar e cobrar impostos da população, sem aprovação da Assembléia Legislativa.

O diretor presidente de uma organização não tem, por exemplo, o poder de efetuar fusões de empresas, ou mesmo vender parte de seu patrimônio, sem o consentimento prévio de um Conselho de Administração, ou dos acionistas. A autoridade é limitada, em cada instância.

A importância na delegação de autoridade, entre outras, é que o gerente torne seus subordinados capazes de realizar atividades sem a necessidade de acompanhamento pessoal, permitindo, desta forma, que se concentre em atividades de maior criação e nos processos estratégicos e de maior controle. Podemos afirmar também que, quando o indivíduo tem autoridade, se envolve mais com os detalhes da organização e com seus objetivos e propósitos.

5.2. RESPONSABILIDADE

Por responsabilidade, segundo Herbert Hicks (The Management Of Organizations; a systems and human resource approach) entende-se: *"é a aceitação da pessoa em desempenhar determinada função para atingir metas preestabelecidas"*.

Quando um subordinado aceita a autoridade que lhe foi delegada, automaticamente uma obrigação foi criada. Este dever, encargo ou compromisso gera a responsabilidade. Nas empresas, as avaliações dos profissionais são normalmente efetuadas em função do cumprimento das responsabilidades. Ser responsável implica responder pelos atos realizados.

Para tanto, as pessoas devem ter autoridade suficiente para a execução do que foi proposto.

Como exemplo, podemos destacar o seguinte. O chefe do Setor de Contas a Pagar tem a responsabilidade de reduzir os juros cobrados pelos fornecedores quando ocorre um atraso de pagamento, ou ainda, negociar com instituições bancárias, taxas de prestações de serviços ofertadas por estes. Para que este chefe cumpra suas obrigações, é necessário que sua autoridade tenha alçada suficiente para a tomada de decisão que esses encargos exigem.

A responsabilidade não pode ser delegada a terceiros. Se o chefe de Contas a Pagar não honrou os compromissos com o fornecedor, houve atraso no pagamento e, conseqüentemente, a empresa teve de arcar com juros, a responsabilidade é do titular da área, e não do funcionário que esqueceu de fazer a programação de pagamento. A autoridade foi a ele (chefe) delegada.

Portanto, é de sua responsabilidade executar as metas da empresa, neste caso, pagar em dia seus fornecedores.

Poderíamos aqui registrar em muitas páginas, os conceitos de autoridade e responsabilidade. Porém, queremos dar ênfase ao processo de deliberação de poderes, em especial, às atividades envolvidas no Contas a Pagar.

5.3. O PODER DE DELIBERAÇÃO DE GASTOS

Numa área financeira, dentro da organização, as autoridades e responsabilidades são definidas e delegadas em função da complexidade da empresa e o grau de hierarquia existente na sua estrutura.

No grau de hierarquia mais elevado, o Conselho de Administração (ou acionistas) da empresa delega aos diretores poderes com responsabilidade de assumir determinadas atitudes, com o objetivo de atender às necessidades preestabelecidas. Aos diretores compete, por exemplo, assinar cheques, com valores ilimitados, de forma isolada ou conjuntamente com outros pares.

Na figura 5.1, o processo gráfico da delegação de poderes e suas entidades correlatas e de interligação.

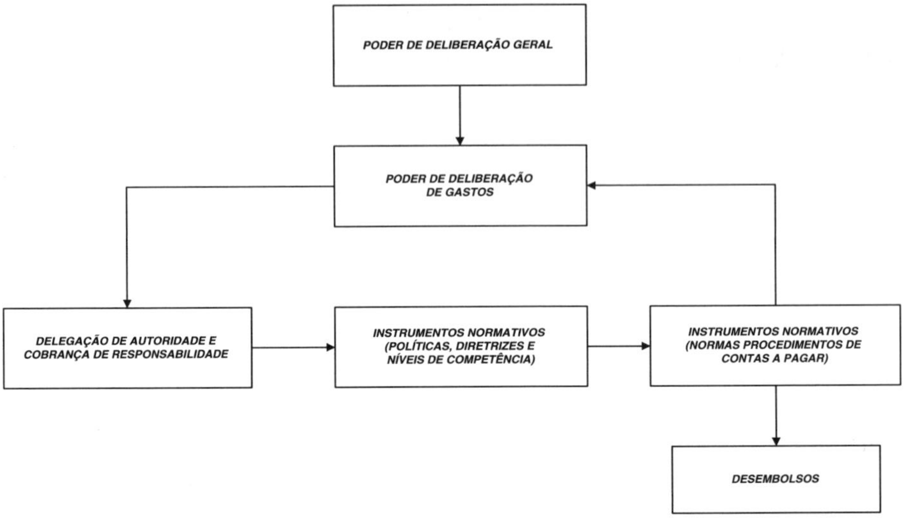

Fig. 5.1. Delegação de Poderes

Como a diretoria tem poder (autoridade), delega a gerentes subordinados também outras autoridades com responsabilidade. Neste segundo estágio, é conferido às Unidades o poder de deliberação de gastos, ou seja, os gerentes possuem autonomia para gerar despesas em nome da empresa, objetivando atender às necessidades da organização. A autoridade e a responsabilidade (de forma conjunta, e nunca isolada), devem estar fundamentadas, consolidadas e apoiadas, em Instrumentos Normativos específicos, sobre cada delegação, processo e atividade da empresa.

É através dos Instrumentos Normativos – documentos internos para definir as políticas e diretrizes que regem, orientam e especificam condutas, critérios, normas e procedimentos da empresa – que as autoridades e responsabilidades são definidas.

Baseando-se em Instrumentos Normativos, o setor de Contas a Pagar, efetua os controles, as decisões e sua alçada de atuação. As regras (os critérios, os procedimentos, as rotinas) definidas devem ser cumpridas (é como se fosse lei, não podem ser desconsideradas!).

Observando estes critérios, o setor de Contas a Pagar procederá aos desembolsos, ou seja, com vistas, sempre, aos documentos de contratação, efetivação e validação.

CAPÍTULO 6

A IMPORTÂNCIA DA ADMINISTRAÇÃO FINANCEIRA NAS ORGANIZAÇÕES

6. A IMPORTÂNCIA DA ADMINISTRAÇÃO FINANCEIRA NAS ORGANIZAÇÕES

Neste capítulo vamos tratar da gestão financeira e de sua relevância nas organizações.

No contexto das características tradicionais, a administração financeira é considerada, ao lado da administração de recursos humanos, de suprimentos, de vendas/marketing e de produção, como uma das cinco áreas funcionais da administração.

A administração financeira tem como meta principal gerenciar os recursos financeiros da organização, necessários para a realização de suas atividades em busca de seus objetivos e de sua missão.

6.1. ATRIBUIÇÕES BÁSICAS – ÁREA FINANCEIRA

- ✓ Proceder ao controle da gestão de atividades das funções financeiras, orçamentárias e de investimentos;
- ✓ Controlar o fluxo de caixa e de investimentos visando garantir o desempenho financeiro da empresa;
- ✓ Responsabilizar-se pelas atividades das áreas de contas a pagar e a receber;
- ✓ Identificar a situação financeira da empresa, analisando os recursos (bens monetários, créditos, valores imobiliários), a

gestão dos recursos e outros fatores pertinentes, para decidir as políticas de ação, normas e medidas a propor;

- ✓ Planejar os serviços relacionados à previsão orçamentária, receitas, despesas, tesouraria, crédito, financiamentos e inversões, entre outros, baseando-se na situação financeira atual e nos objetivos visados, para definir prioridades, sistemas e rotinas;

- ✓ Submeter os programas orçamentários à apreciação da direção geral, apresentando justificativas e documentação, para obter a aprovação ou determinações para emendas, quando necessário;

- ✓ Controlar o desempenho dos programas financeiros, orientando a sua execução e tomando decisões para a solução dos problemas;

- ✓ Informar ao diretor presidente sobre a situação financeira da empresa, medidas em andamento e resultados obtidos, elaborando relatórios e estatísticas acompanhadas de análises e comentários;

- ✓ Analisar e conferir todos os processos antes do envio à diretoria, para aprovação do todo e qualquer pagamento;

- ✓ Proceder à conciliação bancária e sua baixa;

- ✓ Supervisionar o trabalho de contabilização dos documentos, analisando-os e orientando seu processamento, para assegurar a observância do plano de contas adotado;

- ✓ Inspecionar regularmente a escrituração dos livros comerciais e fiscais, verificando se os registros correspondem aos documentos que lhes deram origem, a fim de cumprir as exigências legais e administrativas;

- ✓ Manter controle sobre os atos administrativos e contábeis, conforme limites de suas funções e regulamentos da empresa;

- ✓ Conferir, analisar e estudar a forma, método e em que recursos as gerências, setores e demais áreas aplicaram o numerário e os disponíveis da empresa;

- ✓ Executar exames minuciosos em todas as partes do balanço, balancetes, inventários e controles contábeis internos;

- ✓ Controlar e participar do trabalho de análise e conciliação bancária e contábil.

6.2. ORGANIZAÇÃO DA ÁREA FINANCEIRA

Em função do porte e dos objetivos da empresa, define-se uma estrutura ideal para a área financeira. Nas organizações de maior porte, exige-se uma composição mais sofisticada. Não importando a estrutura organizacional adotada, deve-se estabelecer linhas nítidas de comando/autoridade e responsabilidade, possibilitando uma autonomia de funcionamento.

Alguns fatores determinam o tamanho da área financeira: a dimensão da organização, os recursos físicos, financeiros e humanos, o volume e a complexidade dos procedimentos e controles, o grau de descentralização de responsabilidades etc.

A área financeira é estruturada em torno de algumas funções básicas: planejamento, orçamento, contabilidade, custos, tesouraria, controle e avaliação, auditoria etc.

Das áreas clássicas da administração financeira, algumas funções são definidas da seguinte forma, de acordo com Bernard François e Paola Zucchi (Gestão de Recursos Financeiros-1998):

- ✓ ***planejamento:*** função responsável pela definição das atividades que irão acontecer, identificando o volume de recursos necessários à sua realização e definindo como eles deverão ser obtidos e combinados;

- ✓ ***orçamentação:*** função responsável pela preparação, acompanhamento e execução do orçamento financeiro;

- ✓ ***contabilidade:*** instrumento fundamental da gestão financeira, pois registra todas as transações ou movimentações de recursos que envolvam valores monetários, e pode ser vista como a "central de informação" da gestão financeira;

- ✓ ***contabilidade de custos:*** sua finalidade é avaliar o comportamento e a variação dos custos, espelhando o desempenho empresarial de forma ampla. Através de análise por ela apresentada, temos as medidas de eficiência das várias atividades ou produtos, permitindo, dessa forma, tomar as providências corretivas necessárias;

- ✓ ***tesouraria:*** função ou área que cuida de todos os pagamentos e recebimentos e administra o dinheiro que é mantido em caixa ou em contas bancárias para este fim;

- ✓ ***faturamento:*** área que cuida da preparação e envio das contas a receber da organização;

- ✓ ***custos:*** função ou área responsável pela apuração e controle dos custos dos serviços prestados;

- ✓ ***auditoria:*** conjunto de mecanismos de verificação dos registros contábeis ou de quaisquer procedimentos que envolvam recursos financeiros;

- ✓ ***administração do capital de giro:*** consiste em gerenciar os recursos financeiros de que a organização necessita no seu dia-a-dia;

- ✓ ***análise de investimento:*** consiste na análise das possibilidades e necessidades de investimento (instalações, equipamentos, área física etc);

- ✓ ***indicadores de desempenho:*** meio de controle bastante atual, cuja função é constituir e estabelecer fatores característicos de resultados de uma determinada atividade ou tipo de empresa, que servirão de padrão para a medição do desempenho das atividades ou das empresas.

6.3. A ADMINISTRAÇÃO FINANCEIRA E SEUS INSTRUMENTOS DE CONTROLE

Objetivamente, na administração financeira, é utilizado o sistema de controle para os seguintes eventos:

- ✓ *Caixa*
- ✓ *Contas a Receber*
- ✓ *Contas a Pagar*
- ✓ *Controle de Bancos*
- ✓ *Fluxo de Caixa*
- ✓ *Estrutura de Resultados*

Registraremos, de forma sucinta, como subsídio aos leitores, alguns comentários sobre os itens de controle:

6.3.1. CONTROLE DE CAIXA

Demonstra num determinado período e de forma dinâmica, toda a movimentação (entrada e saída) do numerário da empresa, bem como a sua aplicação, e tem por objetivo:

- ✓ controlar e analisar o movimento de dinheiro da empresa;
- ✓ acertar o caixa contábil;
- ✓ calcular custos;
- ✓ preencher o demonstrativo de estrutura de resultados;
- ✓ comparar com as projeções de fluxo de caixa.

O caixa da organização poderá sofrer alterações, para mais ou para menos, em função de variáveis, que devem ser controladas de maneira eficiente. Os fatores que aumentam o caixa são: investimento de sócios (dinheiro), vendas a vista, recebimentos de duplicatas a receber, empréstimos bancários, juros, dividendos etc.

Transações que diminuem o caixa: compras a vista, aquisição de máquinas, equipamentos, bens imóveis; retirada de sócios; pagamento a fornecedores, despesas financeiras; pagamentos de despesas administrativas etc.

Variáveis que não afetam o caixa: depreciações, amortizações, provisão para devedores duvidosos etc.

Na figura 6.1. apresentamos uma visão geral do controle de caixa:

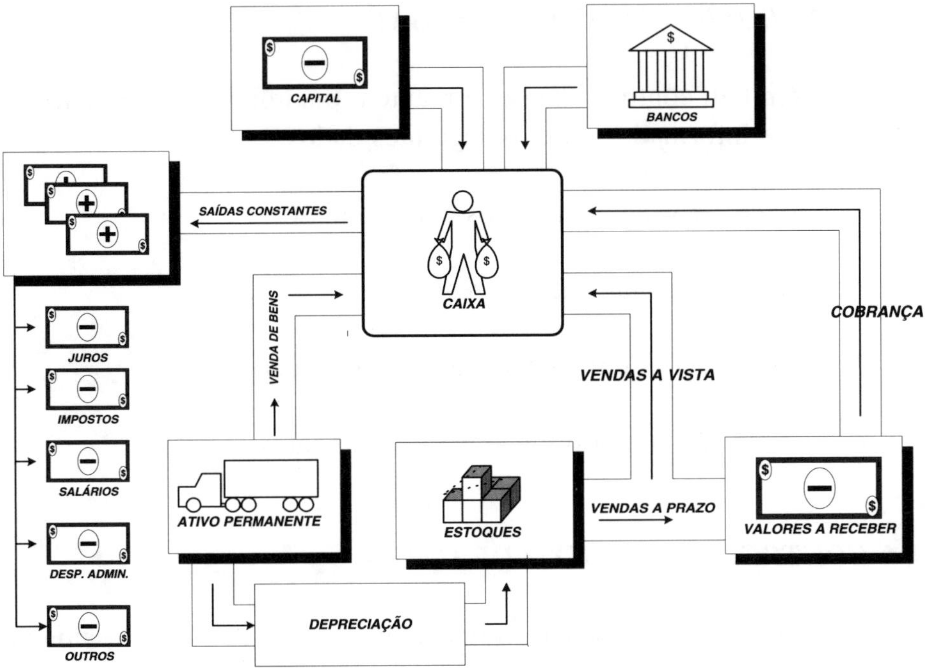

Fig. 6.1. Visão Geral do Controle de Caixa

6.3.2. CONTROLE DE CONTAS A RECEBER

A periodicidade desta verificação é mensal, possibilitando subsidiar o administrador financeiro com as seguintes informações para controle e tomada de decisão:

- ✓ total dos valores a receber;
- ✓ identificação das contas vencidas e a vencer;
- ✓ identificação de clientes em dia com seus compromissos ou não;
- ✓ definição de programação de valores não recebidos (cobrança);
- ✓ apoio na elaboração do fluxo de caixa.

6.3.3. CONTROLE DE CONTAS A PAGAR

Também tem controle mensal e mantém o administrador financeiro continuamente informado sobre os seguintes dados:

- ✓ datas de vencimentos dos compromissos;
- ✓ total dos pagamentos a realizar;
- ✓ informações complementares para o fluxo de caixa;
- ✓ definições de prioridade para pagamentos.

6.3.4. CONTROLE DO FLUXO DE CAIXA

A previsão da movimentação financeira, isto é, a entrada e saída de numerário, e a respectiva comparação com as operações realizadas, denomina-se "fluxo de caixa", que tem por objetivo:

- ✓ prever com antecedência os períodos em que a organização, nos casos de necessidade, deverá captar recursos financeiros fora da empresa, ou através de estratégias internas, "fazer dinheiro", para saldar seus compromissos;
- ✓ subsidiar, com informações precisas e em tempo hábil, a tomada de decisão, através do planejamento financeiro.

CAPÍTULO 7

A ADMINISTRAÇÃO FINANCEIRA NA ESTRUTURA ORGANIZACIONAL

7. A ADMINISTRAÇÃO FINANCEIRA NA ESTRUTURA ORGANIZACIONAL

Sendo uma das atividades de maior importância na organização, a administração dos recursos financeiros, pelos fatos já citados, tem uma posição de destaque, na estrutura organizacional.

Observa-se, nos modelos de organogramas a seguir, que a área administradora dos recursos financeiros da empresa está normalmente ligada ao gestor principal da organização.

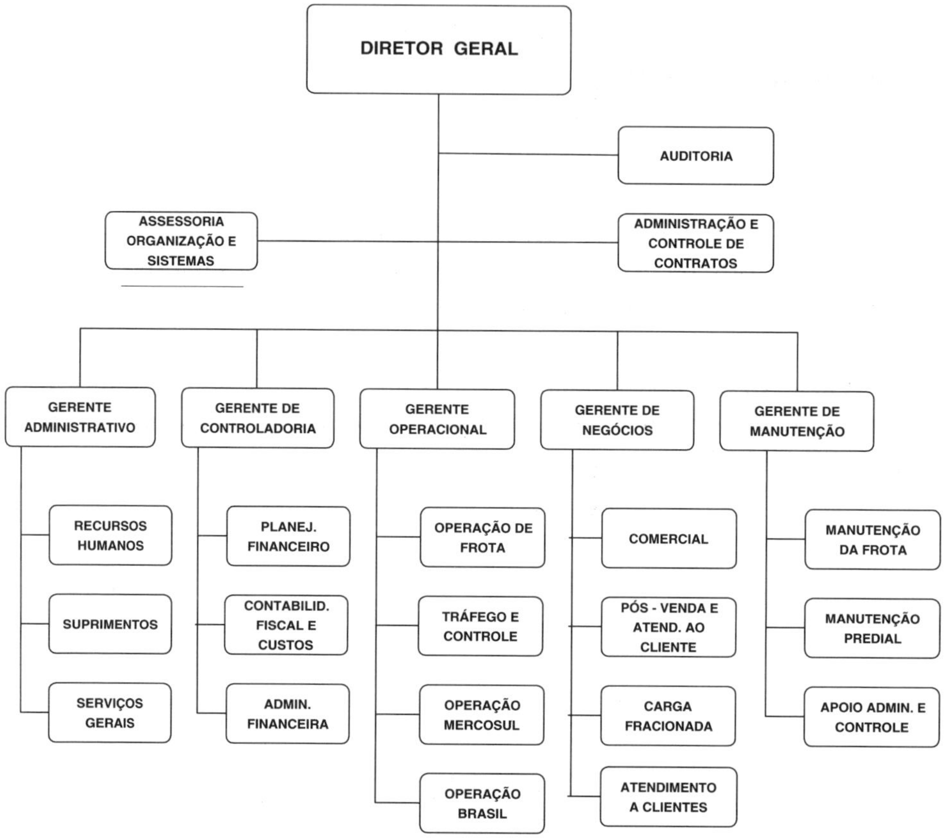

Fig. 7.1. Segmento da empresa - Transporte Rodoviário de Cargas

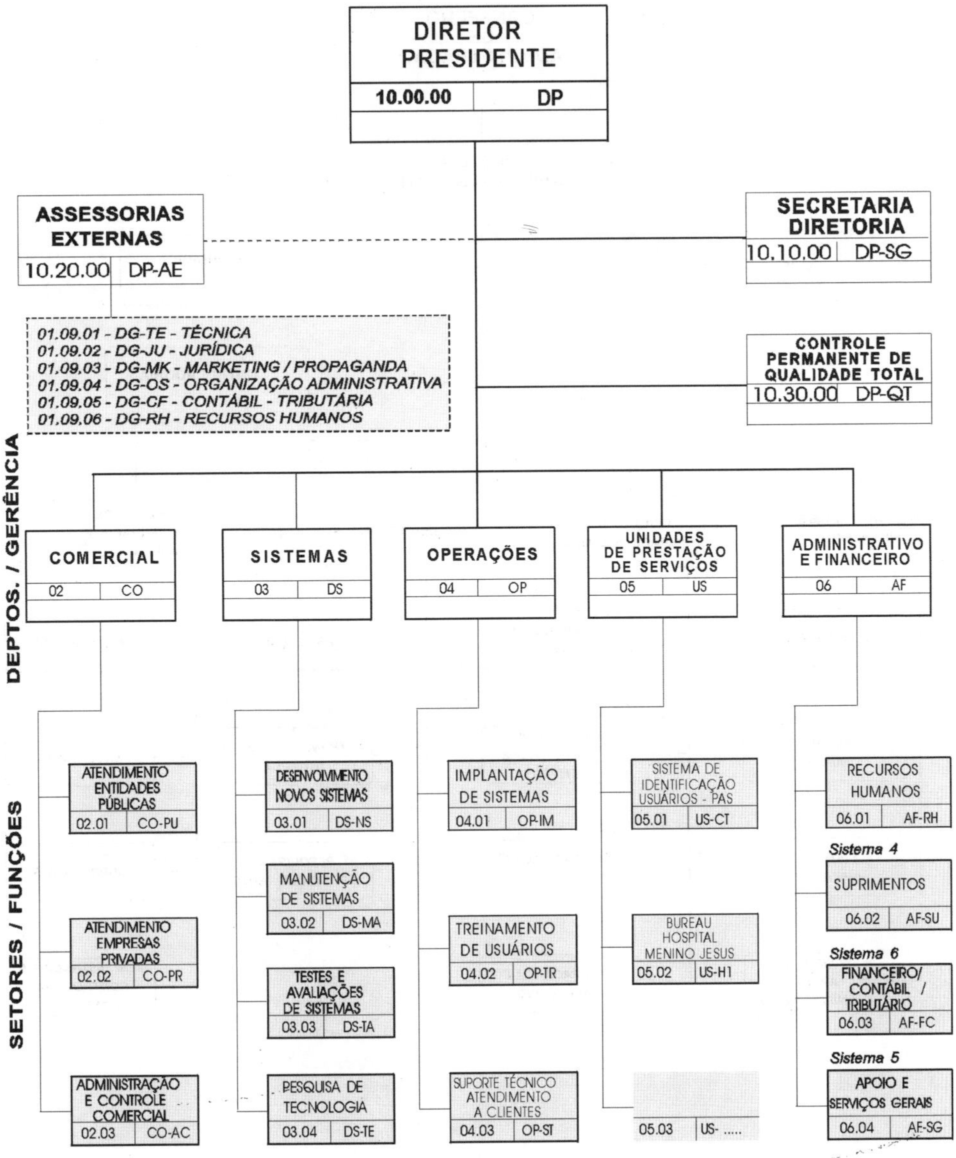

Fig. 7.2. Segmento da empresa – serviços de informática (SOFTHOUSE)

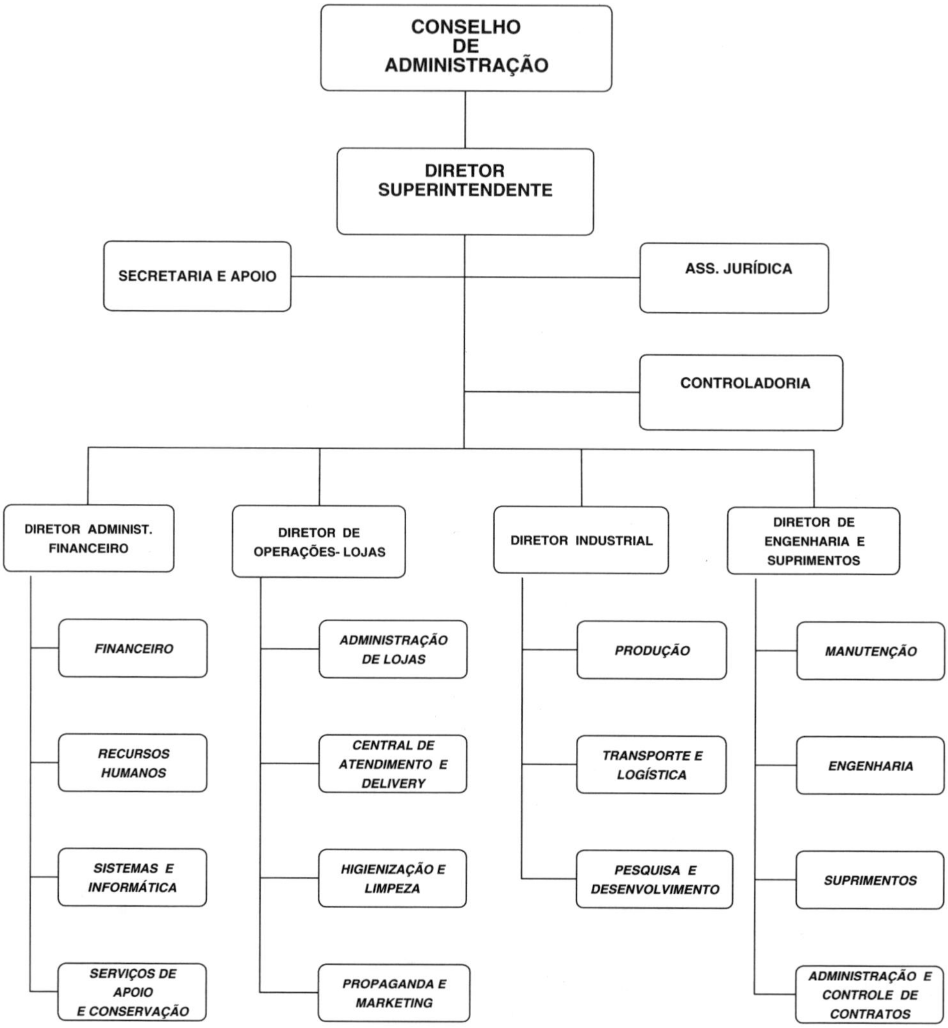

Fig. 7.3. Segmento da empresa - Alimentação

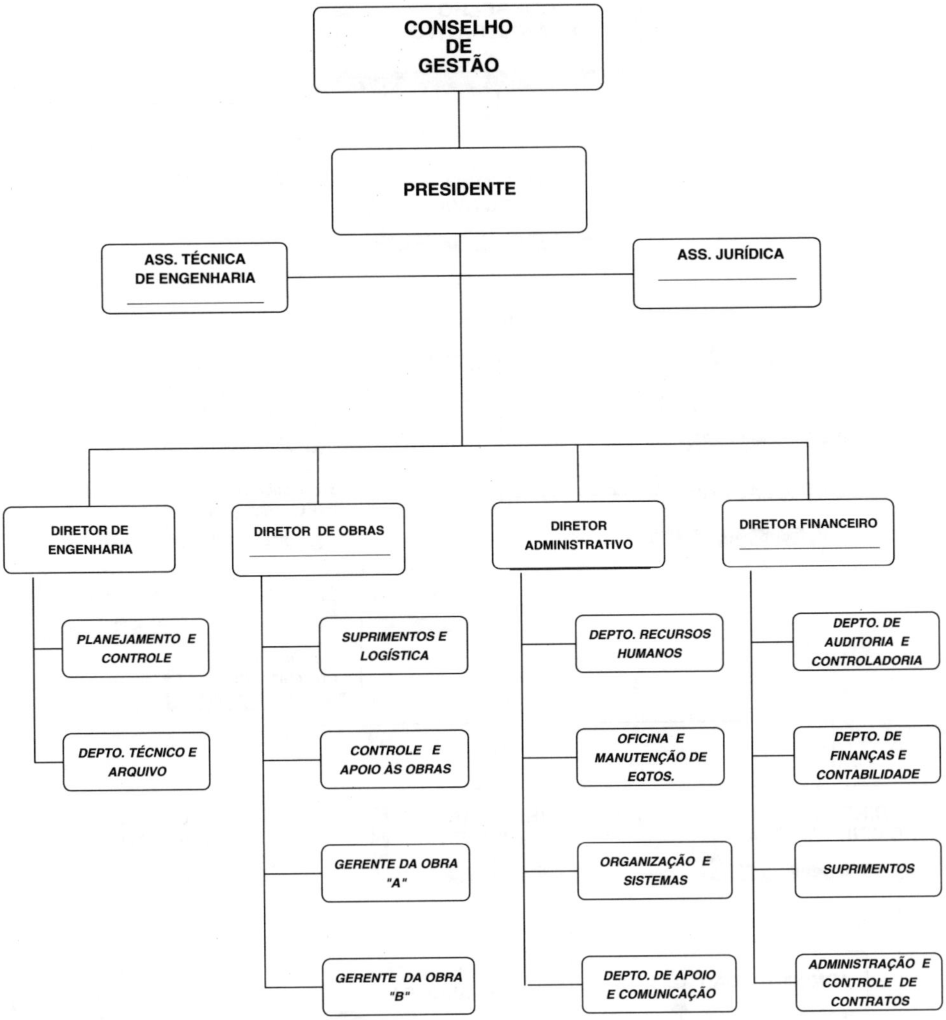

Fig. 7.4. Segmento da Empresa - Construção Civil

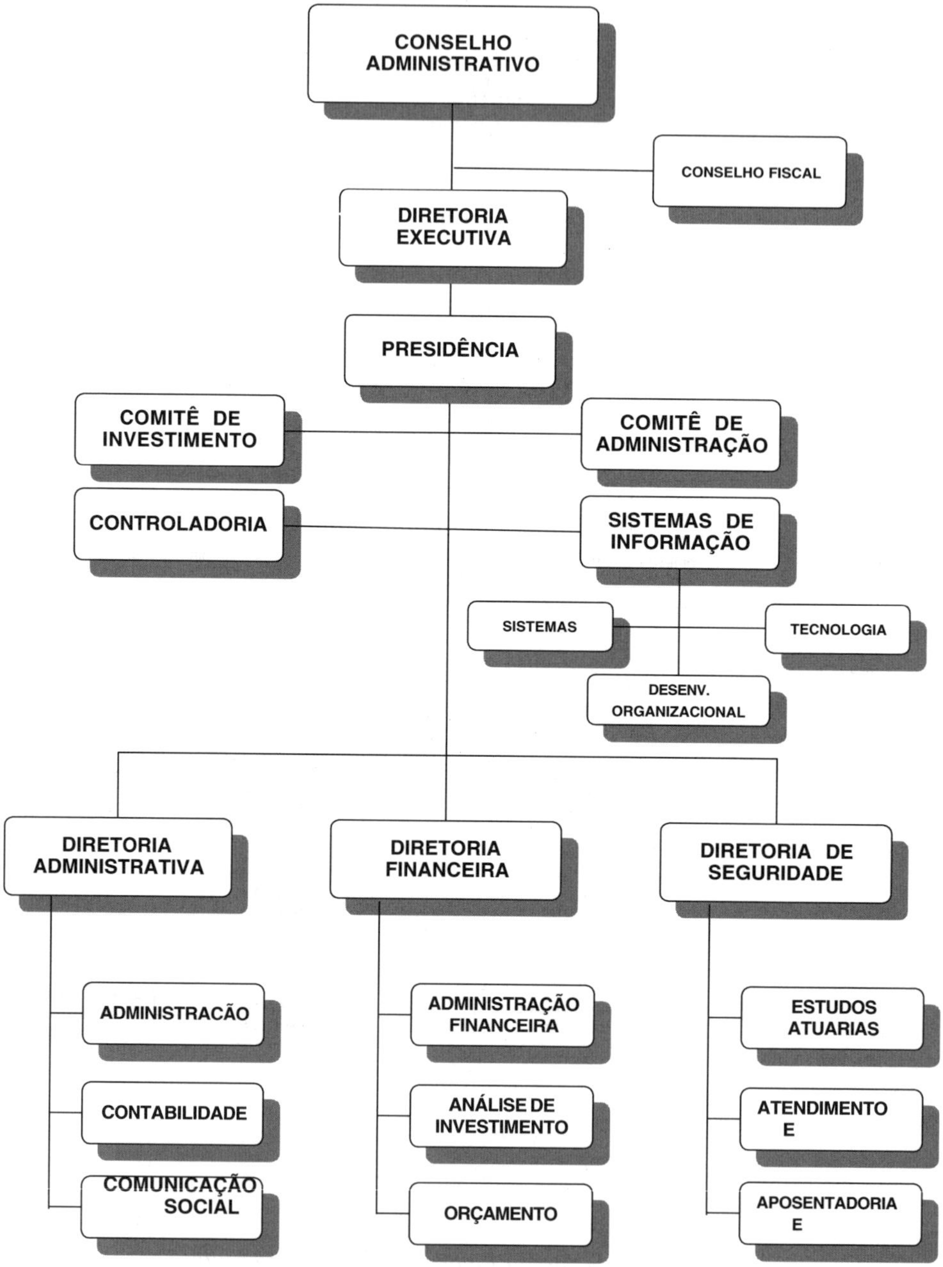

Fig. 7.5. Segmento da Empresa - Fundo de Previdência

CAPÍTULO 8

GESTÃO DE CONTAS A PAGAR

8. GESTÃO DE CONTAS A PAGAR

8.1. O QUE É CONTAS A PAGAR

Certamente o leitor já deve ter deparado com alguns mitos sobre a atuação da área de Contas a Pagar na organização. Um dos mais usuais é: "Não se discute. Paga-se, pois o gasto já foi realizado". Outro: "O setor de Contas a Pagar é o *último vagão do trem de compras*. Não há o que contestar". Outro ainda: "No vencimento, caso a empresa não possua caixa suficiente, deve-se fazer um empréstimo (*hot*, conta garantida, *factoring*) para pagar o valor vencido".

Estes conceitos que orientam a postura de profissionais da área, têm levado algumas organizações a um estado de penúria, de insolvência, de quebra geral.

Administrar pagamentos se configura uma tarefa complexa, mas não impossível. Gerenciar compromissos financeiros assumidos é função nobre e de vital importância nas empresas (algumas delas não dão o reconhecido valor!). Gerir e controlar as atividades da administração de pagamentos é função básica no contexto organizacional.

Por princípio, o equilíbrio perfeito do fluxo de caixa se encontra numa fase anterior à de Contas a Pagar, no entanto, temos a possibilidade de nos tornar a principal forma de controle do nível de caixa d'água, dependendo do grau de produtividade que estivermos operando:

Todos os compromissos legalmente constituídos, autorizados e consumados deverão ser pagos. Como e quando pagar pode ser a diferença, em termos de produtividade;

Precisamos preparar a imagem da empresa com relação aos pagamentos, mas quem disse que brigar por abatimento nas taxas de juros, pedir um prazo maior para efetuar o pagamento sem cobranças adicionais etc. prejudica a imagem da empresa? Pelo contrário, faz parte da estratégia de contas a pagar de muitas companhias.

Esses tópicos são tratados no presente capítulo. Nossa intenção é fornecer ao leitor condições de aumentar sua produtividade na Gestão de Contas a Pagar.

8.2. OBJETIVOS DA FUNÇÃO DAS CONTAS A PAGAR

Dentre os diversos processos que uma empresa executa visando produzir, vender e obter lucro existe aquele que:

- tem início no momento da contratação referente à aquisição de recursos (como matéria-prima, outros materiais, mercadorias e serviços em geral) e
- termina no momento do pagamento dessa compra.

Analisando resumidamente esse processo, podemos dizer:

1. ***contratação*** é a fase em que, pela emissão de um pedido de compras ou de um contrato, fica formalizada a compra;

2. ***efetivação*** corresponde ao momento em que o fornecedor entrega o material ou conclui a prestação do serviço, com o respectivo documento fiscal (nota fiscal de serviço etc);

3. ***validação*** é a fase na qual o setor de recebimento de materiais (ou a área que utilizou o serviços prestados) confirma que a compra foi efetuada de acordo com as condições da contratação, pela conferência das quantidades dos produtos e dos serviços;

4. ***processo de Contas a Pagar*** é a etapa de confrontar os dados dos

documentos de contratação (Pedido de Compra, Contratos, Ordens de Serviços etc.), com o comprovante de efetivação e validação;

5. ***pagamento*** é a fase de efetivação e comprovação de pagamento pela Tesouraria, que anexa ao processo as duplicatas quitadas e os recibos.

Após a análise de todas essas etapas, podemos constatar que o processo de contas a pagar funciona como uma espécie de ***filtro***, por onde deverão passar todas as compras efetivadas e validadas, antes de efetuados os pagamentos.

Podemos concluir, então, que o objetivo de Contas a Pagar é:

Assegurar que todos os pagamentos correspondentes às aquisições de recursos (pagamentos estes que diminuem a riqueza da empresa) só sejam efetuados após a constatação da autenticidade e exatidão das respectivas fases de contratação, efetivação e validação.

Com relação à função, registramos ainda que a área de administração de pagamentos (ou Contas a Pagar) se concentra principalmente na gestão das contas dos fornecedores. Sua atividade é muito parecida com as atribuições das Contas a Receber, além disso, estas unidades administrativas devem estar sincronizadas, em perfeita harmonia. No entanto, o objetivo aqui é o oposto daquele perseguido para as Contas a Receber.

No caso das Contas a Pagar, sua missão é tentar obter dos fornecedores, e de outros credores, o maior prazo possível de pagamento ao menor custo, além de dimensionar e acompanhar o vencimento das contas.

As figuras a seguir mostram uma melhor visão das fases e das funções básicas da Gestão de Contas a Pagar.

1ª Fase: CONTRATAÇÃO – fase em que, pela emissão da Autorização de Fornecimento (pedido de compra) ou emissão de contrato, a compra ou serviço se formaliza entre as partes contratantes (empresa x fornecedor). Ver figura 8.1. adiante:

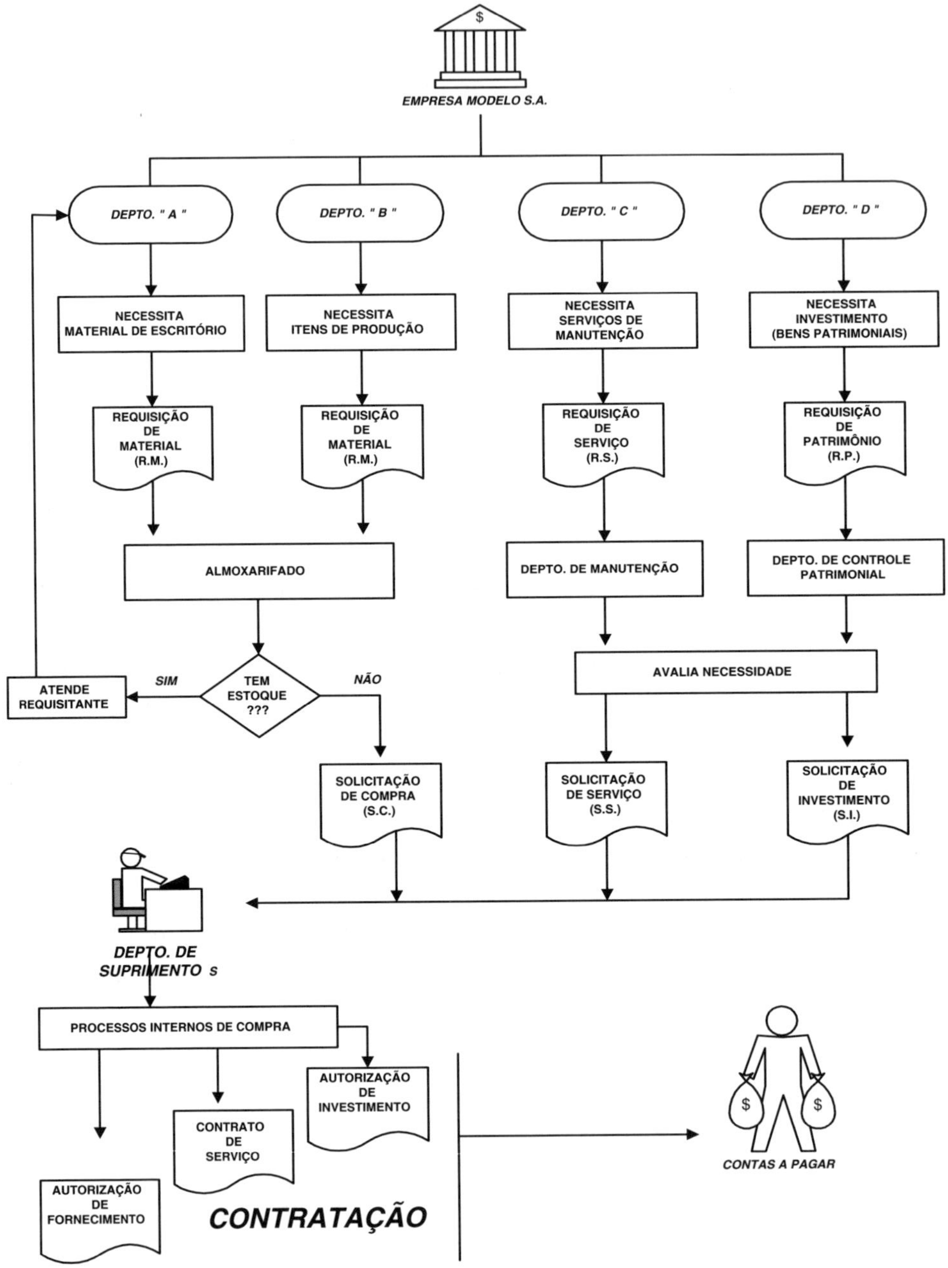

Fig. 8.1. Funções básicas de Contas a Pagar: Contratação

2ª Fase: EFETIVAÇÃO – corresponde ao momento no qual o fornecedor entrega o material ou conclui a prestação do serviço, junto com a emissão do documento fiscal (nota fiscal, nota fiscal de serviço ou conhecimento de frete). Ver figura 8.2.

3ª Fase: VALIDAÇÃO – é a fase em que o setor de recebimento de materiais ou a área solicitante do serviço contratado confirma a efetivação da compra de acordo com as condições da contratação ou com a conferência dos produtos entregues, considerando os aspectos quantitativos, financeiros, físico-químicos, entre outros. Ver figura 8.2.

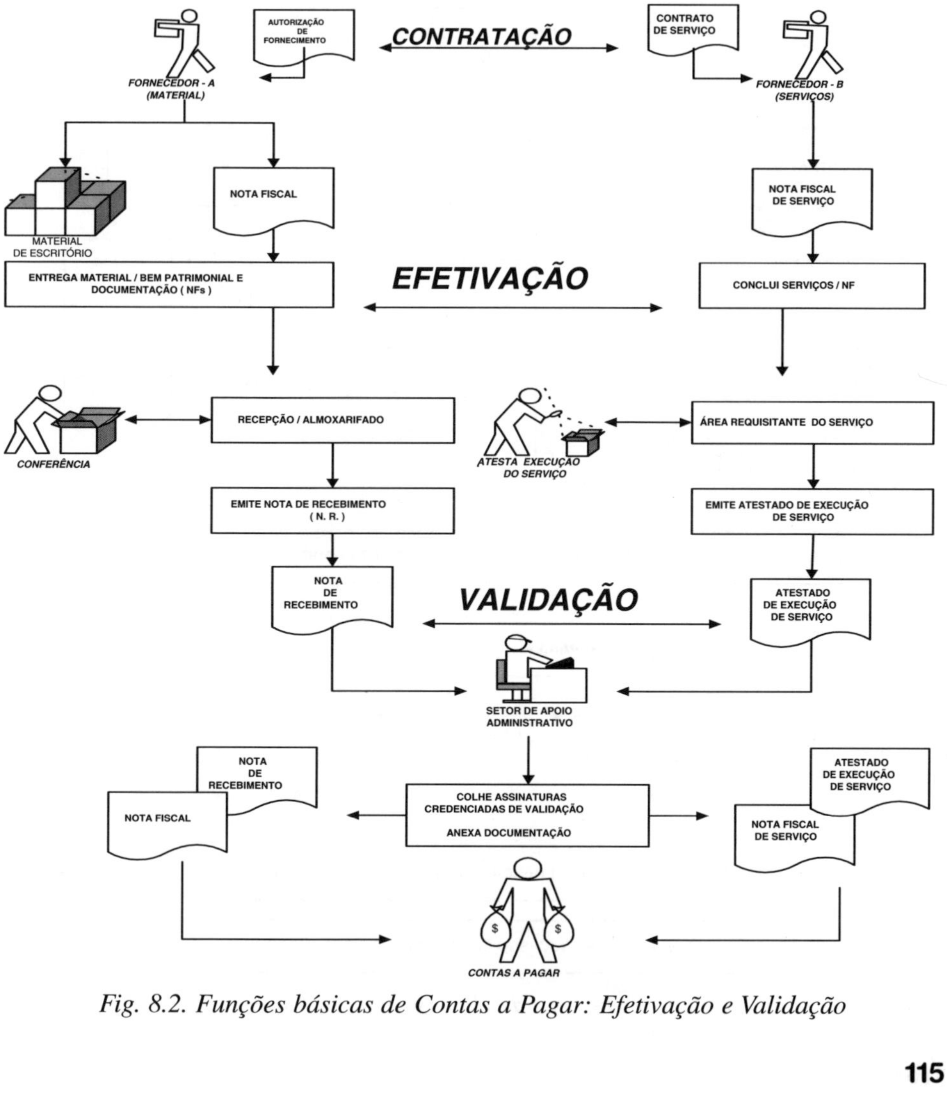

Fig. 8.2. Funções básicas de Contas a Pagar: Efetivação e Validação

4ª fase: PROCESSAMENTO DE CONTAS A PAGAR – etapa em que se confronta os dados do documento de contratação (pedido de compra, contratos) com as informações dos documentos de efetivação (notas fiscais, conhecimento de frete), comparando-os com a respectiva validação (nota de recebimento, atestado de execução dos serviços). Ver figura 8.3.:

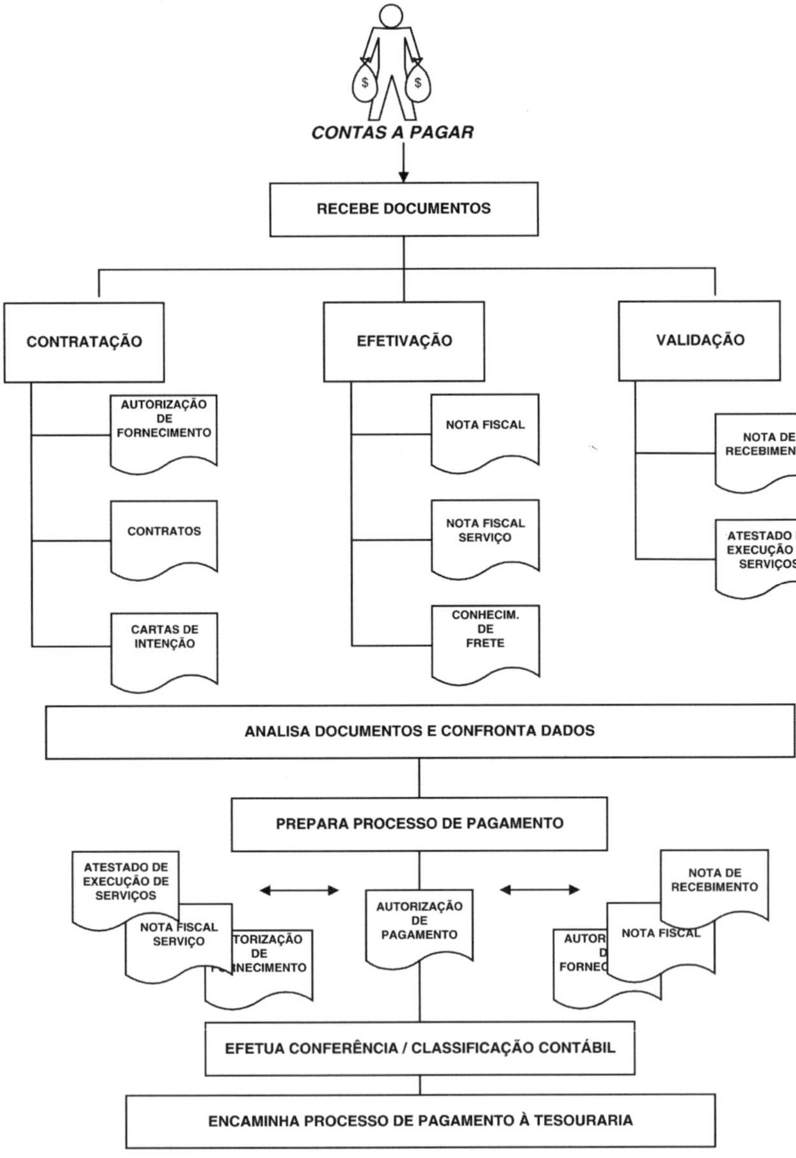

Fig 8.3. Funções básicas de Contas a Pagar: Processamento

5ª fase: PAGAMENTO – aqui a Tesouraria efetua o pagamento para, posteriormente, anexar o comprovante ao processo, ou seja, a duplicata quitada ou o recibo.

O resumo das funções básicas do Contas a Pagar encontra-se no fluxograma a seguir:

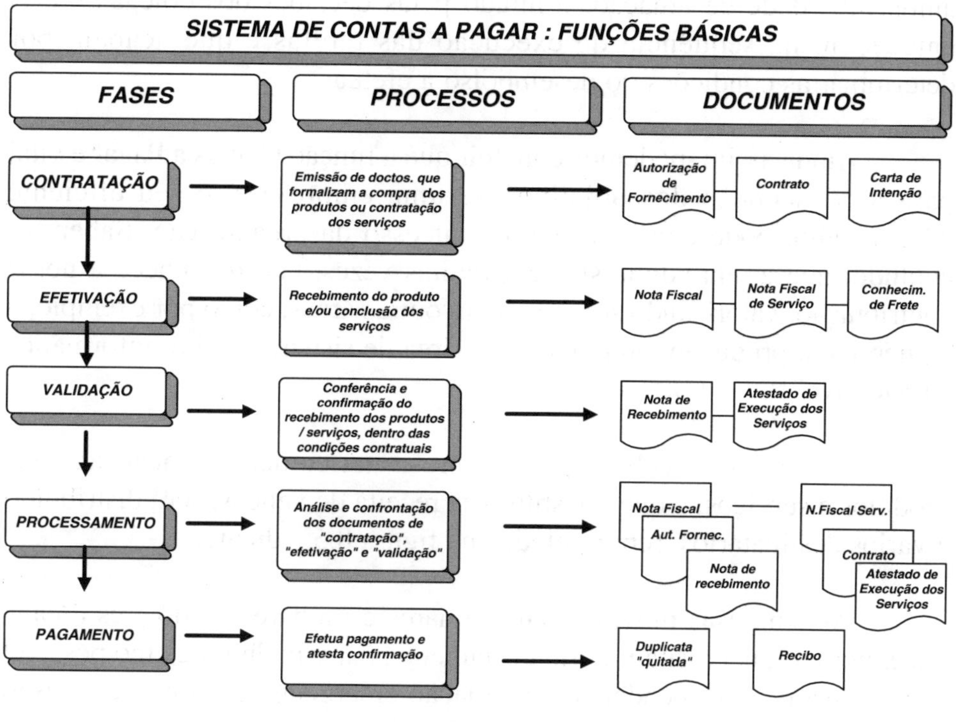

Fig. 8.4. Funções básicas de Contas a Pagar: Pagamento

8.3. A IMPORTÂNCIA DAS CONTAS A PAGAR

Não poderíamos deixar de falar acerca da importância da função das Contas a Pagar, objetivo principal deste livro.

Ao discorrer sobre o tema, estaremos falando do cuidadoso controle dos desembolsos e, conseqüentemente, da rentabilidade de uma organização.

O profissional da área de Contas a Pagar (administração de pagamentos) deverá ter sempre presente que, do rigor na execução das atividades do seu dia-a-dia de trabalho, dependerá o sucesso da organização que representa, em alcançar as metas financeiras estabelecidas.

Claro está que, em muitas oportunidades, você leitor, não possuirá ampla liberdade de atuação, limitado pelas decisões dos colegas que o antecedem na seqüência de execução das tarefas e que acabam por determinar as condições do desembolso a efetuar.

Ainda assim, podemos concluir que a função Contas a Pagar é vital para a consecução dos objetivos de uma empresa e, o seu eficiente desempenho, pode concorrer para o sucesso da organização. Sabemos, contudo, que a alta administração, muitas vezes, não reconhece a nossa contribuição, valorizando sobremaneira outras áreas, como por exemplo, a comercial, a produção, ou por vezes a área de sistemas ("sem informática eu não vivo"!).

O dinheiro recebido pela empresa, na comercialização de seus produtos e serviços, e que constitui sua receita de vendas, será distribuído a vários destinatários, representados na figura 8.5, adiante.

As empresas movimentam milhares e milhares de dólares a cada dia e, por isso, necessitam obrigatoriamente, dar o melhor destino possível a esses recursos. Dependendo da situação emergente, um tipo de decisão será recomendável e esta pode conduzir a aplicar ou captar recursos.

De qualquer forma, a atuação das Contas a Pagar deverá ser a melhor possível, tanto na maximização dos ganhos quanto pela minimização dos custos de captação no mercado, para fazer frente às necessidades de caixa.

Além disso, no que diz respeito a saldar compromissos assumidos, a área de Administração de Pagamentos não pode permitir que a liquidação dos débitos aconteça nem antes, por deixar de auferir ganhos financeiros com a aplicação do dinheiro, ou depois das datas aprovadas, para não incorrer na incidência de multas e juros.

Empresas que contam com profissionais de Contas a Pagar despreparados perdem receitas, sem, contudo se aperceber disso, dado o volume financeiro movimentado diariamente. Daí, porque, a facilidade em afirmar com tanta segurança que o sistema de Contas a Pagar bem estruturado é fundamental em qualquer organização.

8.4. PRINCIPAIS FUNÇÕES E RESPONSABILIDADES DE CONTAS A PAGAR

Compete aos profissionais da área de Contas a Pagar as seguintes funções e responsabilidades:

- ✓ montar o processo de pagamento antes da data de vencimento, detectando e corrigindo eventuais divergências;
- ✓ controlar todos os contratos firmados que requeiram pagamentos em datas predeterminadas, inteirando-se dos seus cálculos e atualizações;
- ✓ manter sistemático contato com fornecedores internos e externos, de forma a facilitar a comunicação (geralmente, a grande vantagem nas negociações de encargos financeiros se consegue neste nível, ou no nível imediatamente superior);
- ✓ preparar, para a Tesouraria, posição diária e semanal dos compromissos a liquidar, para efeito do fluxo de caixa operacional;
- ✓ estar sempre atento para as vantagens financeiras estratégicas em pagar ou postergar determinado compromisso.

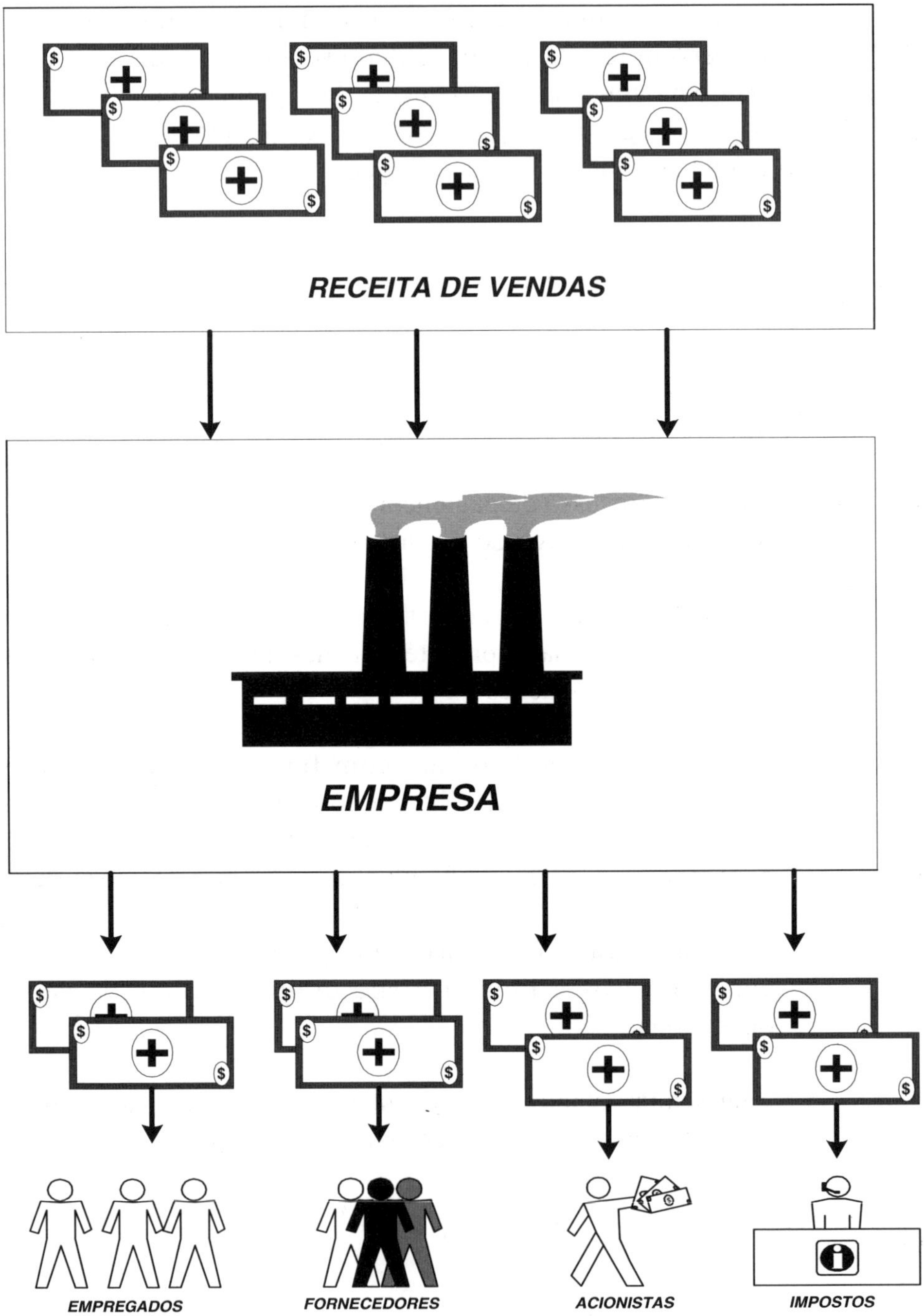

Fig. 8.5. Distribuição da Receita de Vendas

CAPÍTULO 9

CONTAS A PAGAR NO CONTEXTO DA ORGANIZAÇÃO

9. CONTAS A PAGAR NO CONTEXTO DA ORGANIZAÇÃO

9.1. POSICIONAMENTO DA ÁREA DE CONTAS A PAGAR

Em muitas empresas discute-se, freqüentemente, os aspectos relacionados à organização da área de administração de pagamentos (CONTAS A PAGAR), sua subordinação dentro da estrutura organizacional (organograma), quais as suas relações no ambiente interno à empresa e, também, no ambiente externo.

Neste capítulo, todos esses assuntos serão estudados, permitindo melhor compreensão dos profissionais quando à sua contribuição e o seu posicionamento na empresa, em especial a área de CONTAS A PAGAR, cuja estrutura organizacional mais comum está retratada na figura 9.1. adiante.

9.2. ESTRUTURAÇÃO DA ÁREA DE CONTAS A PAGAR

Podemos estruturar a área de administração de pagamentos (Contas a Pagar), em dois níveis básicos, conforme demonstrado na figura anterior:

- ✓ Supervisão
- ✓ Execução

O nível de supervisão deverá ser ocupado por um gerente ou um chefe de departamento, seção ou setor, dependendo do porte e objetivos da empresa.

O responsável por essa posição deverá cuidar da coordenação geral da unidade e de seu bom funcionamento, assim como do relacionamento entre Contas a Pagar e as demais áreas envolvidas direta ou indiretamente no sistema (compras, almoxarifado, contratos, tesouraria, contabilidade etc.).

Já o nível de execução terá responsabilidades diversas, o que exigirá dos profissionais características próprias para isso. Os principais cargos são ocupados por assistentes, analistas e auxiliares, sendo que o número de profissionais, em cada posição, dependerá da complexidade e do volume do processamento de pagamentos e do porte da empresa.

Considerando uma questão que freqüentemente nos é colocada, cumpre destacar a impossibilidade de estabelecer algum tipo de relação matemática entre o número de funcionários da área de Contas a Pagar, com alguma variável, com o quadro geral de colaboradores da empresa, seu faturamento ou qualquer outro fator.

Os ocupantes dos cargos definidos como "de execução", serão responsáveis por todas as atividades internas do sistema de contas a pagar. Evidentemente que as tarefas mais simples serão atribuídas aos auxiliares, enquanto os assistentes e analistas serão incumbidos de todo o trabalho que exige mais conhecimento específico e experiência.

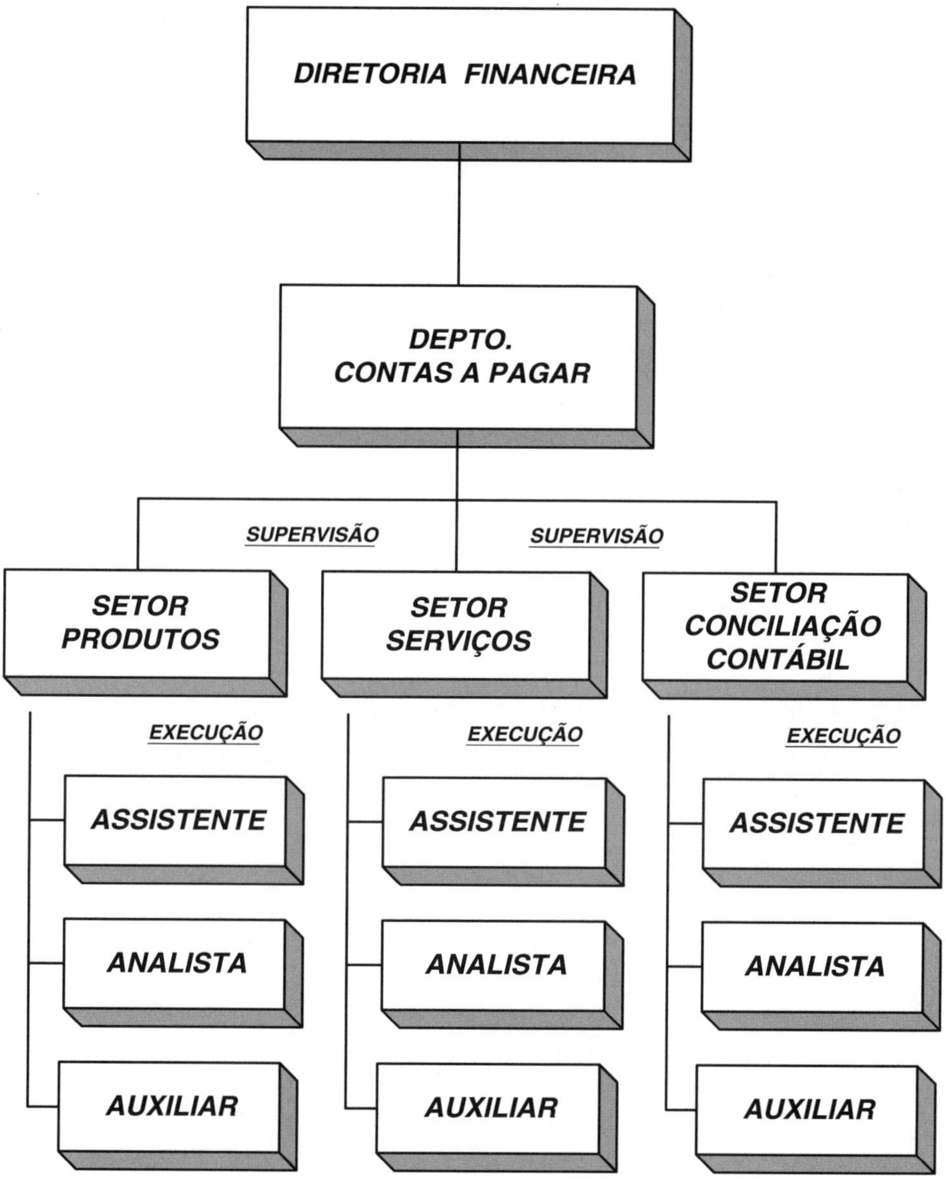

Fig. 9.1. Estrutura organizacional – Contas a Pagar

CAPÍTULO 10

CONTAS A PAGAR VISTO PELA ABORDAGEM DE SISTEMAS

10. CONTAS A PAGAR VISTO PELA ABORDAGEM DE SISTEMAS

10.1. AMPLITUDE DO SISTEMA DE CONTAS A PAGAR

Conforme definimos, a palavra "sistema" tem sido utilizada para determinar diferentes tipos de fenômenos administrativos e operacionais, dentro de uma organização.

O **SISTEMA DE CONTAS A PAGAR** tem a representação gráfica na figura 10.1.

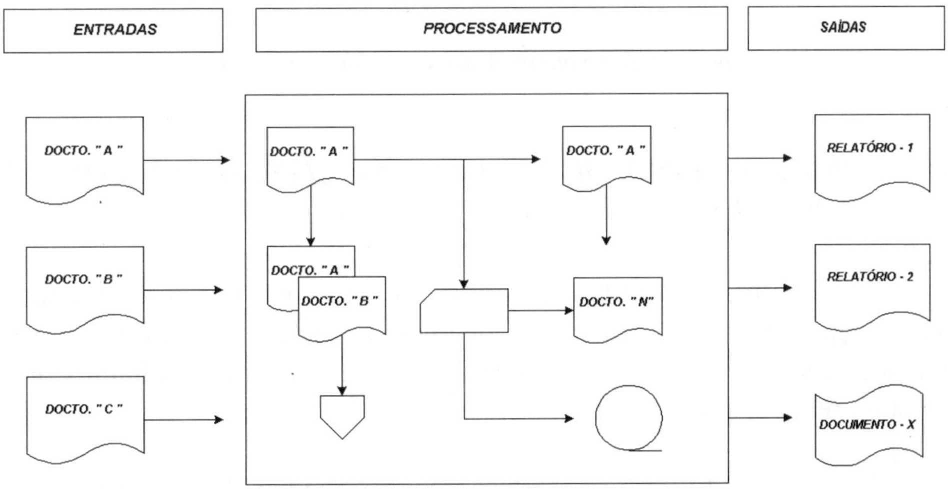

Fig. 10.1. Sistema de Contas a Pagar

Numa abordagem mais prática, demonstramos aos leitores, na figura 10.2, um exemplo prático do "sistema de contas a pagar" numa organização.

Efetuaremos também, com base na figura, uma análise do esquema apresentado, destacando as entradas, seu processamento interno e as saídas correspondentes.

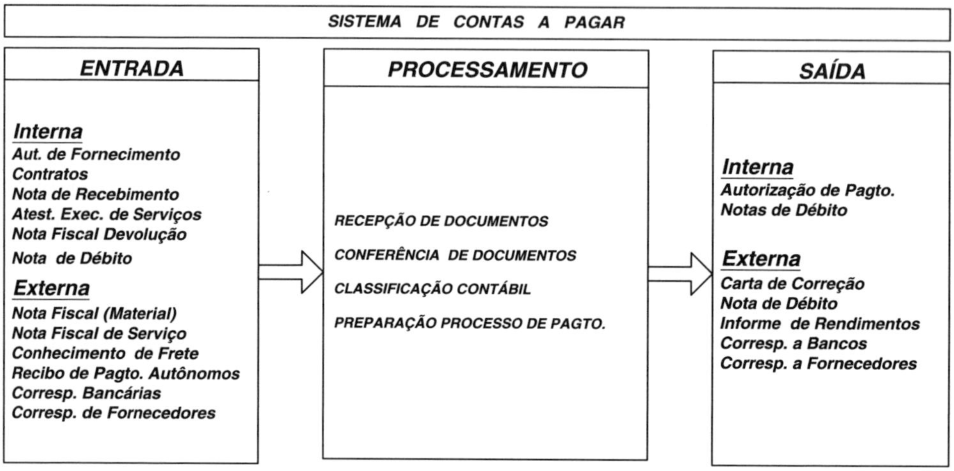

Fig. 10.2. Exemplo de Sistema de Contas a Pagar

10.1.1. INFORMAÇÕES DE ENTRADA NO SISTEMA DE CONTAS A PAGAR

O Sistema de Contas a Pagar tem duas maneiras de receber informações. A primeira através de documentos gerados na própria empresa e a segunda, por documentos externos, provenientes de entidades que mantêm relacionamento com a empresa.

Como ***entrada interna,*** destacamos os seguintes documentos:

✓ ***Pedido de Compra*** – este documento representa a formalização da contratação do fornecimento de materiais, bens ou prestação de serviços, com ao fornecedor;

<u>Nota:</u> Por uma questão de conceito e terminologia, recomendamos aos leitores deste Manual, que substituam, sempre que possível, o termo "pedido de compra", por "autorização de fornecimento", já que o pedido ou solicitação é feito por uma determinada área interna da empresa. O setor de suprimentos (depto. de compras), após acertos formais e comerciais com o fornecedor, autoriza o fornecimento daquele produto ou da prestação de um determinado serviço;

✓ ***Contratos*** – documento emitido, por área competente, quando a aquisição dos materiais ou a prestação do serviço exigir maior detalhamento das condições da transação, em razão da complexidade envolvida;

✓ ***Nota de Recebimento*** – documento expedido pelo setor responsável pelo recebimento do material, confirmando e atestando a entrada na empresa, e conforme as condições contratuais anteriormente pactuadas, entre as partes (empresa x fornecedor);

✓ ***Atestado de Execução de Serviço*** – documento emitido pela contraparte do contrato de prestação de serviço, garantindo a sua realização nas condições contratadas;

✓ ***Nota Fiscal de Devolução*** – documento fiscal emitido pela empresa compradora do material ou bem, identificando a devolução parcial ou total da mercadoria, se o fornecimento estiver em desacordo com as condições anteriormente contratadas;

✓ ***Nota de Débito*** – referentes à divergência de preços, quantidade, qualidade, devolução de mercadorias e outros aspectos que impliquem redução do valor pago ao fornecedor;

Como ***entrada externa***, relacionamos os seguintes documentos:

✓ ***Nota Fiscal*** – documento emitido pelo fornecedor;

✓ ***Nota Fiscal de Serviço*** – documento emitido pelo prestador do serviço;

✓ ***Conhecimento de Frete*** – documento emitido pelo prestador de serviço, relativo ao pagamento do transporte de mercadorias à pessoa física;

✓ ***Recibo de Pagamento a Autônomos (RPA)*** – documento emitido por pessoa física, quando se tratar de prestação de serviços;

✓ ***Documentos bancários*** – documentos diversos emitidos por instituições bancárias (aviso de vencimento, notas de credito, de débito etc).

10.1.2. PROCESSAMENTO INTERNO DO SISTEMA DE CONTAS A PAGAR

O processamento interno do sistema de contas a pagar compreende todas as tarefas/atividades necessárias à preparação dos documentos a fim de realizar o pagamento pela tesouraria e, também, fornecer subsídios para a contabilização dos documentos internos e externos.

Visando garantir uma melhor compreensão do usuário deste manual, dividiremos esta etapa em três funções básicas. Na figura 10.3, apresentaremos o esquema que identifica as funções e, na seqüência, detalharemos cada uma delas.

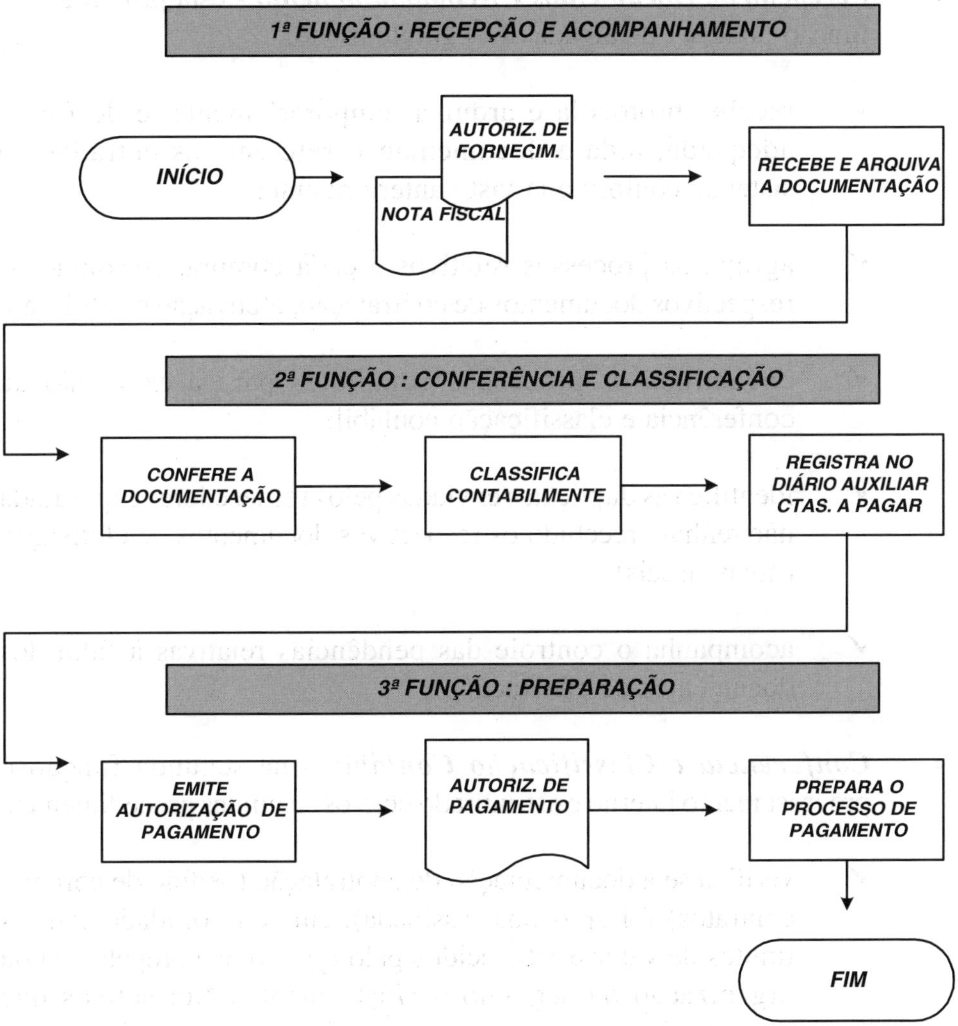

Fig. 10.3. Processamento interno do sistema de Contas a Pagar Funções Básicas

10.1.2.1. FUNÇÕES BÁSICAS DO PROCESSAMENTO INTERNO: SISTEMA CONTAS A PAGAR

- ***Recepção de Documentos e Acompanhamento*** - esta primeira função pode ser detalhada do seguinte modo:

  ✓ recebe, protocola e arquiva temporariamente, e de forma adequada, toda a documentação referente às entradas do sistema, conforme já visto anteriormente;

  ✓ agrupa os processos relativos a cada compra, anexando os respectivos documentos de contratação, efetivação e validação;

  ✓ encaminha os processos completos para a execução da conferência e classificação contábil;

  ✓ identifica as duplicatas enviadas pelos fornecedores e que ainda não tenham recebido os respectivos documentos de efetivação (notas fiscais);

  ✓ acompanha o controle das pendências relativas à falta dos documentos de efetivação.

- ***Conferência e Classificação Contábil*** – na segunda função o processamento interno é estruturado com os seguintes procedimentos:

  ✓ verifica se a documentação de contratação (pedido de compra, contratos) foi aprovada (assinada), em conformidade com os limites de valor estabelecidos pelo quadro de competência da organização ou segundo os Instrumentos Normativos que regulam o assunto;

  ✓ confere a documentação, comparando-a com os papéis de efetivação, ou seja, confronta a nota fiscal com o pedido de compra ou contrato;

  ✓ identifica e aponta divergências, quanto a:

- quantidade
- preço
- prazo de pagamento
- prazo de entrega
- condições físico-químicas do produto

✓ encaminha à Tesouraria, com pelo menos três dias de antecedência em relação ao vencimento, as "Autorizações de Pagamento – APs", com os seus processos de compra, para a execução dos pagamentos;

✓ elabora o Relatório de Previsão de Pagamentos;

✓ encaminha o Relatório de Previsão de Pagamentos à Tesouraria para elaboração do fluxo de caixa projetado;

✓ elabora Relatórios Gerenciais sobre a Posição das Contas a Pagar e os encaminha ao administrador financeiro, para conhecimento, controle e tomada de decisão.

10.1.3. INFORMAÇÕES DE SAÍDA DO SISTEMA CONTAS A PAGAR

Discorreremos acerca do resultado do trabalho no âmbito de Contas a Pagar, obtido a partir do processamento interno das entradas. Podemos dividir essas saídas em dois tipos:

Saídas Internas: são informações registradas através de documentos com circulação interna na empresa, caracterizadas usualmente como:

- autorização de pagamento, encaminhada à Tesouraria; previsões de pagamento, para fluxo de caixa; notas de débitos; relatórios gerenciais.

Saídas Externas: documentos com destino ao âmbito externo da empresa (fornecedores, bancos, etc), tais como:

- cartas de correção de aspectos fiscais, empregadas quando das ocorrências entre documentos de contratação e os de efetivação;

- notas de débito, referentes a divergência de preços, quantidade, qualidade, devolução de mercadorias e outras, que impliquem a redução do valor pago ao fornecedor;

- informe de rendimentos e de retenção de IR utilizados na prestação de serviços, identificando os tributos e as retenções de lei.

Na figura 10.4, o leitor terá uma visão geral de um modelo básico do Sistema de Contas a Pagar, considerando as "entradas, processamento, saídas, informações de memória e informações gerenciais."

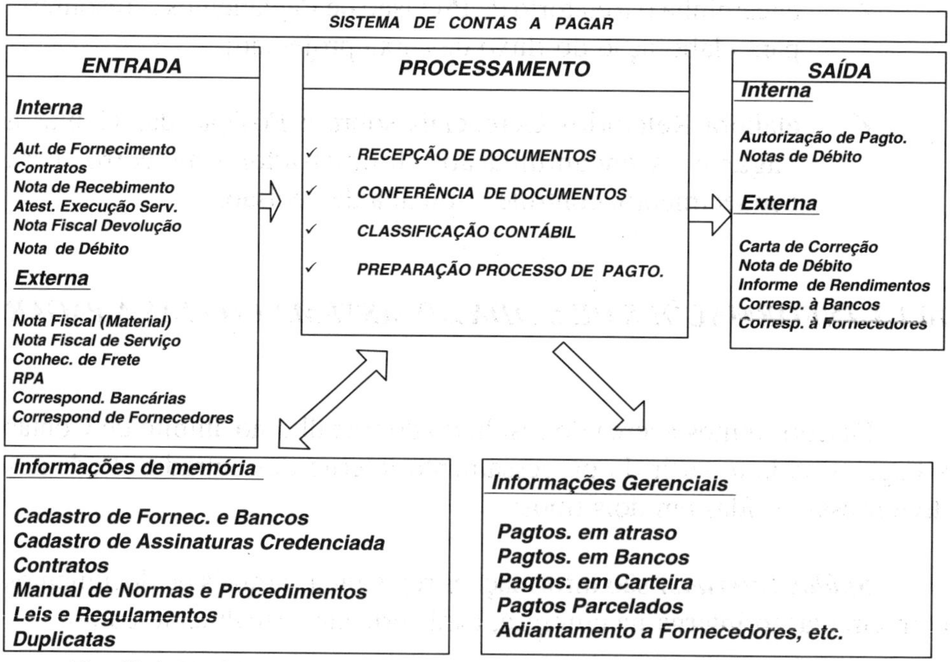

Fig. 10.4. Modelo Básico de Sistemas de Contas a Pagar - Enfoque prático

CAPÍTULO 11

RELACIONAMENTO DE CONTAS A PAGAR COM AS DEMAIS ÁREAS DA EMPRESA

11. RELACIONAMENTO DE CONTAS A PAGAR COM AS DEMAIS ÁREAS DA EMPRESA

Neste capítulo informaremos ao leitor as principais áreas de uma Organização que têm relacionamento direto com o setor de Contas a Pagar. Mostraremos também a estrutura organizacional de cada unidade administrativa imediatamente envolvida com Contas a Pagar, bem como as suas atribuições básicas.

A área de Administração de Pagamentos (CONTAS A PAGAR) se relaciona direta e indiretamente com várias unidades administrativas da organização.

A unidade administrativa será classificada como "principal quando processar parte, uma ou mais funções do sistema de contas a pagar. É ela que recebe informações de entrada e as transforma em informações de saída."

"Secundária será aquela unidade administrativa que fornece e/ou recebe informações do sistema em estudo, ou seja, fornece dados de entrada e/ou recebe informações de saída" (George R. C. Biller – Desenvolvimento de Sistemas Administrativos).

No nosso caso, podemos classificar as áreas de Contas a Pagar, Tesouraria e Contabilidade, como unidades administrativas principais, e Compras, Contratos e Almoxarifado (Recepção de Mercadorias), como unidades administrativas secundárias.

O fluxo sintético das operações entre áreas relacionadas com o Sistema de Contas a Pagar está graficamente descrito nas figuras a seguir.

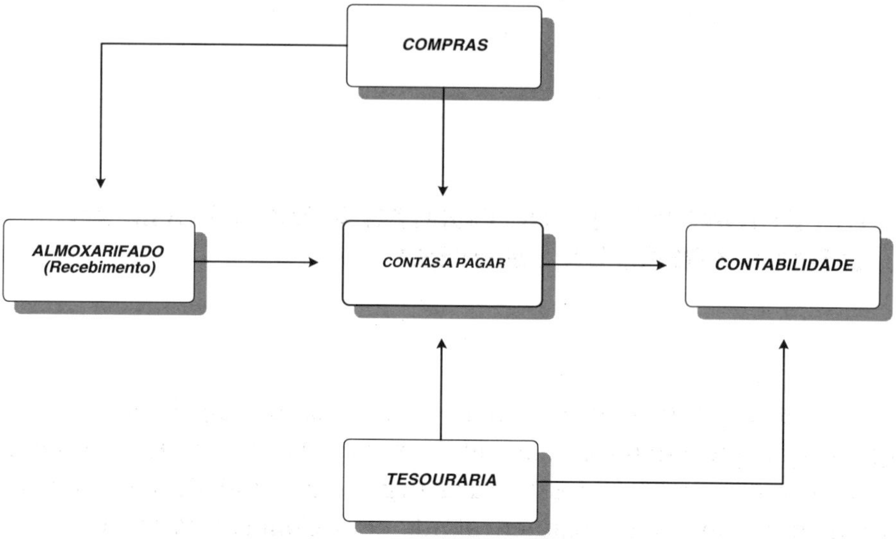

Fig. 11.1. Interações de unidades administrativas com Contas a Pagar

Como percebemos, as unidades administrativas mencionadas na figura anterior mantêm estreito contato com Contas a Pagar. A seguir, detalharemos as atribuições/funções executadas por estas áreas.

11.1. ORGANOGRAMA - DEPTO. DE SUPRIMENTOS/ COMPRAS

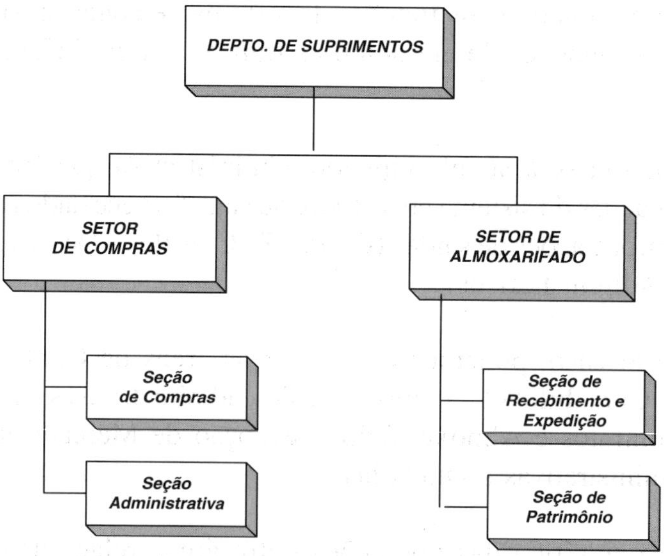

Fig. 11.2. Estrutura Organizacional - Suprimentos

11.2. ATRIBUIÇÕES BÁSICAS – DEPTO. DE SUPRIMENTOS

- ✓ Planejar, dirigir, orientar, coordenar e supervisionar as atividades relacionadas ao processamento de compras e distribuição de materiais, de acordo com a política estabelecida pela empresa, além de coordenar e supervisionar as atividades de recebimento, locação, distribuição e registro de materiais nos almoxarifados;

- ✓ Estabelecer a política de compras a ser seguida pela empresa, em conjunto com o diretor de produção (técnico, industrial, operacional, etc) e considerando a diretoria financeira;

- ✓ Examinar os pedidos de compras emitidos pelo departamento, aprovando ou encaminhando para aprovação superior, dependendo dos valores e em conformidade com os Instrumentos Normativos;

- ✓ Emitir relatórios mensais sobre as atividades do departamento, principalmente no que se refere ao volume de compras realizadas, física e financeiramente, e à movimentação de estoque;

- ✓ Apoiar o diretor de produção (técnico, industrial, operacional, etc) no estabelecimento da política de gestão de estoques;

- ✓ Efetuar consultas com fornecedores locais e/ou outras praças, pesquisando preços, prazos de entrega, condições de pagamento e de descontos etc, para suprir as necessidades das áreas requisitantes, mantendo atualizados os arquivos de fornecedores;

- ✓ Autorizar a exclusão de fornecedores do respectivo cadastro, atendendo solicitação das áreas e após apuração detalhada da qualidade dos serviços prestados ou materiais fornecidos;

- ✓ Receber e analisar tecnicamente os materiais recuperados, apurando os serviços executados e encaminhando para entrada no estoque;

- ✓ Proceder à contratação de veículos e serviços de transporte;

- ✓ Efetuar contratação de seguros de materiais e/ou bens patrimoniais a ser transportados.

11.2.1. ATRIBUIÇÕES BÁSICAS – SETOR DE COMPRAS

- ✓ Planejar, coordenar, dirigir e controlar as atividades relacionadas ao processamento de compra de materiais, peças, acessórios, medicamentos, gêneros alimentícios, serviços de terceiros e importação, de acordo com a política de compra definida pela empresa;

- ✓ Analisar potenciais fornecedores no que se refere a prazos de entrega, preço, condições de pagamento etc, aprovando ou não o fechamento de cotações de preço;

- ✓ Aprovar os pedidos de compra até o limite estabelecido em Instrumentos Normativos, analisando e apurando se estão adequados ao regimento;

- ✓ Acompanhar através de publicações especializadas, pesquisas etc, os preços dos produtos no mercado, buscando, assim, novos fornecedores;

- ✓ Agilizar, através de contatos por telefone, carta, fax, e-mail, etc. com fornecedores, os processos de compras de materiais críticos ao funcionamento da empresa, solicitando antecipação nas entregas para evitar faltas que possam prejudicar o andamento das atividades;

- ✓ Emitir, mensalmente ou quando solicitado, relatórios demonstrativos das atividades desenvolvidas pelo setor.
- ✓ Providenciar a contratação de empresas de transporte, bem como a liberação do conhecimento de frete ao Departamento Financeiro/Contas a Pagar.

11.2.1.1. ATRIBUIÇÕES BÁSICAS – SEÇÃO DE COMPRAS

- ✓ Receber as "Requisições de Compra (RC)" encaminhadas pelas áreas, efetuando a triagem quanto à urgência ou não de aplicação dos materiais solicitados;
- ✓ Pesquisar o "Cadastro de Fornecedores" apurando aqueles mais indicados para o fornecimento dos materiais solicitados;
- ✓ Efetuar cotações de materiais verificando preço, prazo de entrega, condições de pagamento e descontos, fretes, IPI etc;
- ✓ Analisar o resultado das cotações, observando preço, prazo de entrega, condições de pagamento etc, determinando o fornecedor e encaminhando o processo para aprovação do setor de Compras;
- ✓ Emitir o respectivo pedido de compra, encaminhando cópias da documentação para o departamento Financeiro/Contas a Pagar, Almoxarifado e fornecedor;
- ✓ Efetuar consultas a fornecedores de serviços, encaminhando os materiais, bens patrimoniais, para cotação;
- ✓ Receber e analisar as cotações apresentadas pelos fornecedores de serviços de recuperação de materiais e bens patrimoniais, apurando a viabilidade técnico-financeira;

- ✓ Receber e analisar tecnicamente os materiais recuperados, verificando os serviços executados, encaminhando-os para entrada em estoque;
- ✓ Proceder à contratação de serviços de veículos, máquinas e equipamentos;
- ✓ Efetuar, através da área jurídica, contratação de seguros de materiais e/ou bens patrimoniais a transportar;
- ✓ Organizar e manter organizado o cadastro de fornecedores de materiais, de peças, de serviços etc;
- ✓ Controlar os contratos de execução de serviços de manutenção, de transporte etc.
- ✓ Acompanhar o processo de entrega de materiais, bens patrimoniais e/ou execução de serviços, informando às áreas requisitantes sobre as prováveis datas de chegada.

11.2.1.2. ATRIBUIÇÕES BÁSICAS – SEÇÃO ADMINISTRATIVA DE COMPRAS

- ✓ Dar apoio às áreas do departamento, principalmente no que se refere aos serviços burocráticos;
- ✓ Efetuar o controle de recebimento e expedição de correspondências do departamento;
- ✓ Manter atualizado o cadastro de fornecedores, encaminhando, quando necessário, ao departamento Financeiro/Contas a Pagar e Contabilidade, as inclusões, exclusões e/ou alterações;
- ✓ Efetuar a emissão dos "Pedidos de Compra", colhendo assinaturas nos "PCs", conforme valor, distribuindo as vias para

departamento Financeiro/Contas a Pagar, Almoxarifado e fornecedor;

- ✓ Providenciar a emissão de contratos com fornecedores, bem como solicitar propostas de concorrência para venda de sucata;
- ✓ Controlar e zelar pelo numerário de compras à vista, efetuando acertos com o departamento Financeiro/Tesouraria.

11.2.2. ATRIBUIÇÕES BÁSICAS – SETOR DE ALMOXARIFADO

- ✓ Planejar, dirigir, coordenar, controlar e supervisionar as atividades de recebimento, locação, distribuição e registro de materiais, peças e acessórios no almoxarifado central e demais áreas de armazenamento;
- ✓ Avaliar a produtividade qualitativa e quantitativa das áreas subordinadas, apurando a eficiência de cada uma delas, determinando novas atribuições, se necessário;
- ✓ Elaborar relatórios e demonstrativos gráficos das atividades do setor;
- ✓ Dimensionar os recursos humanos e materiais necessários ao desenvolvimento das atividades programadas;
- ✓ Apoiar o chefe do departamento de Suprimentos no estabelecimento da política de gestão de materiais;
- ✓ Analisar relatórios de gestão de materiais emitidos por computador, mantendo ou alterando a política de estoque estabelecida;
- ✓ Providenciar a venda de materiais, peças e bens, sempre de acordo com Normas e Políticas definidas em Instrumentos Normativos específicos.

11.2.2.1. ATRIBUIÇÕES BÁSICAS – SEÇÃO DE RECEBIMENTO E EXPEDIÇÃO

- ✓ Efetuar o recebimento de materiais, peças e acessórios, confrontando as notas fiscais com os respectivos pedidos de compra;
- ✓ Identificar e liberar os materiais recebidos para a locação e/ou aplicação, após comprovação de quantidade, qualidade, aspectos físico-químico etc, com os pedidos de compra;
- ✓ Apurar as divergências apresentadas no recebimento de materiais, emitindo relatórios sobre as ocorrências;
- ✓ Controlar os pedido de compra pendentes, orientando o setor de Compras, nos casos de atraso, e iniciar processo de aplicação de multas;
- ✓ Providenciar o cálculo dos valores constantes das notas fiscais referentes às mercadorias recebidas, confrontado-os com os relacionados nos pedidos de compra, para emissão da nota de recebimento, validando a operação;
- ✓ Efetuar a respectiva baixa dos pedido de compra, quando da chegada de materiais;
- ✓ Emitir notas fiscais de devolução de materiais, sempre que necessário;
- ✓ Controlar e regularizar processos recebidos em regime de fornecimento direto;
- ✓ Identificar, conferir, codificar e locar os materiais recebidos;
- ✓ Efetuar o planejamento de locação de materiais de acordo com a quantidade a ser armazenada, movimentação etc;

- ✓ Atender as áreas requisitantes, entregando os materiais solicitados;
- ✓ Emitir documentos comprobatórios de saída de materiais do estoque, para regularização dos saldos;
- ✓ Efetuar o controle de movimentação física de materiais, utilizando-se de sistemas, para a atualização de estoques;
- ✓ Manter estrito contato com Contas a Pagar e demais unidades administrativas da empresa, tratando de assuntos de sua área de atuação.

11.2.2.2. ATRIBUIÇÕES BÁSICAS – SEÇÃO DE PATRIMÔNIO

- ✓ Receber, conferir, locar e zelar pela guarda dos bens patrimoniais pertencentes à empresa e terceiros (conforme o caso);
- ✓ Efetuar o controle físico dos bens patrimoniais da empresa, apurando localização, identificação, utilização, responsabilidade do usuário etc;
- ✓ Efetuar a conferência do valor dos bens patrimoniais nos documentos legais, em relação ao pedido de compra;
- ✓ Efetuar o cadastramento dos bens patrimoniais da empresa, consoante os Instrumentos Normativos específicos a respeito;
- ✓ Analisar e corrigir relatórios de inclusão de bens patrimoniais no cadastro específico do computador;
- ✓ Emitir termos de responsabilidade aos usuários dos bens patrimoniais;
- ✓ Analisar relações no computador, do sistema de patrimônio, apurando as irregularidades e corrigindo-as, se necessário.

11.3. ORGANOGRAMA - DEPARTAMENTO FINANCEIRO

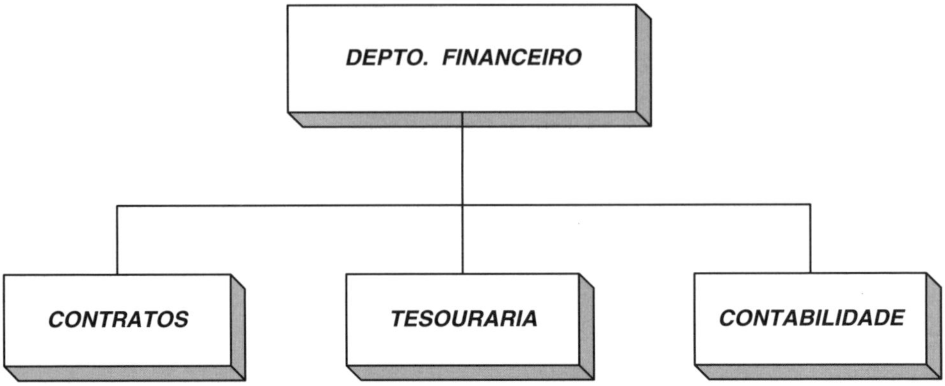

Fig. 11.3. Estrutura Organizacional - Finanças

11.4. ATRIBUIÇÕES BÁSICAS – DEPARTAMENTO FINANCEIRO

✓ Coordenar e supervisionar as atividades financeiras, contábeis, fiscais e de contratos da empresa;

✓ Propor e executar a política de gestão das atividades financeiras, contábeis, orçamentárias, de controle e de análise de investimentos;

✓ Apoiar o diretor superintendente e gerência comercial na identificação de clientes potenciais que representem riscos quanto à disponibilidade de recursos ou a pontual liquidação do faturamento;

✓ Responsabilizar-se pela receita geral da empresa e exercer supervisão funcional sobre as áreas incumbidas de sua geração;

✓ Comunicar ao diretor presidente, regularmente, através de relatório e estudos, o desempenho econômico-financeiro da empresa e dos contratos firmados;

- ✓ Administrar as disponibilidades financeiras e os valores e títulos em poder da empresa;
- ✓ Efetuar aplicações financeiras de acordo com as diretrizes estabelecidas pelo diretor presidente;
- ✓ Planejar e controlar o fluxo de caixa e de investimento com vistas a assegurar adequada situação de liquidez da empresa e a obtenção de altos índices de retorno financeiro;
- ✓ Estudar, propor e executar a política financeira da empresa, principalmente com relação ao endividamento, prazo para pagamento das compras, aplicação de reservas, chamada de capital e distribuição de lucros;
- ✓ Negociar, propor e providenciar financiamento, de acordo com as diretrizes da diretoria;
- ✓ Orientar a Contabilidade para aspectos técnicos e fiscais, mantendo estreito relacionamento com o setor;
- ✓ Estudar, decidir e orientar outros gerentes e diretoria quanto aos aspectos fiscais e contratuais;
- ✓ Verificar as necessidades de recursos financeiros da empresa e providenciar seu atendimento;
- ✓ Gerir as atividades orçamentárias, bem como providenciar e controlar as contas bancárias.

11.4.1. ATRIBUIÇÕES BÁSICAS – ADMINISTRAÇÃO DE CONTRATOS

- ✓ Elaborar os contratos de prestação de serviços, solicitando o apoio necessário para a clareza das diversas cláusulas em termos técnicos e jurídicos;

- ✓ Administrar os contratos firmados com empresas públicas ou privadas, mantendo contatos com essas entidades, sempre que necessário;

- ✓ Acompanhar a regularidade dos recebimentos de faturas emitidas, tomando as providências adequadas para solucionar eventuais pendências de Contas a Receber, em conjunto com o departamento financeiro, e sempre com o prévio conhecimento e autorização do diretor presidente;

- ✓ Subsidiar as diversas áreas administrativas ou operacionais, fornecendo informações contratuais referentes às tratativas comerciais, critérios de medição e controle, datas de vigências de contrato, termos de aditamento e termos de cancelamento, entre outras;

- ✓ Elaborar propostas de prestação de serviços e encaminhá-las às entidades públicas e privadas, através da gerência comercial ou do diretor presidente e manter acompanhamento e controle do retorno e resultado final das propostas apresentadas, informando sempre a gerência comercial/diretor presidente sobre o ocorrido;

- ✓ Proceder à emissão, distribuição e controle de contratos com clientes, fornecedores de serviços e/ou materiais, comodato, locação de imóveis, equipamentos de escritório de informática/ software, efetuando também suas renovações e rescisões, quando do interesse da empresa.

11.4.2. ATRIBUIÇÕES BÁSICAS - TESOURARIA

- ✓ Manejar os fundos em moeda corrente da organização, registrando a entrada e saída de dinheiro, cheques, duplicatas, notas fiscais e outros recibos, para assegurar a regularidade das transações financeiras;

✓ Receber dinheiro e cheques, confrontando a importância com as notas emitidas, para efetuar a quitação de duplicatas, carnês e notas fiscais;

✓ Preparar o dinheiro e cheques em caixa, organizando em lotes e anotando quantias, número de cheques e outros dados em ficha ou sistemas específicos de controle, para providenciar seu depósito na conta da empresas;

✓ Administrar as atividades de contas a pagar e a receber da empresa, preparando e controlando o fluxo de caixa a e movimentação financeira da organização;

✓ Receber o processo de pagamento completo da área de Contas a Pagar, providenciando a conferência da documentação e emitindo cheque ou borderô de pagamento; anexar o comprovante de pagamento (duplicata quitada ou recibo) e efetuar o lançamento no controle de movimentação bancária, enviando o documento.

11.4.3. ATRIBUIÇÕES BÁSICAS – CONTABILIDADE

✓ Assessorar o diretor financeiro e demais gerentes da empresa em assuntos contábeis e tributários, societários, previdenciários e correlatos, em decorrência das auditorias ou de estudos solicitados;

✓ Elaborar e propor plano e programas contábeis e fiscais ao diretor financeiro, expondo as prioridades e os graus de risco;

✓ Efetuar os exames de auditoria contemplada em programação, com as correspondentes avaliações e recomendações;

✓ Apresentar relatórios de irregularidades constatadas e sugerir meios de correção;

- ✓ Manter controles sobre os atos administrativos e contábeis, conforme limite de suas funções e regulamentos da empresa;

- ✓ Executar exames minuciosos em todas as partes do balanço, balancetes, inventários e controles contábeis internos;

- ✓ Acompanhar os serviços de auditoria das demonstrações contábeis do exercício social a se encerrar em 31 de dezembro, compostos do balanço patrimonial, das alterações do patrimônio líquido, das origens e aplicações de recursos e notas explicativas;

- ✓ Revisar e avaliar os controles internos operacionais, administrativos e contábeis dos procedimentos físico-tributários das principais transações;

- ✓ Acompanhar periodicamente e no final de cada ano, inventário físico dos estoques, quando aplicável.

CAPÍTULO 12

FUNÇÕES ACESSÓRIAS DE CONTAS A PAGAR

12. FUNÇÕES ACESSÓRIAS DE CONTAS A PAGAR

12.1. O PAPEL DE CONTAS A PAGAR NA ESCRITURAÇÃO FISCAL

Outra função importante de Contas a Pagar, além de autorizar os pagamentos e prestar informações para a elaboração do fluxo de caixa, é a participação na escrituração contábil dos processos de pagamento. Esta é, inclusive, uma forma de racionalizar os processos, entre Contas a Pagar e Contabilidade, uma vez que a maioria dos dados registrados pela área de Contas a Pagar, para fins de processamento e controle, também é utilizada pela contabilidade, na elaboração de reconhecimento da obrigação.

Há dois níveis de atuação da área na escrituração contábil:

1º Contas a Pagar faz somente o lançamento a crédito do fornecedor, deixando a contrapartida para ser efetuada pela contabilidade;

2º Contas a Pagar faz o lançamento completo (débito e crédito), deixando para a Contabilidade a responsabilidade de validação do lançamento contábil e posterior análise das contas.

Observe que, nesta situação, os funcionários do setor deverão receber treinamento sobre o plano de contas, princípios contábeis e esclarecimentos a respeito da forma de contabilização das operações mais complexas.

12.2. O PAPEL DE CONTAS A PAGAR NA ELABORAÇÃO DO FLUXO DE CAIXA

Além da função principal de autorizar o pagamento, a área de Contas a Pagar tem papel importante na elaboração do fluxo de caixa projetado, cuja responsabilidade principal é da Tesouraria.

O fluxo de caixa possui cinco níveis de utilidade, conforme demonstrado na figura 12.1:

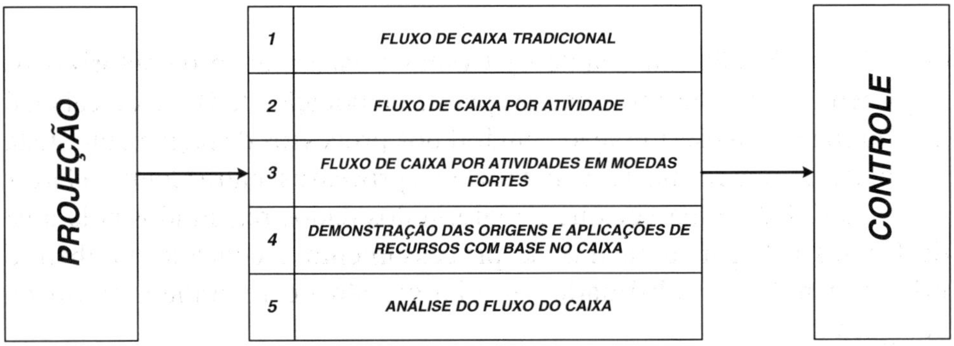

Fig. 12.1. Fluxo de caixa – Cinco Níveis de Utilidade

Para que o leitor tenha uma noção da diferença entre fluxo de caixa projetado e fluxo de caixa realizado, ilustramos na figura 12.2:

ITEM	HISTÓRICO	TEMPO 1 VALOR	TEMPO 2 VALOR	TEMPO 3 VALOR
A	Saldo Inicial	R$ 100,00		
B	Entradas	R$ 50,00		
C	Saídas	(R$ 70,00)		
D	Saldo Final (A + B + C)	R$ 80,00		

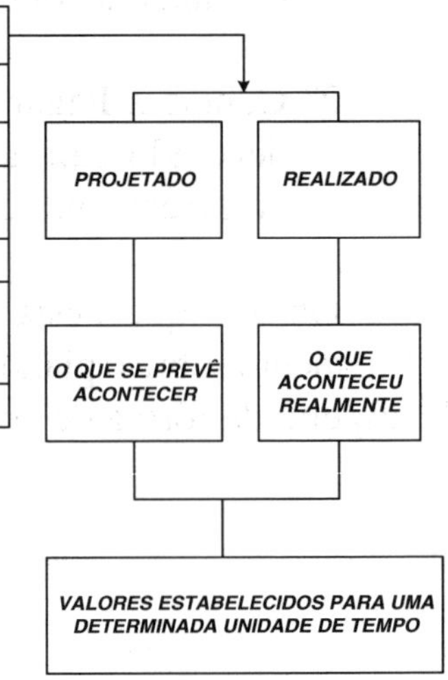

Fig. 12.2. Fluxo de Caixa – Formato Tradicional - Conceito

A área deverá informar, periodicamente, à Tesouraria, a aposição das contas a pagar em um determinado instante, por data de vencimento.

Essa informação divide-se em duas partes:

1ª Compromissos correspondentes às notas fiscais e/ou faturas/duplicatas que já estão em poder de Contas a Pagar e,

2ª Compromissos correspondentes aos pedidos de compras ou contratos já confirmados, cujas vias já se encontram em poder da área de Contas a Pagar.

Atente para o fato de que, na situação segunda, a data do vencimento será determinada em conformidade com o prazo de pagamento, contando-se a partir da data prevista para a entrega, ambos constantes do pedido de compra ou contrato.

Na figura 12.3, apresentamos o esquema de como as informações são enviadas para a Tesouraria, possibilitando a elaboração do fluxo de caixa projetado.

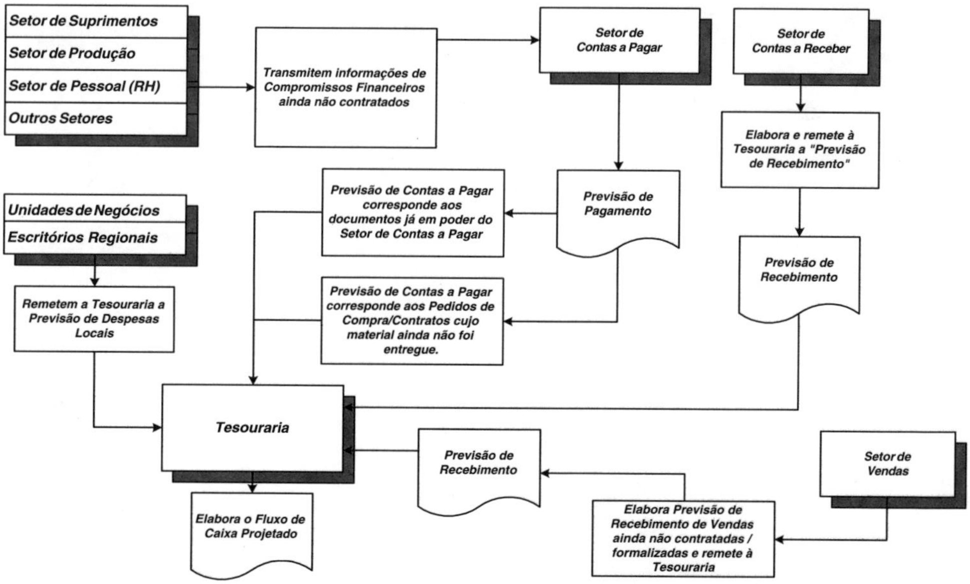

Fig. 12.3. Fluxo de Caixa Projetado

12.3. O ALCANCE DOS PROCEDIMENTOS DE CONTAS A PAGAR (OU PROCESSAMENTO DE OUTRAS CONTAS A PAGAR)

Em capítulo anterior, concluímos que o objetivo de Contas a Pagar é "Assegurar que todos os pagamentos correspondentes às aquisições de recursos somente sejam efetuados após a constatação da autenticidade e exatidão das fases do processo de Contas a Pagar, que são: contratação, efetivação e validação".

Ao grifar a expressão *"aquisições de recursos"*, estamos querendo dizer que a função de Contas a Pagar não se limita àquelas compras de materiais e mercadorias cujo documento de contratação é o pedido de compra, mas alcança todos os demais recursos adquiridos pela pessoa jurídica.

Esses demais recursos, juntamente com os materiais e mercadorias, são demonstrados pela figura 12.4:

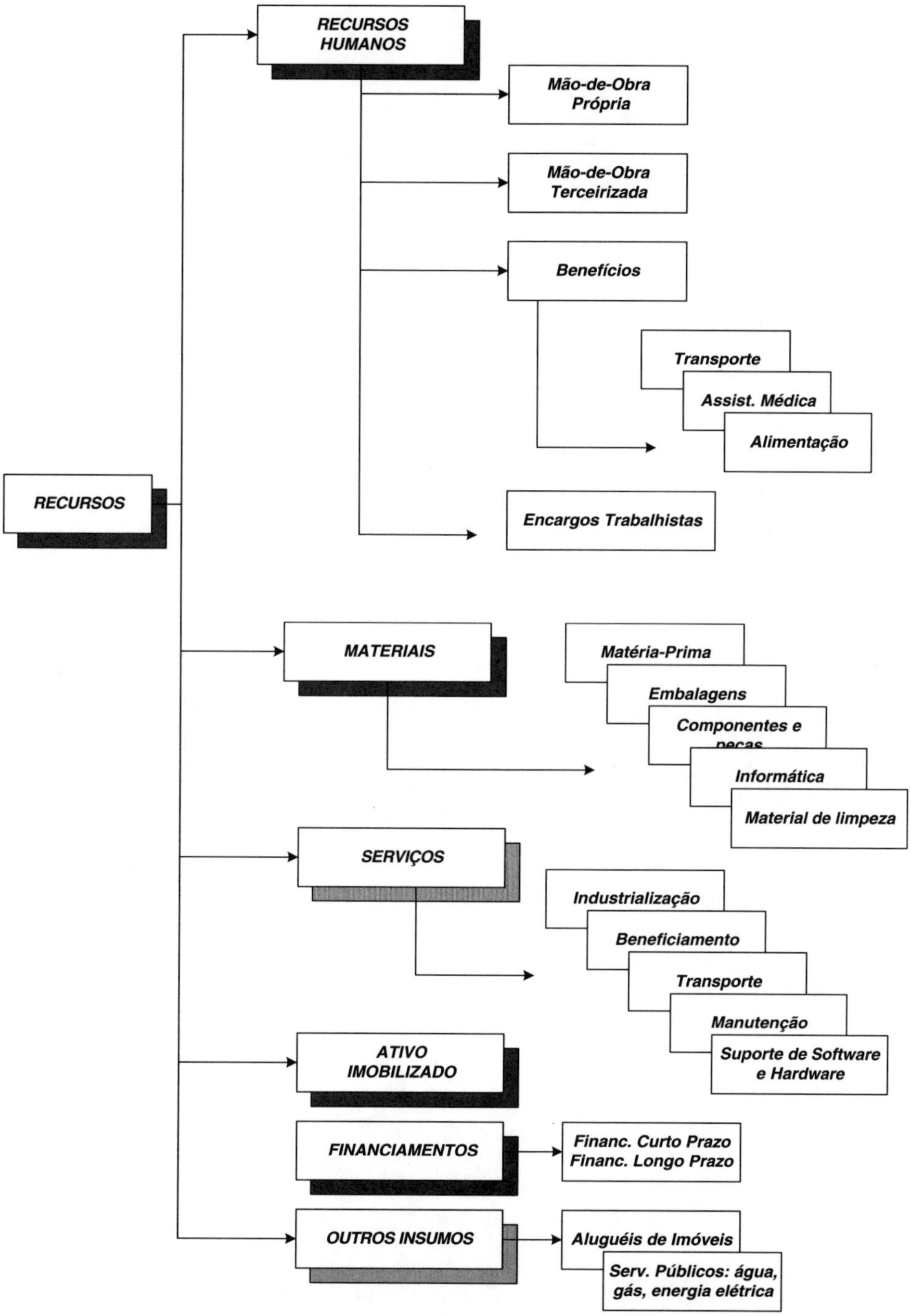

Fig.12.4 Recursos Adquiridos pela Pessao Jurídica

CAPÍTULO 13

CONTROLES INTERNOS DE CONTAS A PAGAR

13. CONTROLES INTERNOS DE CONTAS A PAGAR

Comentaremos adiante, no capítulo 22, alguns estudos e análise de procedimentos efetuados com as atividades do Setor de Contas a Pagar, baseados em técnicas de *Organização e Métodos,* que tendem a maximizar os critérios de controle, minimizar as rotinas operacionais e, conseqüentemente, os custos, além de otimizar as rotinas internas.

As diretrizes, normas, critérios e/ou procedimentos adotados, sejam integrados ou não com a tecnologia disponível no mercado, devem ser registrados em Instrumentos Normativos que norteiam diversos usuários, na sua forma de execução.

Disponibilizados no final deste livro, estão alguns modelos de instrumentos orientativos, os quais denominamos Instruções Normativas. Esta documentação define as políticas e as normas básicas de algumas atividades envolvidas diretamente com o setor de Contas a Pagar.

Quanto aos aspectos operacionais de Contas a Pagar, objetivando melhor controle para o desenvolvimento de suas atividades de rotina, solicitamos ao leitor, observar os critérios relativos aos seguintes controles:

13.1. DOCUMENTAÇÃO E CONFERÊNCIA DE CRÉDITOS A FORNECEDORES

O Setor de Contas a Pagar, de posse da documentação de ***contratação*** (pedidos de compra, contratos, autorização de serviços), de ***efetivação*** (notas fiscais) e ***validação*** (nota de recebimento de materiais, atestado de execução de serviços), deve certificar-se de que estejam em ordem e bem esclarecidas as maneiras como deve ser processado o pagamento (se através dos escritórios da empresa ou através de rede bancária).

A área precisa conferir os cálculos, inclusive de impostos adicionados, e de eventuais parcelas que tenham suporte formal, estabelecido em pedidos de compras ou contratos.

Compete também ao setor, verificar se, por ocasião do desembolso, a empresa deverá abater eventuais débitos do fornecedor decorrentes de falta de entrega de materiais/produtos, omissões nas prestações de serviços, adiantamento que já havia sido concedido etc. A documentação de suporte para essa decisão é elaborada pelas demais áreas da empresa. No entanto, é o setor de Contas a Pagar que levantará essas informações complementares, caso a área envolvida não as apresente em tempo hábil.

O setor de Contas a Pagar está encarregado de verificar se o fornecedor cumpriu as condições do pedido (valores) e confirmou a concessão de abatimentos convencionais, em relação aos preços, ou às datas de pagamento.

Se houver divergências que não puderem ser solucionadas direto com o fornecedor ou prestador do serviço, essas ocorrências deverão ser levadas a um nível hierárquico superior, para solução.

13.2. PROVIDÊNCIAS PARA PAGAMENTO

Propomos aqui alguns procedimentos que irão ajudar na organização e controle das atividades do dia-a-dia de Contas a Pagar, e também as precauções que devem ser observadas pelos profissionais da área:

- ✓ sugerimos que seja mantido em pastas individuais, por fornecedor (de material ou de serviço), arquivo próprio com toda a documentação (pedido de compra, notas fiscais, notas de recebimento de mercadorias, entre outras), em regime temporário, até a véspera das datas de pagamento;

- ✓ deverão anexar às notas fiscais, as respectivas faturas à medida em que forem encaminhadas, como complementação, pelos fornecedores. Ao receber a duplicata do fornecedor, devolvê-la como "aceite" ou guardá-la até o pagamento para receber a quitação;

- ✓ providenciar, através de fichas de controle de vencimentos (ou de sistemas), controles por ordem cronológica;

- ✓ a documentação em arquivo (notas fiscais, pedidos de compra etc) deve ser retirada com antecedência mínima de cinco dias da data de pagamento, para processamento e providências necessárias à emissão de autorização de pagamento, ordens bancárias e cheques;

- ✓ antes da emissão de cheque ou ordens bancárias de pagamento, certificar com as áreas diretamente envolvidas (Contabilidade, Tesouraria, Compras), que o fornecedor ou prestador de serviço não tenha recebido adiantamentos ao pagamento de suas contas. Em caso positivo, o cheque ou ordem de pagamento bancária deverá considerar esses abatimentos;

- ✓ é preciso exigir do fornecedor, ou do prestador do serviço, que a documentação (notas fiscais, faturas, duplicatas) seja apresentada em papel timbrado com indicação do nome (razão social), endereço, telefone, CNPJ e Inscrição Estadual;

- ✓ os administradores, com delegação e autoridade para assinar cheques pela empresa, antes de fazê-lo deverão exigir toda a documentação de contratação, efetivação e validação, bem como a autorização de pagamento;

- ✓ os pedidos não atendidos ou não executados têm de ser cancelados;

- ✓ no caso de falta de material, material de qualidade inferior, avariado ou devolvido por não satisfazer as exigências do setor de Recebimento e, ainda, por apresentar diferença nos preços, o setor de Contas a Pagar deverá emitir nota de débito;

✓ para evitar duplicidade de pagamento, os documentos do processo de desembolso precisarão conter um carimbo com anotação sobre o número do cheque emitido, nome do banco no qual foi sacado, data e importância do cheque.

13.3. PROCEDIMENTOS DE AUDITORIA

Ao profissional da área de Auditoria, ou para aqueles funcionários que têm a missão de fiscalizar os programas e procedimentos de controle com o setor de Contas a Pagar, sugerimos observar esses tópicos, quando executar essas atividades:

- ***Na conferência dos pagamentos:***

✓ se os desembolsos/pagamentos efetuados foram previamente autorizados por pessoas credenciadas e nos limites de autoridade delegada;

✓ se o material foi efetivamente recebido e validado e os serviços executados de acordo com as cláusulas de contratação, previamente ajustadas;

✓ se nos documentos pagos está devidamente registrado o número dos cheques ou ordem de pagamento bancária;

✓ se há abatimentos convencionais nos pedidos de compra ou aqueles concedidos pelos fornecedores;

✓ se os pagamentos foram executados nas datas de vencimento e se existem juros de mora, considerando-se também se realizados com cheque.

- ***Observar nos exames das contrapartidas anormais na liquidação das Contas a Pagar:***

  ✓ se há pagamentos parcelados, adiantamentos a fornecedores e débitos por devolução de mercadorias;

  ✓ se os pagamentos aos credores foram contabilizados mediante contrapartida anormais;

  ✓ se alguma conta analítica do grupo de Contas a Pagar aparece com saldo devedor e, nesse caso, averiguar o motivo do erro.

- ***Nos controles de saldos a pagar não liquidados, verificar:***

  ✓ se existem contas a pagar vencidas e ;

  ✓ se existem penalidades (juros, multas, correção monetária) para as contas vencidas e se já foram calculadas e contabilizadas;

  ✓ se há contas de compensação para indicar bens do Ativo da empresa penhorados ou hipotecados em decorrência de dívidas assumidas ou não liquidadas e se existe risco de seqüestro desses bens para liquidação dessas dívidas.

- ***Quanto ao Passivo omitido:***

  ✓ se as últimas compras ou despesas foram realmente contabilizadas e seus valores levados para Contas a Pagar;

  ✓ pesquisar os pagamentos realizados nos meses posteriores à data do Balanço para verificar se foram programados como contas a pagar;

- ***Com relação ao exame de outras contas a pagar, verificar:***

  ✓ todas as contas a pagar que não sejam de fornecedores usuais de material ou de prestação de serviços (exceto as relacionadas com financiamentos registrados no Passivo Exigível a Longo Prazo confrontadas/testadas em outra etapa de análise). Essas contas deverão ser programadas por datas de vencimento e por espécie. Entre as espécies, destacamos os fornecedores de máquinas, instalações, móveis etc. Despesas a pagar, tais como aluguéis, juros, comissões, salários, impostos, dividendos etc.

- ***Considerando os exames das provisões, observar:***

✓ as provisões ou créditos feitos em contas a pagar no último mês do exercício, isto é, provisões de balanço;

✓ se tais provisões são adequadas ou feitas para alterar os resultados;

✓ se algumas dessas provisões foram estornadas logo nos primeiros meses do exercício seguinte.

- ***E quanto à conferência dos registros contábeis, verificar:***

✓ se todas as compras e serviços foram creditados inicialmente em contas a pagar (ou equivalentes);

✓ se foram efetuados os pagamentos sem débito a Contas a Pagar.

CAPÍTULO 14

FLUXO OPERACIONAL DO SISTEMA DE CONTAS A PAGAR

14. FLUXO OPERACIONAL DO SISTEMA DE CONTAS A PAGAR

Neste capítulo vamos identificar o fluxo completo de Contas a Pagar, fornecendo modelos de documentação de todo o processo, ou seja, desde a emissão de documentos de contratação (pedidos de compra, contratos), até o formulário "Autorização de Pagamento – AP".

Lembramos que os procedimentos identificados poderão ser utilizados pelas organizações que ainda não possuem sistemas informatizados e de forma integrada.

Nas figuras seguintes, apresentamos uma visualização completa do fluxo operacional de Contas a Pagar.

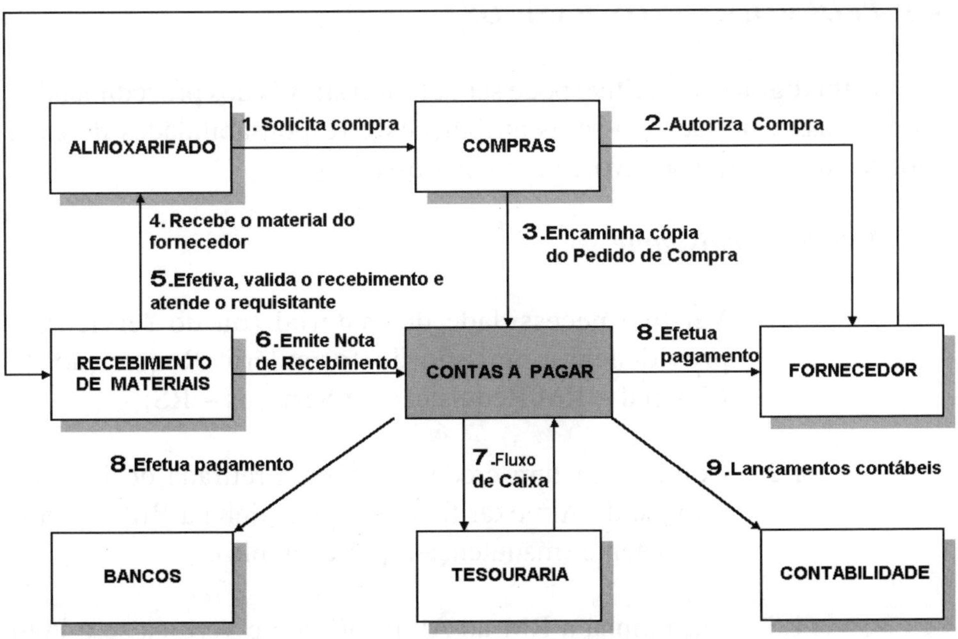

Fig. 14.1. Fluxo operacional – Contas a Pagar

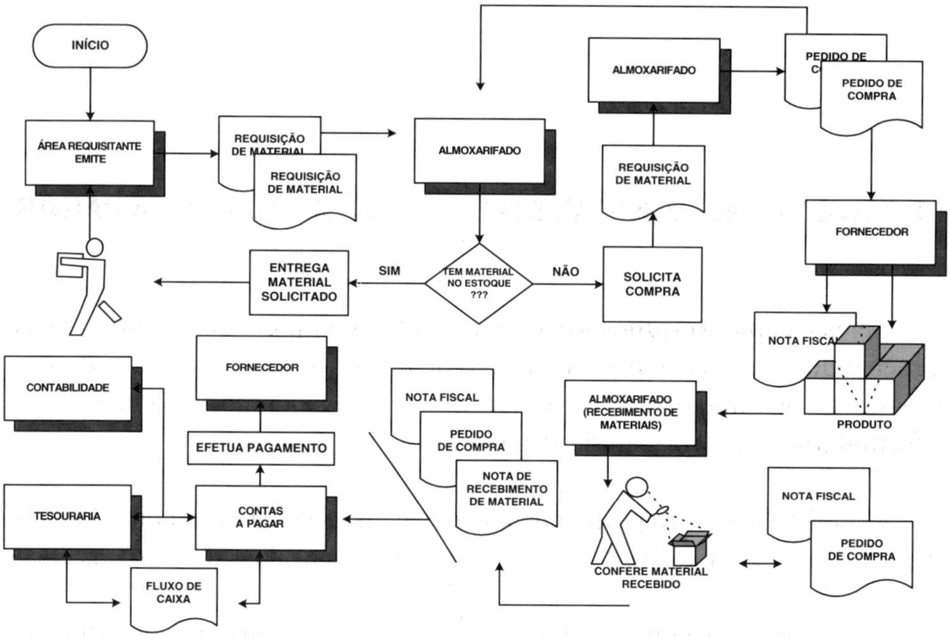

Fig. 14.2. Fluxo operacional – Contas a Pagar

14.1. PROCEDIMENTOS BÁSICOS

O fluxograma descritivo pode ser definido através dos procedimentos, passo a passo, destacando-se as atribuições e responsabilidades de cada unidade administrativa envolvida no processo.

1. Setor requisitante

1.1. Verifica necessidade de material (ou do serviço), e providencia a emissão do formulário Requisição de Material – RM/Requisição de Serviços – RS;

1.2. Colhe assinatura credenciada para retirada do item no estoque do Almoxarifado, ou encaminha a RM ao setor competente (manutenção, por exemplo);

1.3. Encaminha a RM ao Almoxarifado e verifica se o item solicitado encontra-se em estoque.

2. *Departamento de Almoxarifado*

2.1. Recebe a RM da área requisitante, verifica se o item está disponível em estoque e confere no "Cadastro de Assinatura", o credenciamento da pessoa que assina o documento;

2.2. Atende o requisitante, colhe a assinatura atestando a entrega do material e efetua baixa em seu estoque;

2.3. Providencia a emissão da "Solicitação de Compra – SC", quando o material não é disponível, ou quando atingir o "nível mínimo de estoque", encaminhando ao Setor de Compras, para providências;

2.4. Aguarda processos elaborados pela área de compras.

3. Setor de Compras

3.1. Recebe do almoxarifado a "Solicitação de Compras – SC";

3.2. Inicia o processo de compras, através de cotação com os fornecedores;

3.3. Elege fornecedor e emite o formulário "Pedido de Compra" em quatro vias, tendo como destino:

- 1ª via – Fornecedor
- 2ª via – Almoxarifado / Setor de Recebimento
- 3ª via – Contas a Pagar
- 4ª via – Arquivo do Setor de Compras

4. Almoxarifado/Setor de Recebimento de Materiais

4.1. Recebe do Setor de Compras a 2ª via do pedido de compra e aguarda o material ser entregue pelo fornecedor;

4.2. Recebe do fornecedor os materiais e respectiva nota fiscal e inicia o processo de conferência através da documentação em seu poder, analisando:

- ✓ especificação técnica e qualidade dos produtos
- ✓ quantidades
- ✓ valores unitários
- ✓ valor total
- ✓ prazo de pagamento
- ✓ prazo de entrega

4.3. Na observância de irregularidades entre nota fiscal e pedido de compra, contata o Setor de Compras e solicita orientação sobre as providências a tomar;

4.4. Solicita providências quando for o caso, ou emite a nota fiscal de devolução;

4.5. Emite o formulário "Nota de Recebimento de Materiais – NRM", *validando* o processo de conferência e aceite dos materiais recebidos;

4.6. Atualiza os itens de estoque e encaminha a documentação (nota fiscal e nota de recebimento de materiais) ao setor de Contas a Pagar.

5. Setor de Contas a Pagar

5.1. Recebe do Almoxarifado/setor de Recebimento de Materiais a documentação (nota fiscal e nota de recebimento de materiais);

5.2. Confere a documentação recebida com a 3ª via do "Pedido de Compra – PC" atestando as seguintes fases do processo: *contratação, efetivação e validação;*

5.3. Mantém atualizado o setor de Tesouraria com relação às informações necessárias à elaboração do fluxo de caixa;

5.4. Providencia o processo de pagamento e remete a documentação à Tesouraria, para pagamento aos fornecedores pelos compromissos assumidos;

5.5. Efetua, quando for o caso, os lançamentos contábeis, ou encaminha a documentação ao setor de Contabilidade, para a execução dessas atividades.

14.2. FLUXO ENTRE O DEPARTAMENTO DE CONTAS A PAGAR E AS DEMAIS ÁREAS

O fluxo sintético das operações entre as áreas relacionadas com o Sistema de Contas a Pagar pode estar assim descrito:

1. Departamento de Suprimentos (setor de Compras) envia os "documentos de contratação" (pedidos de compras, contratos, cartas de intenção) para Contas a Pagar;

2. Departamento de Almoxarifado (setor de Recebimento) encaminha os documentos de efetivação (notas fiscais, conhecimento de frete) e os documentos de validação (nota de recebimento, atestado de execução de serviço) ao setor de Contas a Pagar;

3. Setor de Contas a Pagar remete os registros contábeis do setor de Compras para a Contabilidade.

4. Setor de Contas a Pagar encaminha os processos para a Tesouraria efetuar os pagamentos;

5. Tesouraria despacha os processos quitados para a Contabilidade.

Esses tópicos, ainda que bastante sumários, facilitam identificar as principais áreas envolvidas com as atividades de Contas a Pagar. Na figura 14.3 estão relacionadas as interações entre elas.

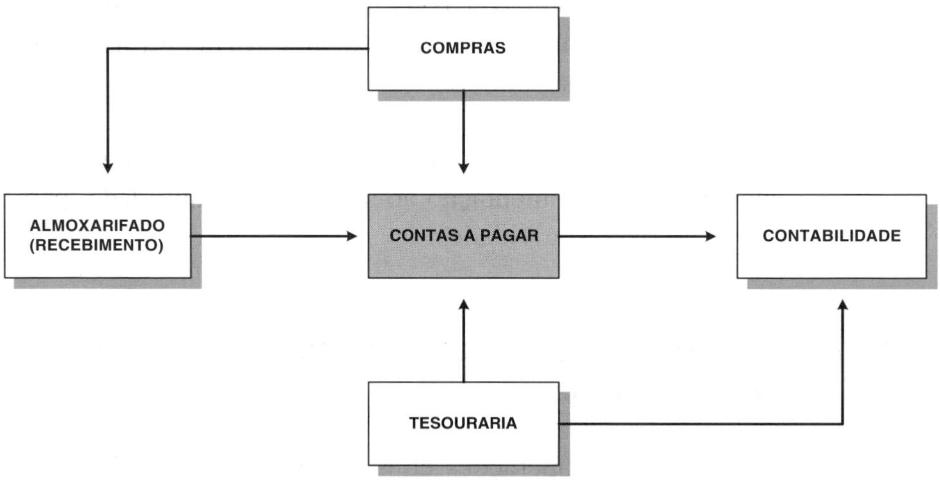

Fig. 14.3. Interações de Unidades Administrativas com Contas a Pagar

Percebemos, portanto, que para o bom andamento do nosso trabalho é importante conhecer as principais atividades desenvolvidas pelas outras áreas, com as quais mantemos contatos mais estreitos, abordando neste caso os procedimentos operacionais. No capítulo seguinte estaremos definindo as atribuições básicas dessas unidades administrativas.

14.2.1. FLUXO OPERACIONAL – SETOR DE COMPRAS

No ambiente de compras, o fluxo operacional, em termos resumidos, é o seguinte:

1. recebe as solicitações de compra de materiais ou serviços, emitidas por outras áreas da empresa;

2. verifica a exatidão do preenchimento da "Solicitação de Compra", ou seja, a descrição correta do material, produto ou serviço solicitado, e atesta a assinatura de competência e autoridade contida no documento;

3. consulta o cadastro de fornecedores, caso necessário, desenvolve um novo fornecedor;

4. realiza as consultas para obtenção das propostas de fornecimento;

5. analisa o resultado das cotações comerciais de compra (preços, prazos de pagamento, entrega, garantias etc.);

6. seleciona a melhor proposta de fornecimento do material, produto ou serviço pretendido;

7. emite o pedido de compra ou contrato;

8. distribui as vias do pedido de compra ou contrato para: 1ª via - fornecedor (confirmando a compra ou contratação do serviço); 2ª via – setor de Almoxarifado/Recebimento de Materiais (comprovante para confrontação quando da chegada dos itens através da nota fiscal do fornecedor); 3ª via – Tesouraria (documento para elaboração do fluxo de caixa e previsão de pagamentos); 4ª via – departamento de Compras (documento para acompanhamento do andamento do processo – *feedback*).

A seguir, veja na figura 14.4, como a área de Compras deve organizar-se para realizar as tarefas que acabamos de enumerar, que identifica os principais cargos desta área.

NÍVEL	CARGO
SUPERVISÃO	GERENTE CHEFE DE SEÇÃO CHEFE DE SETOR CHEFE DE DEPTO.
EXECUÇÃO	COMPRADOR JÚNIOR COMPRADOR PLENO COMPRADOR SÊNIOR COMPRADOR MASTER AUXILIAR DE COMPRAS

Fig. 14.4. Principais Cargos que compõem a área de Compras

Conforme observamos, a área de compras, no nível de supervisão, é comandada por um gerente ou chefe de seção, setor ou departamento. Essa definição dependerá, entre outros fatores, do porte, do volume e das responsabilidades de compras e da maneira como a empresa se estrutura em função de seus objetivos e metas.

No nível de execução, encontramos compradores que, dependendo da complexidade do processamento das compras e do porte da empresa, podem ser classificados como júnior, pleno, sênior e master. É evidente que a alocação das tarefas e de responsabilidades será diferenciada em função dessa classificação. Em determinadas empresas existirá, também nesse nível, o auxiliar de compras para a execução das tarefas mais simples, notadamente as administrativas.

14.2.2. FLUXO OPERACIONAL – SETOR DE RECEBIMENTO DE MATERIAIS

Normalmente a área de recebimento de materiais está subordinada à área de administração de estoque ou administração de materiais. Vejamos agora, quais as principais atividades do setor de recebimento de materiais.

1. Recebe os materiais;

2. Confere a nota fiscal do fornecedor com a 2ª via do pedido de compra, para confrontar as quantidades e os valores mencionados nos respectivos documentos;

3. Verifica o estado qualitativo do material (deterioração, prazo de validade, quebras, avarias etc);

4. Libera os materiais recebidos para estocagem ou para aplicação direta;

5. Apura as divergências ocorridas entre a nota fiscal e o pedido de compra, emitindo relatórios a respeito;

6. Emite nota de débito e solicita, ao fornecedor, por carta de correção, as divergências apuradas referentes a preços e impostos.

7. Emite nota fiscal de devolução para os materiais recebidos em desacordo com o pedido de compra, mediante autorização da área de Compras, como por exemplo:

   - material deteriorado ou avariado

   - quantidade recebida a maior ou menor

   - material não solicitado

   - material fora das especificações contratadas

8. Atesta o recebimento dos materiais no verso das notas fiscais ou por documento especialmente criado para esta finalidade (nota de recebimento);

9. Envia para o setor de Contas a Pagar a documentação relativa ao movimento do dia:

- notas fiscais dos fornecedores
- cartas de correção, notas de débito
- notas fiscais de devolução.

Nota: Em função dos sistemas *(software)* disponíveis no mercado, essas ferramentas maximizam os procedimentos internos, isto é, no momento da "entrada" dos materiais em estoque, as informações são liberadas de forma integrada e automática a diversas áreas que participam do processo (Compras, Contas a Pagar, Contabilidade).

À semelhança da análise da área de Compras, verificaremos, agora, como se organiza o recebimento das empresas, em termos de cargo e responsabilidade. A figura 14.5. contém o resumo das principais funções da área de Recebimento de Materiais.

NÍVEL	CARGO
SUPERVISÃO	ENCARREGADO
EXECUÇÃO	CONFERENTES ALMOXARIFES AJUDANTES

Fig. 14.5. Principais Cargos que compõem a área de recebimento de materiais

Da observação do quadro-resumo, percebemos que a área de Recebimento, no nível de supervisão, é comandada por um encarregado que está, normalmente, subordinado ao gerente ou chefe de administração de estoques ou materiais.

Quanto ao nível de execução, identificamos os conferentes, responsáveis pela verificação das condições de fornecimento, retratadas nos documentos de efetivação (notas fiscais, conhecimentos de frete), que posteriormente são confrontadas com os que estabeleceram a contratação (pedidos de compra, contratos). Temos, também, operadores de empilhadeiras, almoxarifes e ajudantes, responsáveis pela movimentação e armazenamento dos materiais recebidos.

14.2.3. FLUXO OPERACIONAL – SETOR DE TESOURARIA

Outra área bastante ligada ao setor de Contas a Pagar é a Tesouraria que, além de responsável pela execução e comprovação dos pagamentos de compras e prestação de serviços, cuida, também, dos recebimentos das duplicatas, das aplicações financeiras, da obtenção de empréstimos e da administração do fluxo de caixa real e projetado.

O fluxo das operações executadas na Tesouraria, e que estão ligadas ao processamento interno de Contas a Pagar, pode ser assim descrito:

1. Recebe o processo de pagamento completo da área de Contas a Pagar;

2. Emite o cheque ou borderô de pagamento;

3. Anexa o comprovante de pagamento (duplicata quitada, recibos) ao processo;

4. Efetua o lançamento no controle de movimentação bancária;

5. Encaminha o processo de pagamento quitado para a Contabilidade.

Para a consecução das tarefas, mostraremos na figura 14.6, um elenco de funções. Aqui, o leitor encontrará as principais posições da Tesouraria.

NÍVEL	CARGO
SUPERVISÃO	GERENTE OU CHEFE DE: SEÇÃO SETOR DEPARTAMENTO
EXECUÇÃO	ASSISTENTES ANALISTAS AUXILIARES

Fig. 14.6. Principais cargos que compõem a área de Tesouraria

A Tesouraria, no nível de supervisão, é comandada por um gerente ou um chefe de seção, setor ou departamento, enquadramento que depende do porte da empresa.

As funções do nível de execução são atribuídas a assistentes, analistas e auxiliares. Assim como foi demonstrado para a área de Compras, e de Recebimento de Materiais, as atividades mais complexas e de maior responsabilidade se destinam aos assistentes e analistas, cabendo aos auxiliares as tarefas secundárias e de natureza administrativas do setor.

14.2.4. FLUXO OPERACIONAL – CONTABILIDADE

Estudaremos, finalmente, as relações de contabilidade e o fluxo comum entre as duas áreas. Compete à Contabilidade a elaboração das normas relativas aos aspectos fiscais ligados à Compra e também a elaboração do plano de contas e a definição dos critérios de classificação dos processos de Contas a Pagar.

O fluxo das operações da Contabilidade, e que estão diretamente envolvidas com a nossa área, pode ser assim descrito:

1. Recebe da área de Contas a Pagar os registros das compras de materiais e serviços, a crédito de cada fornecedor;

2. Valida esses registros através de procedimentos contábeis próprios;

3. Recebe da Tesouraria os processos de pagamentos quitados;

4. Efetiva o lançamento contábil relativo ao débito de cada fornecedor e ao crédito de bancos;

5. Elabora mensalmente relatório de conciliação e análise dos saldos de todas Contas a Pagar.

Quanto aos cargos existentes na Contabilidade, veja a figura 14.7, que resume os principais:

NÍVEL	CARGO
SUPERVISÃO	GERENTE OU CHEFE DE: SEÇÃO SETOR DEPARTAMENTO
EXECUÇÃO	CONTADORES AUXILIARES DE CONTABILIDADE

Fig. 14.7. Principais cargos que compõem a área de Contabilidade

Verificamos, no nível de supervisão, a existência de um gerente ou chefe de seção, setor ou departamento. Já na execução, encontraremos contadores e auxiliares de contabilidade dividindo as tarefas em função do conhecimento e da experiência que cada cargo exige de seu ocupante.

CAPÍTULO 15

DOCUMENTOS QUE INTERAGEM NO SISTEMA DE CONTAS A PAGAR

15. DOCUMENTOS QUE INTERAGEM NO SISTEMA DE CONTAS A PAGAR

Neste capítulo vamos descrever os documentos que são utilizados no Sistema de Contas a Pagar, seja para controle, ou na elaboração das respectivas autorizações de pagamento e comprovação das quitações.

15.1. PEDIDO DE COMPRA

O processo de pagamento, atividade-fim de Contas a Pagar, tem início quando da contratação do fornecedor. Em conseqüência, o documento que dá origem a todos os procedimentos é o "pedido de compra". Conforme já comentamos, por uma questão de conceito e terminologia, recomendamos aos leitores substituir, dentro do possível, o termo "pedido de compra", por "autorização de fornecimento", já que, o pedido ou solicitação de compra é feito por uma determinada área interna da empresa. O setor de Suprimentos (departamento de Compras), após aos acertos formais e comerciais com o fornecedor, autoriza o fornecimento daquele produto ou prestação de um determinado serviço.

Mas, por que as empresas necessitam de um documento próprio para a contratação de um fornecedor? Basicamente, porque, por melhores que sejam as referências do fornecedor, a empresa compradora precisa de garantias para que o material seja entregue exatamente como encomendado. Mesmo em compras com fornecedores habituais não se pode prescindir dessa garantia.

Entendemos que o aceite pelo fornecedor das condições comerciais estipuladas na autorização de fornecimento (pedido de compra), tem valor de contrato. Portanto, as partes (comprador/fornecedor) devem estar cientes dessas cláusulas. As empresas não devem, em nenhum momento, e em nenhuma hipótese, firmar acordos de compra e venda sem a formalização escrita. Deve-se, portanto, emitir o documento, seja um contrato ou uma autorização de fornecimento.

Para nós, de Contas a Pagar, a Autorização de Fornecimento (pedido de compra) ou o contrato são de grande valia, pois resumem as condições do acordo efetivado entre a nossa empresa e a empresa vendedora, permitindo-nos além do controle da liberação de recursos financeiros, realizá-los apenas quando o fornecedor cumprir todas as obrigações assumidas.

Nas várias organizações, o pedido recebe um sem-número de denominações, tais como: ordem de compra, ordem de fornecimento, liberação para compra, autorização de compra etc. Independentemente do nome que receba, porém, sua importância deriva da condição legal, que é a de ser um contrato resumido de compra e venda, assegurando às partes as prerrogativas que a Legislação estabelece para esse tipo de transação.

Para o profissional de Contas a Pagar é importante conhecer as várias informações que constituem um pedido. Faremos um rápido resumo delas:

- ✓ Número do pedido
- ✓ Data de emissão
- ✓ Dados da empresa compradora
- ✓ Dados da empresa vendedora
- ✓ Especificação do material
- ✓ Quantidade adquirida
- ✓ Preço unitário

- ✓ Impostos
- ✓ Frete
- ✓ Preço total
- ✓ Condições de pagamento
- ✓ Condições de reajuste de preços
- ✓ Prazo de entrega
- ✓ Assinaturas de aprovação interna
- ✓ Reconhecimento do documento pelo fornecedor

O setor de Contas a Pagar, obrigatoriamente, tem disponível uma cópia do pedido, quer seja por uma via do próprio documento ou, no caso de empresas informatizadas, num terminal de vídeo.

Contas a Pagar precisa acompanhar com constante preocupação qualquer modificação nos tópicos do pedido, que imediatamente deve ser comunicada, constando no documento específico para esta finalidade.

A seguir, na figura 15.1., dois modelos de pedido de compra. Primeiramente, um modelo elaborado em gráfica (plana ou contínua), podendo ser emitido de forma mecânica (máquina de escrever ou manual) ou eletrônica (impressora). Que chamaremos de formulário de "Pedido de Compra". Um segundo modelo (autorização de fornecimento), de documento impresso, quando empresas possuem sistemas específicos na área de Compras.

EMPRESA MODELO S.A.

PEDIDO DE COMPRA - PC

( )- Materiais ( ) - Serviços ( ) - Bens Patrimoniais

Nº - PC

MENCIONAR ESTE Nº, NAS NOTAS FISCAIS / FATURAS

Fornecedor / Endereço:

Condições de Pagamento:
Prazo de Entrega:
Local de Entrega:
Confirmado em:

Item	Nº da Requisição	Quant.	Un.Med.	Descrição	Preço Unitário	Preço Total:

DADOS P/ EMISSÃO DA NOTA FISCAL E DEMAIS CONDIÇÕES DE FORNECIMENTOS, VIDE VERSO	Valor por Extenso:	Total Bruto	
		Desconto___%	
EMPRESA MODELO S. A. Rua Itapeva Mirim, 1234 Jaguaribe - CEP-09099-99 - São Paulo - SP Fone: (11)-222.2222 Fax: 333.3333	Local e Data	Imposto___%	
	______________________ p/ Empresa Modelo S.A	Total Geral	

1ª via - Fornecedor / 2ª via - Financeiro / 3ª via - Recebimento-Almoxarifado / 4ª via - Compras

Fig. 15.1. Modelo de Pedido de Compra

EMPRESA MODELO S.A.

AUTORIZAÇÃO DE FORNECIMENTO - AF

AF
Nº 0034/00

A
Distribuidora Grabner & Reis Ltda.
Rua São Benedito – 2.610 Santo Amaro
São Paulo – SP
Fone: (011) – 5521.9669

Srta. Carolina Grabner – Depto. Comercial

Autorizamos o fornecimento dos itens abaixo e nas condições comerciais registradas:

Item	Qtd.	Unid.	Descrição	Valor Unitário	% IPI	Preço Total
01	20	Kg	Diverforce	04,56	05	95.76
02	10	Lt	Divosan F4	04.21	00	42.10
03	03	Kg	Divermite D4	16.20	00	48.60
04	40	Lt	Diverclean C2	02.50	05	105.00
05	14	Lt	Suma C7	08.06	10	124.12
06	10	Lt	Divopla C3	05.21	05	54.71
07	4.8	Cx	Lever line E12	17.32	05	87.03
08	20	Lt	Divosan F4	02.68	00	53.60
09	21	Kg	Diverpac E9	07.58	05	167.14

Condições Comerciais:

1. **Valor total: R$ 778,33 (setecentos e setenta e oito Reais e trinta e três centavos).**
2. **Prazo de Pagamento: 30 ddl**
3. **Prazo de entrega: cinco dias úteis**
4. **Local de entrega: Rua São Benedito, 2610 – Santo Amaro – São Paulo.**
5. **Local de cobrança: Rua Francisco Cruz, 428 –Vila Mariana – São Paulo.**

São Paulo, 10 de outubro de 2000.

DIRETORIA DE SUPRIMENTOS
Mary Donald Kings

Cópia para:
Depto. Financeiro - Sra.Cristina N. de Sá
Depto. Almoxarifado - Sr. Thiago Mackenzie

Fig 15.2. Modelo de Autorização de Fornecimento

15.1.1. ELENCO DE CLÁUSULAS QUE PODEM COMPOR UM PEDIDO DE COMPRA / AUTORIZAÇÃO DE FORNECIMENTO

Em se tratando de compra como um compromisso formal e "contratual" entre as partes (comprador e fornecedor), é necessário que todo o pedido seja regido por condições contratuais de "compra e venda", objetivando dar suporte legal e jurídico em casos de não-cumprimento das cláusulas. Para tanto, propomos alguns itens que ajudam a compor um pedido de compra (autorização de fornecimento) e que normalmente são inseridos no seu verso.

1. *As condições estabelecidas neste PEDIDO DE COMPRA/ AUTORIZAÇÃO DE FORNECIMENTO, e nos documentos referentes, obrigam as partes contratantes e seus eventuais sucessores. Nenhuma condição contrária àquelas aqui previstas, ou qualquer outro entendimento terão validade sem a prévia concordância da COMPRADORA, por escrito, sendo vedado ao FORNECEDOR, sob qualquer pretexto, modificar, sem autorização por escrito, da COMPRADORA, as especificações que constituam este PEDIDO.*

2. *O FORNECEDOR declara expressamente ser firma ou empresa legalmente constituída e habilitada para a fabricação e/ou comercialização dos materiais ou equipamentos deste instrumento, responsabilizando-se inteiramente, com total isenção da COMPRADORA, pelas suas atividades decorrentes das obrigações aqui assumidas, bem como por quaisquer eventuais demandas, reclamações, processos, danos, custos, encargos e despesas que resultem ou sejam por ele contraídas, em razão de violação de patentes de invenção, projeto, marca ou nome registrado, direitos autorais ou de terceiros salvaguardados.*

3. *É vedada a transferência deste PEDIDO, ou dos direitos e obrigações decorrentes, a terceiros ou a empresas coligadas ou do mesmo grupo, sem a prévia autorização por escrito da COMPRADORA, sob pena de rescisão.*

4. A aceitação escrita do presente PEDIDO ou a execução de qualquer atividade ou providência prevista, por parte do FORNECEDOR, formalizará a concordância de execução, bem como a exata obediência a todas as cláusulas e condições, notadamente quanto ao prazo de entrega especificado.

5. Todo e qualquer material entregue pela COMPRADORA ao FORNECEDOR, para atendimento deste PEDIDO, é de propriedade da COMPRADORA, e se entende em poder do FORNECEDOR como simples comodato, obrigando-o a devolvê-lo após sua utilização, nas mesmas condições em que foi recebido, ressalvado o desgaste decorrente do seu uso normal. Em caso de não devolução, a COMPRADORA poderá optar pela retomada do bem ou débito ao fornecedor, do valor corrente de mercado.

6. O presente PEDIDO poderá ser considerado rescindido de pleno direito, pela COMPRADORA, sem que isso implique responsabilidade de nenhuma natureza para ela, independentemente de interpelação ou notificação judicial ou extrajudicial, nas seguintes hipóteses:

a) ocorrência de motivos de força maior nos termos do Art. 1058 do Código Civil;

b) se ficar provado, a qualquer momento, que o FORNECEDOR não iniciou, em tempo hábil, a execução do PEDIDO ou deixou de tomar as medidas necessárias ao seu cumprimento, dentro dos prazos e demais condições estabelecidas;

c) ocorrendo falência, concordata ou dissolução do FORNECEDOR ou, ainda, caso ele venha a ser declarado insolvente;

d) se o FORNECEDOR infringir qualquer cláusula ou condição deste PEDIDO, especialmente o não-fornecimento do material, por qualquer razão, ou, se der causa, por deficiência técnica, a sucessivas devoluções de material;

e) quando a COMPRADORA tomar conhecimento de fatos ou circunstâncias que desabonem a idoneidade comercial do FORNECEDOR ou comprometam a sua capacidade técnica, econômica e financeira ou de produção;

f) caso ocorra a transformação, fusão, incorporação ou cisão do FORNECEDOR.

7. *O preço constante neste PEDIDO é fixo e somente poderá ser reajustado se houver menção expressa no verso.*

8. *O material é considerado entregue, quando colocado à disposição da COMPRADORA na área de recebimento, situada na Rua .... - São Paulo - SP. O horário de recebimento é de 2ª a 6ª feira, das 8h às 17h30, exceto aos sábados, domingos e feriados.*

9. *O material entregue deverá estar perfeitamente de acordo com o requerido no presente PEDIDO, em estreita concordância com as especificações da Associação Brasileira de Normas Técnicas –ABNT, quando regido por essa entidade, e dentro do prazo contratual ajustado, sob pena de o FORNECEDOR responder pela multa e por perdas e danos, inclusive no caso de entregas em desacordo com o pedido original.*

10. *O FORNECEDOR, quando solicitado pela COMPRADORA, se obriga a entregar, juntamente com o material, os certificados de garantia, de análise ou de composição e/ou qualidade do material empregado na fabricação do equipamento, peça etc.*

11. *O material somente será considerado definitivamente entregue e aceito pela COMPRADORA após conferência da quantidade e qualidade.*

12. *Estão sujeitas a multas por atraso as entregas efetuadas após o vencimento do prazo contratual.*

13. *Sem prejuízo do disposto no item seis e, em concomitância com as conseqüências lá previstas, incorrerá o FORNECEDOR, nas seguintes multas e penalidades:*

   a) 0,1% do valor do fornecimento, ao dia, nos dez primeiros dias de atraso;

   b) 0,2% do valor do fornecimento, ao dia, do 11º ao 30º dia de atraso;

   c) 0,3% do valor do fornecimento, ao dia, a partir do 31º dia de atraso.

14. *Para efeito de cálculo da multa, o prazo contratual de entrega será contado a partir da data do recebimento deste PEDIDO pelo FORNECEDOR.*

15. *É assegurado à COMPRADORA o direito de não receber ou devolver quantidades remetidas em excesso ou fora do prazo contratual de entrega.*

16. *Será devolvido todo ou parte do material em desacordo com as especificações deste PEDIDO.*

17. *O número deste PEDIDO deverá constar em todas as entregas e documentos referentes, bem como a descrição do material entregue.*

18. *O FORNECEDOR enviará suas faturas, duplicatas e/ou avisos de vencimento aos cuidados do depto. Financeiro/setor de Contas a Pagar da COMPRADORA, e no seguinte endereço: Rua ...., São Paulo - SP, com antecedência mínima de dez dias da data do vencimento, sob pena de considerar-se prorrogada sua data limite.*

19. *Não será aceita qualquer cobrança de frete, embalagem ou carregamento, salvo as previstas neste PEDIDO.*

20. *As datas de pagamento indicadas neste PEDIDO não serão alteradas pela antecipação na entrega do material ou execução do serviço, a não ser em acordo expresso pelas respectivas partes.*

21. *O FORNECEDOR será responsável pelo recolhimento dos impostos, incidentes nesta operação e que sejam de sua responsabilidade, devendo ressarcir a COMPRADORA por qualquer despesa que esta venha a incorrer posteriormente, por força de interpretação tributária do FORNECEDOR.*

22. *Fica eleito o Foro da Comarca de São Paulo, com renúncia expressa das partes a qualquer outro, por mais privilegiado que seja, para dirimir toda e qualquer questão oriunda deste PEDIDO, correndo a cargo da parte vencida as custas e despesas judiciais, inclusive honorários advocatícios.*

15.1.2. PRINCIPAIS SIGLAS PARA CONDIÇÃO DE PAGAMENTO E FRETE

Em muitas ocasiões, os analistas financeiros são surpreendidos com o emprego de siglas desconhecidas, usadas para representar determinada condição de pagamento. Visando auxiliar o profissional de Contas a Pagar na rápida identificação dos símbolos mais comuns, elaboramos a relação abaixo:

Tabela das Principais Siglas para Condição de Pagamento		
Sigla	***Significado***	***Definição***
D.D.	***D**ias da **D**ata*	*Conta-se o prazo de pagamento a partir da realização do evento combinado.*
D.F.M.	***D**ias **F**ora o **M**ês*	*Conta-se o prazo de pagamento a partir do primeiro dia do mês seguinte à data de realização do evento combinado.*
D.F.Q.	***D**ias **F**ora a **Q**uinzena*	*Conta-se o prazo de pagamento a partir do primeiro dia da quinzena seguinte à data de realização do evento combinado.*
D.F.S.	***D**ias **F**ora a **S**emana*	*Conta-se o prazo de pagamento a partir do primeiro dia da semana seguinte à data de realização do evento combinado.*

Tabela das Principais Siglas para Fretes		
Sigla	***Significado***	***Definição***
F.O.B	***F**ree **O**n **B**oard*	*Significa que o produto será colocado a bordo do veículo transportador. Frete e seguro serão pagos pelo comprador*
C.I.F.	***C**ost **I**nsurance and **F**reight*	*Significa que o preço do produto engloba o custo da mercadoria, o frete e o seguro.*
F.O.T.	***F**ree **O**n **T**ruck*	*Mesmo significado que o F.O.B., porém específico para transportador rodoviário.*
C&F	***C**ost and **F**reight*	*Significa que o preço do produto engloba o custo da mercadoria e o frete. Observe que o seguro não está incluído.*

15.2. NOTA DE RECEBIMENTO DE MATERIAIS

A "Nota de Recebimento de Materiais - NRM" ou "Nota de Recebimento – NR" é um documento que registra todos os dados correspondentes ao recebimento de materiais, o momento em que a compra é *efetivada* pela entrega do material, junto com o documento fiscal, que também serve como documento de *validação* da compra.

Os dados correspondentes ao recebimento do material abrangem várias fases, desde a solicitação de compras até os dados para registro no livro fiscal e preparação do processo de contas a pagar, e são dispostos em formulário ou em programa de computador, visando racionalizar todo o processo. São eles:

a) Dados de Compra:

✓ nº da solicitação de compra

✓ área requisitante

✓ nº do pedido de compra

b) Dados do Transporte

- ✓ nome da empresa transportadora
- ✓ nº do conhecimento de transporte

c) Dados da nota fiscal do fornecedor

d) D*ados para Escrituração Fiscal*

- ✓ código fiscal de entrada
- ✓ código de recuperação ou não dos impostos (ICMS e IPI)

e) Registro de Estoque

- ✓ código do material
- ✓ unidade de medida
- ✓ quantidade
- ✓ alocação do material ou destinação de aplicação direta
- ✓ custo unitário do material

Do ponto de vista da área de Contas a Pagar, a Nota de Recebimento poderá substituir a nota fiscal do fornecedor quando a 1ª via desta possuir alguma restrição que a impeça de circular (exemplo de localidade de recebimento distante da área de processamento de Contas a Pagar).

Nesta situação, os esforços deverão ser redobrados no sentido de garantir, com procedimentos de controles internos, que não haja duplicidade de NR ou falta de suporte efetivo no recebimento dos materiais.

Para o Sistema de Contas a Pagar, a NR (Nota de Recebimento) é, na realidade, muito mais do que um formulário ou uma tela de computador, destinado a padronizar os dados da compra e recebimento. A NR representa o valor da compra validada pela área responsável pelo recebimento dos materiais ou serviços, decorrente do cálculo:

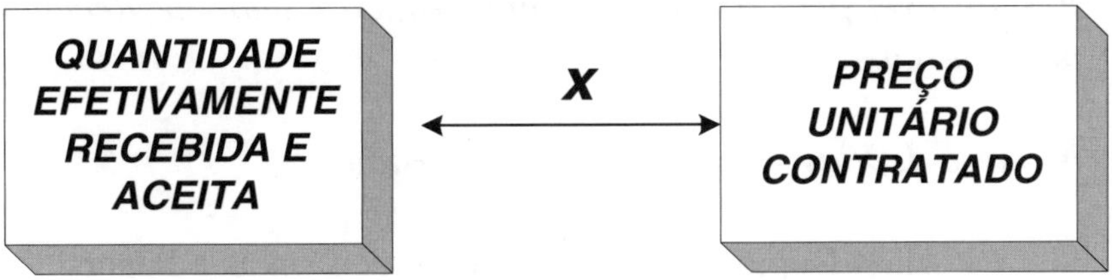

Fig. 15.3. Comparativo entre encomenda e recebimento

Para melhor compreensão, na figura 15.4 apresentaremos um modelo de nota de recebimento e na seqüência, identificaremos os campos existentes no documento, conforme caracterização numérica correspondente:

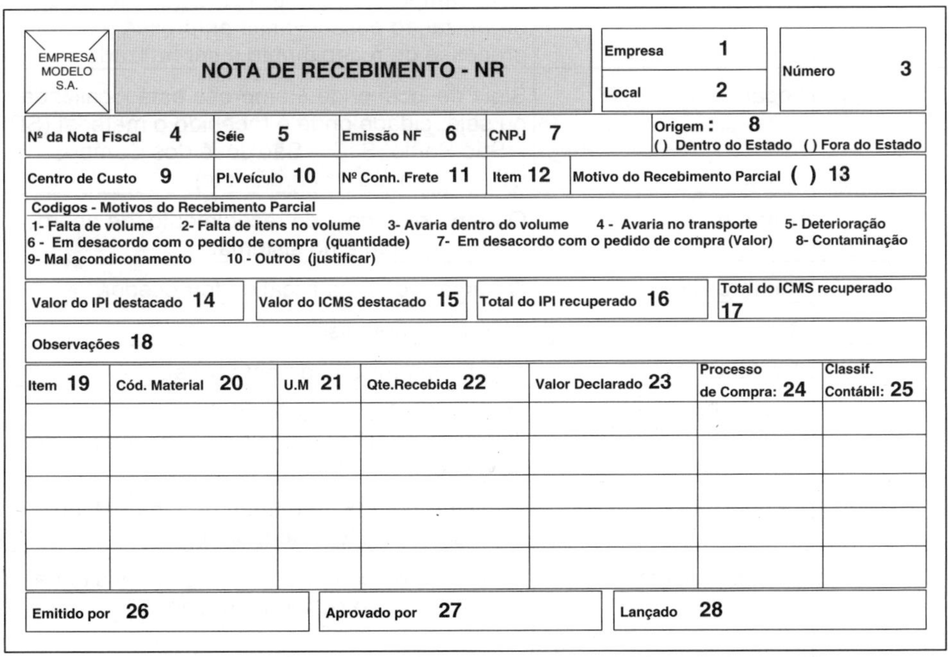

EMPRESA MODELO S.A.

NOTA DE RECEBIMENTO - NR

Empresa 1
Local 2
Número 3

Nº da Nota Fiscal 4 | Séie 5 | Emissão NF 6 | CNPJ 7 | Origem : 8 () Dentro do Estado () Fora do Estado

Centro de Custo 9 | Pl.Veículo 10 | Nº Conh. Frete 11 | Item 12 | Motivo do Recebimento Parcial ( ) 13

Codigos - Motivos do Recebimento Parcial
1- Falta de volume 2- Falta de itens no volume 3- Avaria dentro do volume 4 - Avaria no transporte 5- Deterioração
6 - Em desacordo com o pedido de compra (quantidade) 7- Em desacordo com o pedido de compra (Valor) 8- Contaminação
9- Mal acondicionamento 10 - Outros (justificar)

Valor do IPI destacado 14 | Valor do ICMS destacado 15 | Total do IPI recuperado 16 | Total do ICMS recuperado 17

Observações 18

Item 19	Cód. Material 20	U.M 21	Qte.Recebida 22	Valor Declarado 23	Processo de Compra: 24	Classif. Contábil: 25

Emitido por 26 | Aprovado por 27 | Lançado 28

Fig. 15.4. Modelo do Formulário : Nota de Recebimento

Instruções para preenchimento / Emissão da Nota de Recebimento

Forma de preenchimento: *manual, mecânica ou eletrônica*

Responsável pela Emissão: *Almoxarifado / setor de Recebimento de Materiais.*

Número de Vias: *duas, tendo como destino:*

1ª via – Depto. Financeiro / Setor de Contas a Pagar

2ª via – Setor de Informática / Digitação

Instruções para preenchimento

Campo nº	Descrição do campo	Preencher com:
1	Empresa	Código ou nome da empresa que recebe o material (exemplo: Empresa Modelo S. A.). Este campo deve ser utilizado quando uma organização possui várias empresas e o processo de recebimento é centralizado.
2	Local	Sigla do local onde a empresa está localizada, ou seja, cidade onde é recebido o material (SP – São Paulo, SJC – São José dos Campos, CPJ – Campos do Jordão etc).
3	Número	O número da nota de recebimento, de acordo com o constante no sistema.
4	Número NF	O número da nota fiscal do fornecedor.
5	Série	A série da nota fiscal.
6	Emissão	A data de emissão da nota fiscal.
7	CNPJ / Fornecedor	O nº do Cadastro Nacional de Pessoas Jurídicas - CNPJ (antigo CGC), constante da nota fiscal.
8	Origem	Registrar com "x", a origem do material, ou seja: dentro ou fora do Estado.
9	Centro de Custo	O número do centro de custo do requisitante em que será apropriada a despesa.
10	Placa do veículo	O número da placa do veículo que efetuou a entrega.

Campo nº	Descrição do campo	Preencher com:
11	Nº Conhecim. Transp.	O número do conhecimento de transporte.
12	Item	O número do conhecimento de transporte que se refere à nota fiscal em questão.
13	Motivo Recebimento Parcial	Justificar de acordo com os códigos abaixo.
14	Valor do IPI destacado	O valor do IPI, constante da NF.
15	Valor do ICMS destacado	O valor do ICMS, constante da NF.
16	Total do IPI recuperado	O valor total do IPI recuperado.
17	Total do ICMS recuperado	O valor total do ICMS recuperado.
18	Observações	Outras informações que julgar necessário.
19	Item	O número seqüencial do item (1, 2, 3...) Obs: quando o material tiver mais de um tipo de aplicação, preencher um item da NR para cada tipo de aplicação dos itens da nota fiscal
20	Código do material	O código do material de acordo com o catálogo de materiais.
21	UM	A unidade de medida padrão (kg, lt, cx etc.),
22	Quantidade recebida	A quantidade física recebida, já em medida padrão.
23	Valor declarado	O valor (em moeda corrente) declarado na nota fiscal.
24	Processo de compra	Características do processo de compra, conforme subitens abaixo,
24.1	Tipo	O tipo do processo de compras: 1) Solicitação de Compra (SC) 2) Solicitação de Serviços (SS),
24.2	Número	O número (SC ou SS) que originou a nota fiscal,
25	Classificação Contábil	O número da classificação fiscal, de acordo com as Leis vigentes,
26	Emitido por	A data e assinatura do emitente do setor de Recebimento de Materiais,
27	Aprovado por	A data e assinatura do conferente do depto. de Almoxarifado.
28	Lançado por	Data e assinatura do responsável pela digitação dos dados no sistema.

15.3. CADASTRO DE ASSINATURA

A descentralização de poder dentro da empresa trouxe mais responsabilidades aos funcionários que ocupam diversos níveis hierárquicos.

Estudaremos, neste capítulo, a distribuição de responsabilidades entre as pessoas que estão nos chamados cargos de confiança de uma determinada organização. Em outras palavras, cada homem em uma posição hierárquica é responsável por um pedaço da empresa.

Na administração moderna a gestão por resultados a cada dia está mais presente. É bastante comum nas grandes organizações cada área administrar o seu próprio resultado. No intuito de proporcionar liberdade de ação ao administrador de um setor, a empresa, por intermédio de seus sócios, delega poderes e responsabilidades.

As áreas de Contas a Pagar, Tesouraria e Contabilidade executam seus processos internos com suporte em documentação emitida pelos demais departamentos, que deve, portanto, estar aprovada por pessoas com delegação de poderes para tanto.

Sendo assim, o ideal é que exista um elenco de documentos estritos na forma de normas e instruções administrativas, contendo:

a) definição das políticas e regras básicas para os níveis de competência de aprovação de contratos e demais documentos administrativos e financeiros (ver modelo de Instrução Normativa: 004 – 2000, nos anexos deste livro);

b) cadastro de assinaturas assegurando que os contratos e demais documentos tenham a assinatura de pessoas com delegação de poderes para tanto.

Em suma, essas duas condições devem estabelecer:

- quem pode ou deve assinar (aprovando ou autorizando);
- o que e em qual nível de valor.

A origem da delegação de poderes dentro de uma empresa está normalmente estabelecida no estatuto no seu contrato social. Os diretores ou sócios-gerentes, dentro do processo de gestão, delegam poderes para os demais níveis da estrutura organizacional.

Para auxiliar o leitor na elaboração de um quadro de definição de competência, apresentamos um modelo para aprovação de compras de materiais e que pode ser adaptado para qualquer outra atividade:

ADMINISTRAÇÃO DE MATERIAIS (valores em US$)	DIRETORIA	DIRETOR DE SUPRIMENTOS	GERENTE DE COMPRAS	SUPERVISOR DE COMPRAS	COMPRADOR
PRODUTIVOS					
Até US$ 500					XXXXXXXXX
De 501 até 5.000				XXXXXXXXXX	XXXXXXXXX
De 5.001 a 50.000			XXXXXXXXXX	XXXXXXXXXX	XXXXXXXXX
Acima de 50.000		XXXXXXXXXXX	XXXXXXXXXX	XXXXXXXXXX	XXXXXXXXX
IMPRODUTIVOS					
Até US$ 200					XXXXXXXXX
De 201 a 2.000				XXXXXXXXXX	XXXXXXXXX
De 2.001 até 50.000			XXXXXXXXXX	XXXXXXXXXX	XXXXXXXXX
De 50.001 até 200.000		XXXXXXXXXXX	XXXXXXXXXX	XXXXXXXXXX	XXXXXXXXX
Acima de 200.000	XXXXXXXXXX	XXXXXXXXXXX	XXXXXXXXXX	XXXXXXXXXX	XXXXXXXXX
ATIVO FIXO					
Até US$ 800				XXXXXXXXXX	
De 801 até 20.000			XXXXXXXXXX	XXXXXXXXXX	
De 20.001 a 150.000		XXXXXXXXXX	XXXXXXXXXX	XXXXXXXXXX	
Acima de 150.000	XXXXXXXXXX	XXXXXXXXXX	XXXXXXXXXX	XXXXXXXXXX	

Fig. 15.5. Quadro de definição de competência

Quanto ao cadastro de assinaturas, sua existência e criação estarão vinculadas à identificação dos funcionários autorizados a assinar documentos administrativos da empresa.

Para cada funcionário deverá existir uma ficha contendo o modelo de assinatura e a rubrica e as situações em que poderá assinar pela empresa. Na figura abaixo, uma proposta deste formulário.

EMPRESA MODELO S. A.	CADASTRO DE ASSINATURAS		Vigência:
Nome do Funcionário			Registro:
Cargo			Área
Assinatura			Rubrica
Assinatura			Rubrica
Tipo	SIM	NÃO	Limite – R$
Adiantamento e Aprovação de Despesas			
Adiantamento Salarial			
Adiantamento para Despesas de Viagens			
Alterações em Pedidos de Compra			
Aprovação de Notas Fiscais			
Autorização de Passagens Áreas			
Averbação de Seguro e Transporte Terrestre			
Aviso de Lançamento			
Boletim Bancário / Caixa			
Cálculo de Reajuste (NF/ND/Duplicata)			
Cancelamento de Pedido de Compra			
Contratos			
Despesas com Frete (aéreo, terrestre, marítimo)			
Despesas com Gráfica			
Medição com Empreiteiros			
Solicitação de Cheques			
Solicitação de Cursos			
Solicitação de Serviços			
Observações:			
Chefe Imediato	Gerência	Diretor	

Fig 15.6. Cadastro de assinatura e competências

15.4. NOTA FISCAL

Neste capítulo esclareceremos importantes aspectos da nota fiscal.

A legislação cria obrigação nacional quanto ao seu uso, e a desobediência expõe infratores a pesadas sanções fiscais. Dessa forma, tanto o comprador quanto o vendedor devem assegurar que a emissão e a conferência no recebimento de mercadorias sejam corretas, evitando-se erros ou corrigindo-os dentro do prazo legal.

De modo a atender às exigências legais, as notas fiscais são dispostas da seguinte forma:

Modelo	***Série***	***Características***
1	A	Remetente e destinatário na mesma Unidade da Federação, tributado por IPI
1	B	Mesma Unidade da Federação ou exterior, isento de IPI com ou sem ICMS/IPI
1	C	Outras Unidades da Federação, com ou sem ICMS/IPI
2	D	Venda de balcão, mercadorias retiradas pelo comprador. Não poderá ser usada quando houver outro transportador
2	D1	*Microempresas industriais* – Uso exclusivo dessa modalidade de empresa
2	D2	*Microempresas comerciais* – Empresas que gozam de isenção do ICMS. Deve constar na Nota Fiscal a expressão "M.E"

15.4.1. QUANTIDADE DE VIAS

As notas fiscais são emitidas em diferentes quantidades de vias, dependendo da localização do destinatário.

a) ***Operações Interestaduais*** – são emitidas quatro vias que terão a seguinte destinação:

1ª via – acompanha a mercadoria (destinatário);

2ª via – acompanha a mercadoria – serve de controle para a Unidade da Federação do destinatário;

3ª via – acompanha a mercadoria – poderá ser retida pelo Fisco do Estado.

4ª via – ficará presa no bloco (talonário), para fins fiscais.

b) ***Operações Interestaduais com benefícios fiscais*** – são emitidas quatro vias, com destaque ao ICMS e ao IPI, quando houver.

15.4.2. CONTEÚDO

As notas fiscais deverão conter todos os dados pertinentes à transação, tais como: nome do destinatário, endereço, CEP, estado, códigos, alíquotas (ICMS, IPI), valor bruto, líquido etc.

15.5. NOTA FISCAL DE SERVIÇO

Muita confusão se estabelece no momento da emissão deste tipo de nota fiscal. Alguns documentos são exigidos pela Prefeitura, órgão responsável pelo ISS, outros pela Lei Comercial e, ainda, outros, pela Receita Federal.

A obrigação de emitir nota fiscal de serviços, assim como a fatura correspondente, advém de norma municipal. Isso faz os grandes municípios possuírem uma intensa e sofisticada legislação sobre o assunto. Por outro lado, os municípios pequenos não exigem muito de seus contribuintes.

Existem, inclusive, casos de dispensa total de emissão de documentos fiscais para algumas atividades.

15.5.1. SOCIEDADE DE PROFISSIONAIS

Considera-se esse enquadramento quando os profissionais de áreas correlatas se reúnem para formalizar uma sociedade. Existe legislação específica que regulamenta este tipo de sociedade prestadora de serviços.

Salientamos que toda e qualquer prestação de serviços deveria ter suporte contratual, com discussão prévia das partes sobre suas cláusulas.

Acontece, contudo, casos em que o prestador de serviços não é obrigado a emitir faturas e duplicatas de serviços. Assim, a empresa contratante exige o recibo que comprova a quitação do pagamento e evidencia a despesa, por ser também um documento de caixa.

Não existe um modelo ou impresso próprio para isso, podendo cada empresa adaptar este documento dependendo de suas necessidades.

(Ver item 17.7.1. onde comentamos sobre o Recibo de Pagamento a Autônomos.)

15.6. FATURA E DUPLICATA

O fornecedor, ao emitir as suas notas fiscais de venda ou serviços, por ocasião da entrega dos materiais ou da prestação do serviço, deverá expedir a fatura e a duplicata, para fins de comprovação de venda e cobrança.

15.6.1. FATURA

A fatura é um impresso (formulário) padronizado por lei que as empresas emitem com o objetivo de comprovar suas vendas.

Pode ser emitida a cada venda, com a utilização de impresso comum chamado "nota fiscal-fatura", por lotes ou remessas efetuadas periodicamente (semanal ou mensal), relacionadas com as notas fiscais correspondentes.

Existem dois tipos de faturas:

a) fatura de venda mercantil

b) fatura de prestação de serviços

A fatura determinará os números, data de emissão e valor das notas fiscais relativas às vendas mercantis ou aos serviços prestados.
Um modelo de fatura é apresentado na figura 15.7.

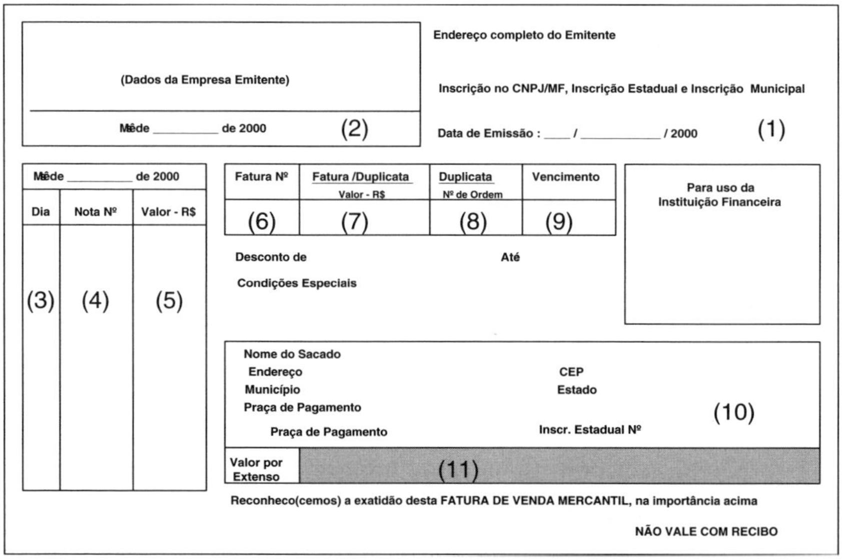

Fig. 15.7. Modelo de fatura

Analisando a fatura apresentada, verificamos:

- Campo 1- data de emissão
- Campo 2- mês de emissão das notas fiscais
- Campo 3- data de cada nota fiscal constante da fatura
- Campo 4- número de cada nota fiscal

- Campo 5- valor da Nota fiscal
- Campo 6- ordem numérica seqüencial da fatura
- Campo 7- valor total das notas fiscais relacionadas
- Campo 8- número de ordem das duplicatas, igual ao campo 6.
- Campo 9- vencimento, compatível com as notas fiscais.
- Campo 10: dados do comprador
- Campo 11: valor por extenso do total da fatura

15.6.2. DUPLICATA

A duplicata é um título de crédito e um instrumento de cobrança de crédito, oriundo da venda mercantil ou da prestação de serviço, emitida com base na fatura.

Tem a finalidade de garantir que a empresa vendedora receba da empresa compradora, na data certa, o valor correspondente às mercadorias ou serviços vendidos.

Como no caso da fatura, há dois tipos de duplicatas:

a) duplicata mercantil

b) duplicata de prestação de serviços

c) A duplicata está regulamentada pela Lei nº 5.474, de 18 de junho de 1968, alterada pelo Decreto Lei nº 346, de 27 de janeiro de 1969. Ela deverá atender aos seguintes requisitos:

1) denominação duplicata, a data de sua emissão e o número de ordem;

2) número da fatura;

3) data certa do vencimento ou a declaração de ser duplicata à vista;

4) nome e domicílio do vendedor e do comprador;

5) importância a pagar, em algarismos e por extenso;

6) praça de pagamento;

7) cláusula "a ordem";

8) declaração do reconhecimento de sua exatidão e da obrigação de pagá-la, a ser assinada pelo comprador, com o aceite cambial;

9) assinatura do emitente.

Quando uma fatura de venda tiver pagamentos em parcelas, a duplicata poderá ser emitida em duas formas:

- duplicata única - em que se discriminarão todas as parcelas e seus vencimentos, ou
- série de duplicatas - uma para cada parcela, complementando a numeração da duplicata pelo acréscimo de letra do alfabeto, em seqüência crescente (A,B, C...).

A seguir, está identificado o que deve constar de uma duplicata, com os principais campos em destaque. Como a duplicata é, basicamente, uma cópia da fatura, vamos descrever apenas os campos que não constam deste documento.

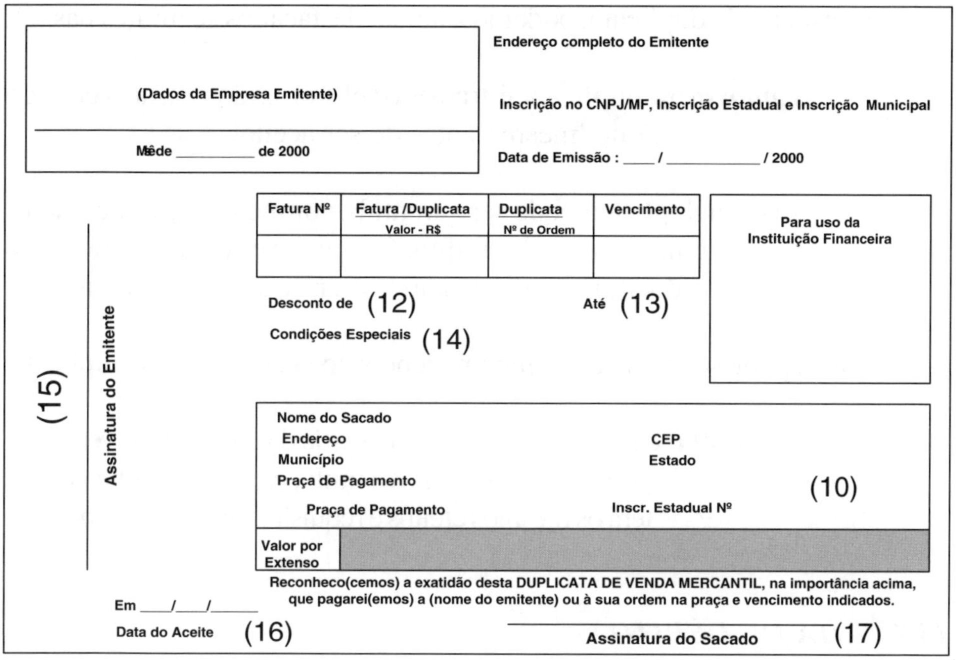

(Dados da Empresa Emitente)

Endereço completo do Emitente

Inscrição no CNPJ/MF, Inscrição Estadual e Inscrição Municipal

Mêde ________ de 2000

Data de Emissão : ___ / __________ / 2000

Fatura Nº	Fatura /Duplicata Valor - R$	Duplicata Nº de Ordem	Vencimento

Para uso da Instituição Financeira

Desconto de (12) Até (13)

Condições Especiais (14)

(15) Assinatura do Emitente

Nome do Sacado
Endereço CEP
Município Estado
Praça de Pagamento (10)
Praça de Pagamento Inscr. Estadual Nº

Valor por Extenso

Reconheco(cemos) a exatidão desta DUPLICATA DE VENDA MERCANTIL, na importância acima, que pagarei(emos) a (nome do emitente) ou à sua ordem na praça e vencimento indicados.

Em ___/___/___
Data do Aceite (16)

Assinatura do Sacado (17)

Fig. 15.8. Modelo de duplicata

Analisando a duplicata, temos:

- Campo 12: desconto financeiro para pagamento antecipado;
- Campo13: data-limite para aproveitamento do desconto financeiro;
- Campo 14: condições comerciais ou financeiras;
- Campo 15: assinatura dos procuradores da empresa emitente;
- Campo 16: data do aceite da duplicata pelo comprador;
- Campo 17: assinatura do procurador da empresa compradora (sacado)

A respeito da duplicata, podemos, ainda, destacar os seguintes passos:

Endosso: a duplicata é transferível por endosso, no verso do título, mesmo antes de ser aceita;

Aval: a duplicata pode ser garantida por meio de aval, como os demais títulos de crédito. O aval deve ser aposto no verso do documento ou na parte inferior esquerda do anverso.

O aval pode ser prestado, também, depois do vencimento da duplicata.

Triplicata: ocorrendo o extravio ou perda da duplicata, o vendedor poderá extrair um novo título, chamado triplicata, que terá os mesmos efeitos e requisitos da duplicata normal.

15.7. NOTA DE DÉBITO

A nota de débito é um documento emitido pelo setor de Contas a Pagar, visando deduzir valores do total a pagar aos credores. É o momento em que a função Contas a Pagar se transforma em Contas a Receber.

É de suma importância que as empresas normatizem a emissão de notas de débito para evitar a perdas de valores a receber de terceiros, que estão fora do sistema de duplicatas a receber correspondentes às vendas operacionais.

Para os seguintes eventos devem ser emitidas notas de débito:

a) adiantamento a fornecedores;

b) devolução de mercadorias (neste caso, uma via pode servir de nota de débito);

c) diferenças de quantidade, de preço unitário, preço total, mercadoria faltante que impliquem um valor a ser descontado da cobrança do credor;

d) fornecimento de refeições, alojamento, energia elétrica etc a empresas contratadas.

A atividade diária de uma empresa é bastante dinâmica e seria quase impossível verificar detalhadamente divergências de peso, preço, quantidade etc, no ato de recebimento das mercadorias.

Vejamos, por exemplo, uma indústria do ramo químico que recebe diariamente comboios carregando variados produtos, cada um com uma formação específica de uso. O setor de Almoxarifado, ao receber as mercadorias, fará a análise de peso, quantidade e qualidade num período pós-recebimento e comunicará ao fornecedor as irregularidades constatadas na entrega efetuada.

Normalmente, as empresas fazem a comunicação utilizando uma nota de débito ou aviso de débito. Essa informação é encaminhada ao departamento de Vendas da fornecedora que, imediatamente, comunica as áreas envolvidas, principalmente à de cobrança.

O valor original sofrerá alterações em virtude do cliente ter enviado nota de débito acusando a ocorrência de erro, seja na quantidade, preço, peso, medição etc. Dessa forma, quando o cliente receber a cobrança, o valor já estará ajustado de acordo com a nota de débito recebida.

Esse expediente é bastante usado e faz parte da rotina. Outro exemplo bastante enriquecedor seria o de uma empresa que participou de um processo de licitação e ganhou a concorrência para a execução de determinada obra de construção civil. Nesse momento, essa empresa subcontrata um terceiro para a execução da obra.

O subcontratado exigirá da contratante colocar à disposição, no local da obra, durante o período de sua execução, alguns itens indispensáveis ao bom andamento do trabalho, como alimentação aos funcionários, alojamentos, fornecimento de alguns equipamentos etc. O departamento de Engenharia da contratante verificará os itens utilizados pelo subcontratado e informará a Contas a Pagar, através de nota de débito, e, no ato de pagamento, deverá abater da fatura deste subcontratado os valores referentes aos fornecimentos feitos na obra.

Na figura 15.9. apresentaremos um modelo de nota de débito, identificando os principais campos por números e, a seguir, o detalhamento de cada um, permitindo a implantação na sua empresa ou análise do que está atualmente em uso.

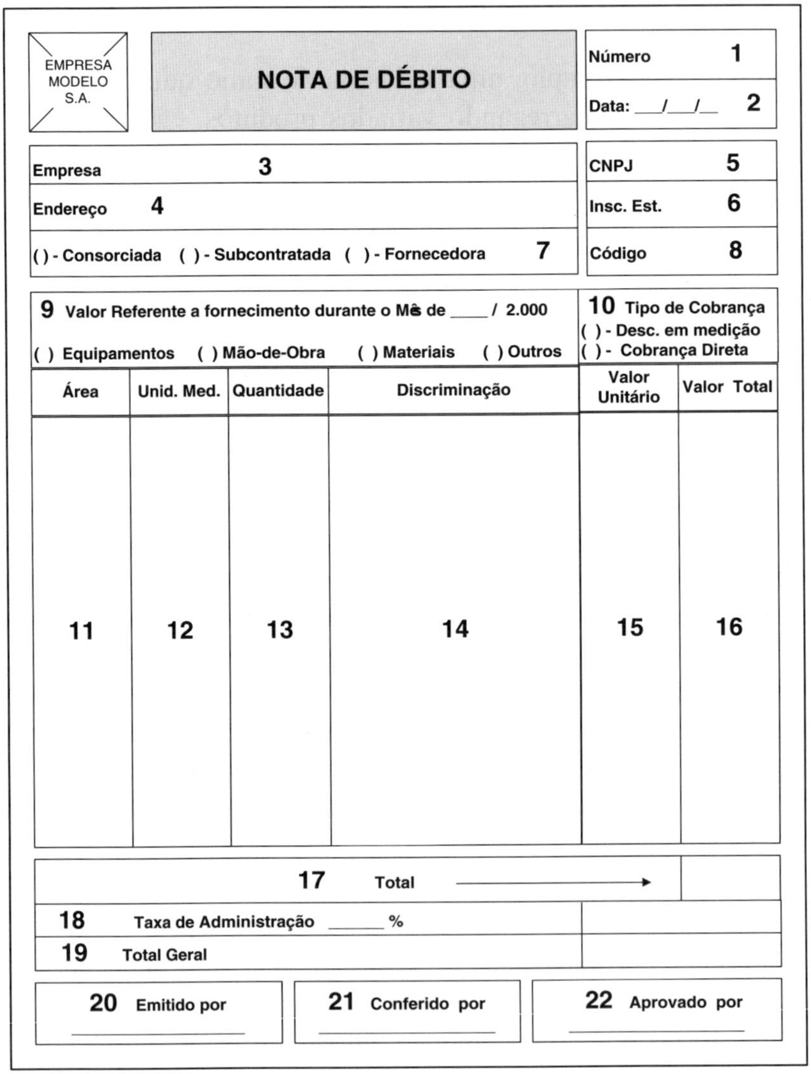

EMPRESA MODELO S.A.

NOTA DE DÉBITO

Número 1

Data: __/__/__ 2

Empresa 3

Endereço 4

( ) - Consorciada ( ) - Subcontratada ( ) - Fornecedora 7

CNPJ 5

Insc. Est. 6

Código 8

9 Valor Referente a fornecimento durante o Mês de ____ / 2.000

( ) Equipamentos ( ) Mão-de-Obra ( ) Materiais ( ) Outros

10 Tipo de Cobrança

( ) - Desc. em medição

( ) - Cobrança Direta

Área	Unid. Med.	Quantidade	Discriminação	Valor Unitário	Valor Total
11	12	13	14	15	16

17 Total →

18 Taxa de Administração _____ %

19 Total Geral

20 Emitido por ____________

21 Conferido por ____________

22 Aprovado por ____________

Fig. 15.9. Modelo de Nota de Débito

Instrução para preenchimento da Nota de Débito

Campo do Formulário	*Como Preencher*
1. Número	Número da nota de débito em ordem seqüencial. Exemplo: 001/2000; 002/2000; 003/2000...
2. Data	Data (dia, mês e ano) de emissão da nota de débito
3. Empresa	Nome/razão social da empresa a ser debitada
4. Endereço	Endereço completo da empresa, a ser debitada
5. CNPJ	Número do CNPJ (Cadastro Nacional de Pessoa Jurídica), fornecido pelo Ministério da Fazenda da empresa a ser debitada
6. Inscrição Estadual	Número da Inscrição Estadual da empresa
7. Contratada, Fornecedora, outras.	Registrar com "x", no quadro correspondente identificando qual o tipo de relacionamento que mantém com a nossa empresa
8. Código	Número do código da empresa, em nosso cadastro
9. Data de Fornecimento	Registrar o mês e ano em que o fornecimento ocorreu
10. Forma de Cobrança	Registrar com "x" no quadro correspondente, indicando se o recebimento do débito será efetuado através de desconto em medição ou cobrança direta
11. Área	Nome ou sigla da área que está prestando as informações neste documento
12.Unidade de medida	Indicar a unidade de medida, do produto ou serviço fornecido, quando necessário
13. Quantidade	Indicar a quantidade do produto ou serviço, quando necessário
14.Discriminação	Discriminar o serviço, material ou produto fornecido
15. Valor Unitário	Indicar o preço unitário dos serviços ou material fornecido
16. Valor Total	Indicar os valores totais dos fornecimentos, por item
17. Total	Indicar o valor total dos fornecimentos (somatório de todos os itens fornecidos)
18 Taxa de Administração	Acrescentar o percentual de taxa de administração, quando o caso
19. Total geral	Indicar o total do débito de terceiro
20. Emitido por	Assinatura (ou rubrica) do responsável pela emissão da nota de débito e a data (dia, mês e ano)
21. Conferido por	Assinatura (ou rubrica) do responsável pela conferência dos dados registrados neste documento.
22. Aprovador por	Assinatura do responsavel pela aprovação.

15.8. AUTORIZAÇÃO DE PAGAMENTO

A "Autorização de Pagamento" (AP), também conhecida como "Ordem de Pagamento" (OP), é um documento emitido pelo setor de Contas a Pagar. Este documento autoriza a Tesouraria a emitir o cheque para pagamento da obrigação descrita em seu conteúdo e pelo valor líquido ali indicado. A "AP" tem como objetivo secundário servir como suporte à contabilidade de débito, por ocasião do pagamento ao credor.

A Autorização de Pagamento é emitida logo após a execução do processo de Contas a Pagar *(contratação x efetivação x validação).*

Muito mais do que um formulário ou tela de computador, a Autorização de Pagamento – AP representa, na sua essência, a garantia fornecida pelo responsável pelo Contas a Pagar, à Tesouraria, de que a obrigação:

- ✓ é efetivamente devida;
- ✓ corresponde a uma aquisição de recursos, e;
- ✓ pode ser paga ao fornecedor pelo valor líquido ali indicado.

Na figura 15.10, apresentamos um modelo de Autorização de Pagamento – AP.

EMPRESA MODELO S.A.	**AUTORIZAÇÃO DE PAGAMENTO**	Número 1 Emissão 2
Fornecedor 3		CNPJ 4

Docto. de Contratação 5	Docto. de Efetivação 6	Docto. de Validação 7
( ) Ped.de Compra Nº ( ) Aut. de serviço Nº ( ) Contrato Nº	( ) Nota Fiscal Venda Nº ( ) N.Fiscal Serviço Nº ( ) Conh. Frete Nº	( ) Nt. de Recebimento Nº ( ) Atest. Exec. Serviço Nº

Data de Pagamento ___/___/____ 8	Valor 9
Cód. Contábil (Crédito) 10	Cód. Contábil (Débito) 11

Deduções / Tipo 12

( ) Imp.de Renda na Fonte .... Código Contábil - Nº : __________ R$ __________
( ) Imposto Sobre Serviços .... Código Contábil - Nº : __________ R$ __________
( ) I.N.S.S. .... Código Contábil - Nº : __________ R$ __________
( ) Adiantamentos .... Código Contábil - Nº : __________ R$ __________
( ) Multas .... Código Contábil - Nº : __________ R$ __________
( ) Devoluções .... Código Contábil - Nº : __________ R$ __________

Total das deduções : R$ __________ (por extenso............) 13

Total Líquido a Pagar : R$ __________ (por extenso............) 14

Observações: 15

16 Setor de Contas a Pagar	17 Depto. Financeiro Tesouraria	18 Gerência / Diretoria

Fig. 15.10. Modelo de Autorização de Pagamento

Instruções de Preenchimento - Autorização de Pagamento

Campo do Formulário	***Como preencher***
1. Número	Número da autorização de pagamento, com encerramento anual Ex.: 001/2000, 002/2000,.... 0245/2000.
2. Emissão	Data de emissão (dia, mês e ano) da AP.
3. Fornecedor	Nome (razão social) do fornecedor.
4. CNPJ	Número do CNPJ (Cadastro Nacional de Pessoa Jurídica), fornecido pelo Ministério da Fazenda, da empresa a ser debitada
5. Documento de Contratação	Registrar com "x" em campo específico (ou informar) o tipo de documento que originou o compromisso de pagamento (Pedido de Compra, Contrato etc.) e o respectivo nº de documento.
6. Documento de Efetivação	Registrar com "x" no campo específico, o tipo de documento que efetivou a aquisição do material ou serviço, informando o nº da respectiva nota fiscal, emitida pelo fornecedor do material ou do serviço executado.
7. Documento de Validação	Informar o tipo e respectivo número do documento emitido pelo setor de Recebimento de Material ou da área responsável pela confirmação dos serviços executados.
8. Data de Pagamento	Data (dia, mês e ano) a realizar o pagamento ao fornecedor.
9.Valor	Valor do débito
10. Código Contábil (Crédito)	Número da conta contábil (credor)
11. Código Contábil (Débito)	Número da conta contábil devedora (contrapartida), podendo ser utilizada para o código da conta do fluxo de caixa
12. Deduções/Tipo	Registrar com "x", no campo correspondente, o tipo de dedução a ser efetuada (Imposto de Renda na Fonte, Imposto sobre Serviços etc), bem como informar o número da conta contábil correspondente e o respectivo valor da dedução.
13. Total das Deduções	Informar o somatório das deduções efetuadas ao fornecedor. Registrar o valor em forma numérica e por extenso.
14. Total Líquido a Pagar	Informar o valor líquido autorizado a pagar ao fornecedor, considerando-se a seguinte

Campo do Formulário	*Como preencher*
15. Observações	Anotações que julgar necessárias, como, por exemplo: "Pagamento em Carteira"; Pagamento em Conta Corrente – Nº 12324-5, Banco NNNN, Agência 00001.
16. Setor de Contas a Pagar	Data (dia, mês e ano) e assinatura do responsável pelo setor de Contas a Pagar, que autoriza o pagamento, conforme informações contidas neste documento.
17. Depto. Financeiro / Tesouraria	Data (dia, mês e ano) e assinatura do responsável pelo depto. Financeiro/ Tesouraria, aprovando o pagamento.
18. Gerência / Diretoria	Data (dia, mês e ano) e assinatura do Gerente ou Diretor que libera o respectivo desembolso/ pagamento.

CAPÍTULO 16

UTILIZAÇÃO DA TECNOLOGIA DA INFORMAÇÃO EM CONTAS A PAGAR

16. UTILIZAÇÃO DA TECNOLOGIA DA INFORMAÇÃO EM CONTAS A PAGAR

Há algumas décadas que fazemos parte da "era da informação". Exige-se cada vez mais que as empresas tenham velocidade em suas informações e que o conjunto de dados obtidos, através de um fluxo coordenado, ofereça, aos administradores, condições precisas, coerentes e verdadeiras, no controle e nas tomadas de decisões.

A utilização dos recursos tecnológicos e de informática (*software e hardware*), juntamente com as técnicas e ferramentas de O&M (Organização e Métodos), tornará ainda mais rápido e eficaz o Sistema de Contas a Pagar.

É de vital importância a consciência de que o fluxo de informação em uso na sua empresa proporcione um conhecimento rápido a respeito do que está realmente acontecendo na organização. Apenas saber que a empresa tem compromissos no período, não basta. É necessário ter conhecimento se estes compromissos assumidos são verdadeiros, estão devidamente documentados e autorizados, e qual a sua data efetiva de pagamento.

Um fluxo bem integrado capacitará as unidades administrativas e operacionais da empresa a funcionar com controle eficiente e, o que é mais importante, reagir com muita rapidez às emergências e oportunidades surgidas. Desse modo, os recursos de informática, disponíveis no mercado, oferecem condições reais de organizar, controlar e gerenciar as informações, como um todo.

Devemos priorizar as informações na utilização da informática em Contas a Pagar, para medir o que é importante para o nosso negócio. Atualmente temos sistemas complexos na área (em outras áreas também!), que além de dificultar a agilidade da execução das metas da gerência financeira, também distorcem a interpretação sobre o que é relevante para o departamento e para a empresa.

Já abordamos o tópico sobre Sistemas de Informação, onde o leitor terá condições de avaliar melhor o modelo a ser implementado em sua empresa, como instrumento de gerência.

Atualmente, os setores de Contas a Pagar necessitam controles detalhados e com qualidade, pois operam como fontes de informações para as áreas direta e indiretamente envolvidas, ou seja, a Contabilidade, a Tesouraria e Compras, entre outras. Se os processos de Contas a Pagar não forem informatizados, a grande possibilidade de erros e omissões na conduta diária, levará a organização com certeza ao caos.

16.1. QUALIDADE NAS INFORMAÇÕES GERADAS POR CONTAS A PAGAR

A utilização correta da informática em Contas a Pagar, como em outras unidades administrativas/operacionais da empresa, gerará informações de qualidade. A boa condução do serviço no Contas a Pagar será medida pela satisfação total das áreas que fazem parte da estrutura financeira da organização.

Não se pode confundir qualidade com luxo: um automóvel luxuoso pode ser de péssima qualidade e um simples pode ser de ótima qualidade. O conceito está sempre no equilíbrio entre dois fatores: qualidade intrínseca do serviço ou do produto (por exemplo, a emissão da autorização de pagamento, notas de débitos etc); e o custo e atendimento (quantidade de APs emitidas, local certo de pagamento, datas corretas de pagamento etc).

Não basta satisfazer apenas e somente um desses fatores. Departamentos de Contas a Pagar que buscam melhoria com seus produtos e serviços têm conseguido índices mais altos de produtividade do que aqueles que não utilizam a excelência da qualidade.

Para que as atividades da área tenham melhor produtividade e qualidade, o gestor da área financeira deve centralizar seus controles no processo e não nas tarefas individuais. Controlar um processo significa manter estáveis as rotinas e melhorar um conjunto de causas que afetam os vários itens de controle da área gerenciada.

Para que as informações tenham qualidade, é necessário que sejam precisas, claras, concisas, atuais e verdadeiras. Precisas na forma de exatidão dos dados; claras na transparência e objetividade; concisas pela exatidão e regularidade; atuais porque coletadas no momento do acontecimento real, e verdadeiras na forma da realidade e autenticidade.

16.2. SOFTWARE PARA CONTAS A PAGAR

No mercado atual existem inúmeras ferramentas para uma melhor gestão de controles dos sistemas de Contas a Pagar. O leitor terá acesso a esses programas (*softwares*), com preços acessíveis. A pesquisa deverá ser intensa, em função das necessidades da organização e dos valores dos produtos disponíveis.

Como temos hoje equipamentos de fácil acesso, com poucas horas de treinamento os usuários terão condições plenas de utilizá-los.

Demonstraremos, nas páginas seguintes, modelos de telas e relatórios de um *software* desenvolvido para o gerenciamento do sistema financeiro como um todo. Em nível ilustrativo, procuramos dar o enfoque para a gestão do sistema de Contas a Pagar.

***Nota:** Os modelos apresentados a seguir, foram extraídos do Software Hábil, gentilmente cedidos pela KOINONIA SOFTWARE LTDA. O Hábil (Sistema de Controle Financeiro) pode ser "baixado" GRATUITA e livremente através do site: www.habil.com.br*

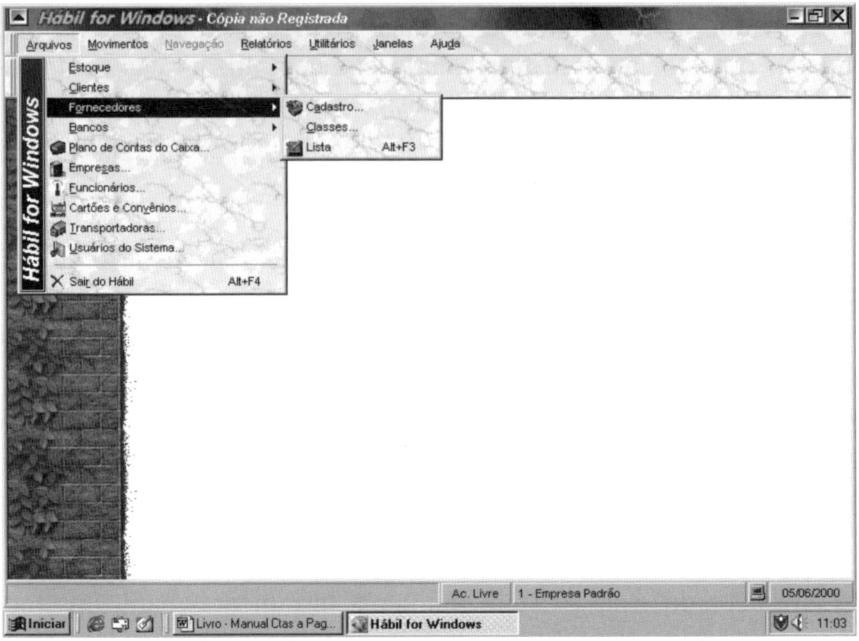

Fig. 16.1. Tela Inicial de Cadastramento de Fornecedores

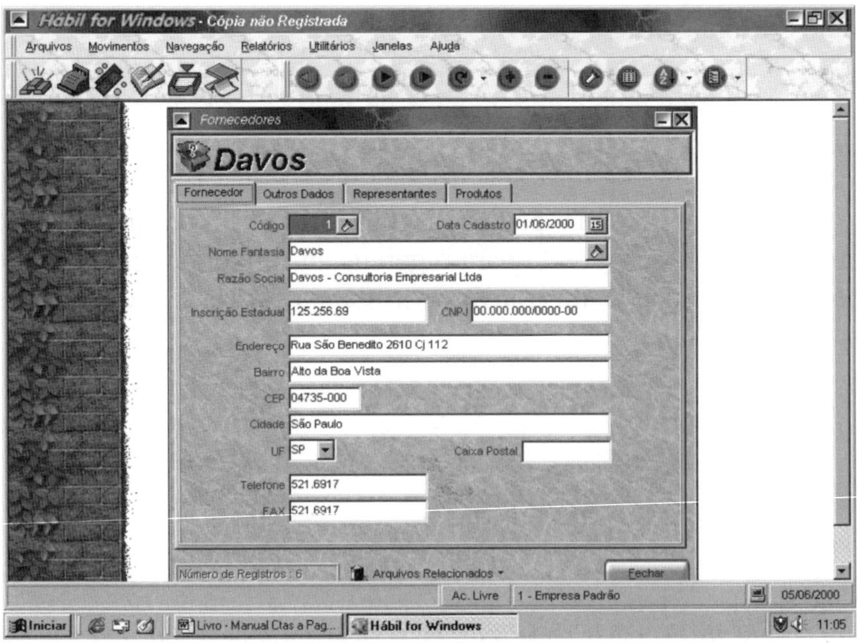

Fig. 16.2. Tela de Fornecedor já Cadastrado

Fig. 16.3. Relação de Fornecedores Cadastrados

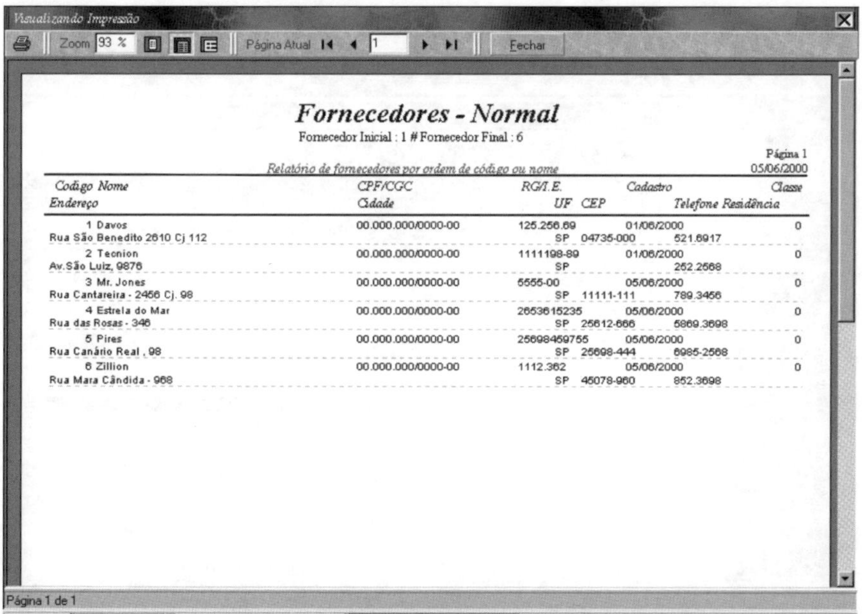

Fig. 16.4. Relatório de Fornecedores

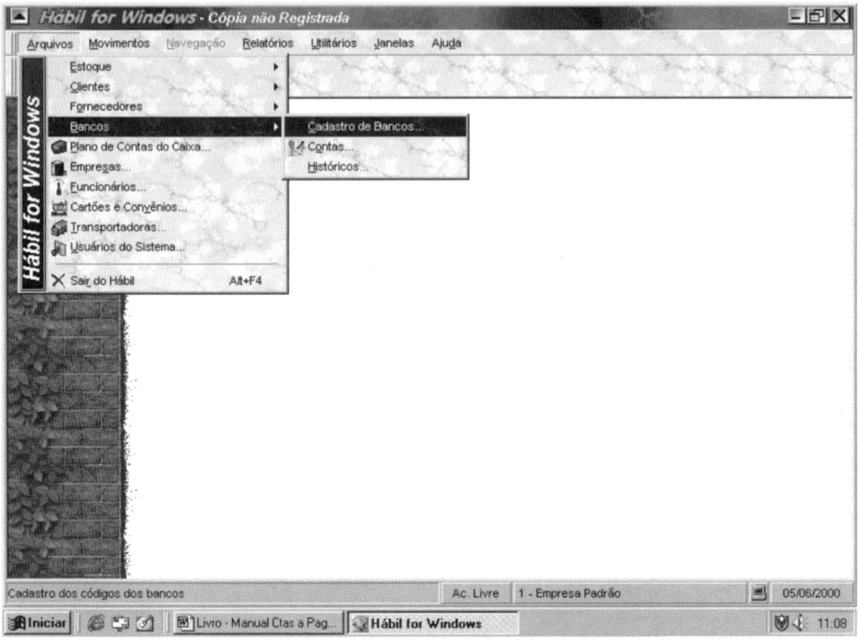

Fig. 16.5. Tela de Cadastramento de Bancos

Fig. 16.6. Tela de Banco Cadastrado

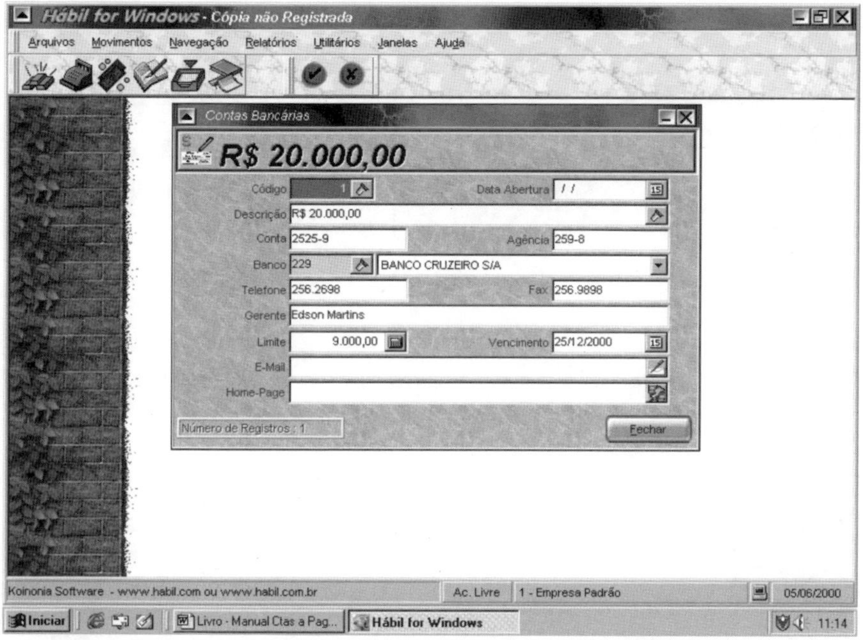

Fig. 16.7. Tela de Cadastramento de Conta Bancária

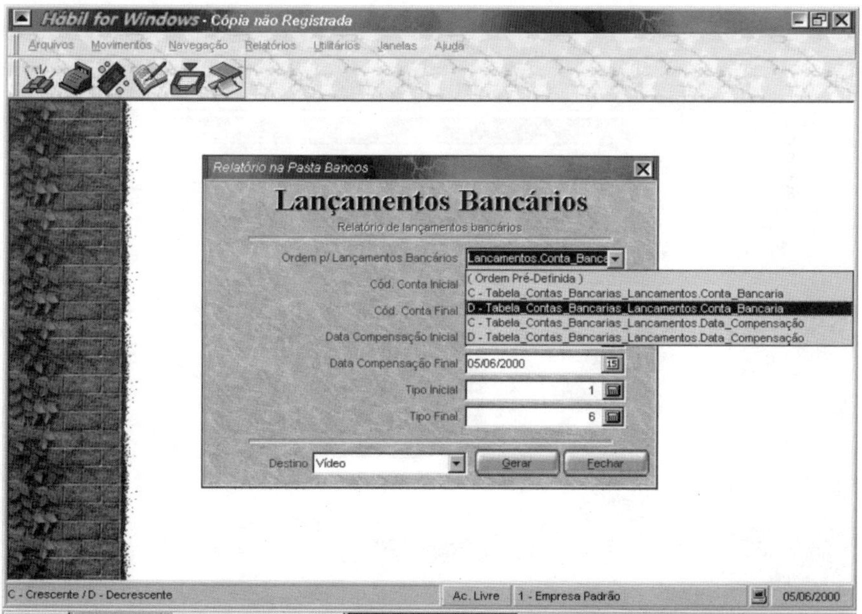

Fig. 16.8. Tela de Lançamentos Bancários

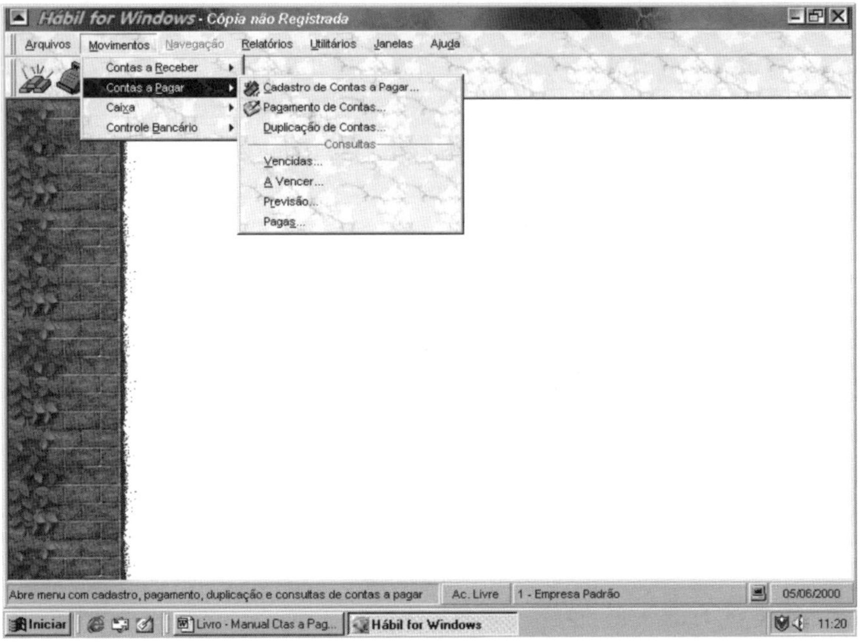

Fig. 16.9. Tela de Movimento / Controle de Contas a Pagar

Fig. 16.10. Tela de Cadastramento de Contas a Pagar

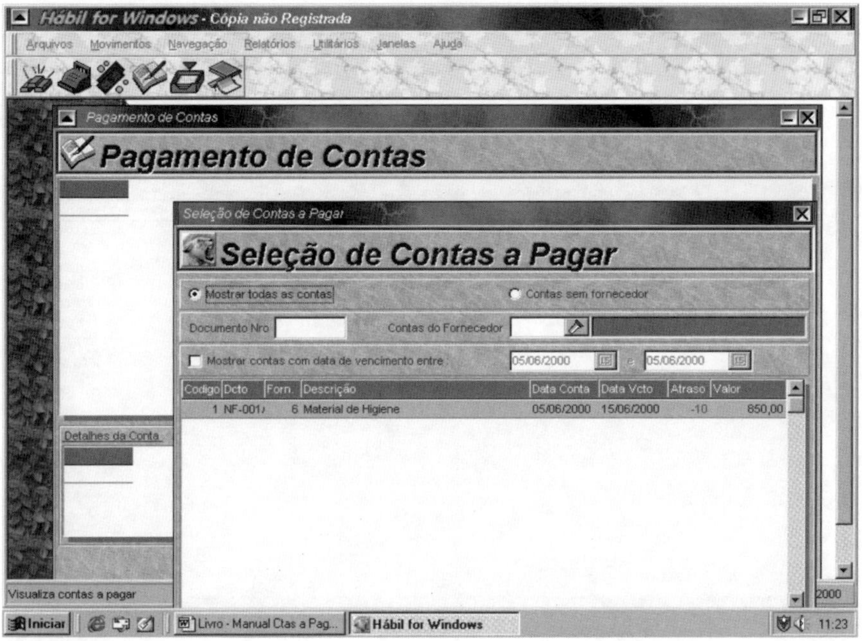

Fig. 16.11. Tela de Controle de Pagamentos

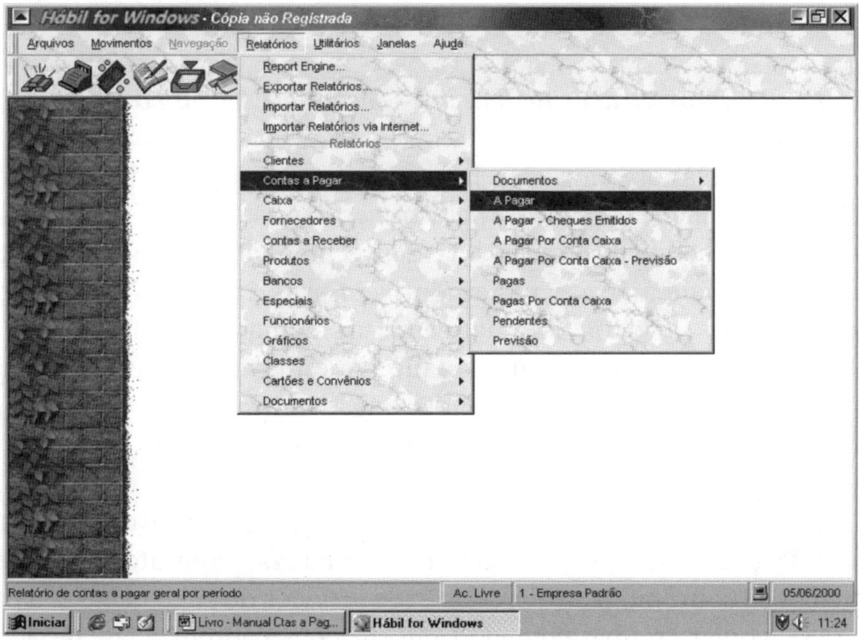

Fig. 16.12. Relatórios de Contas a Pagar

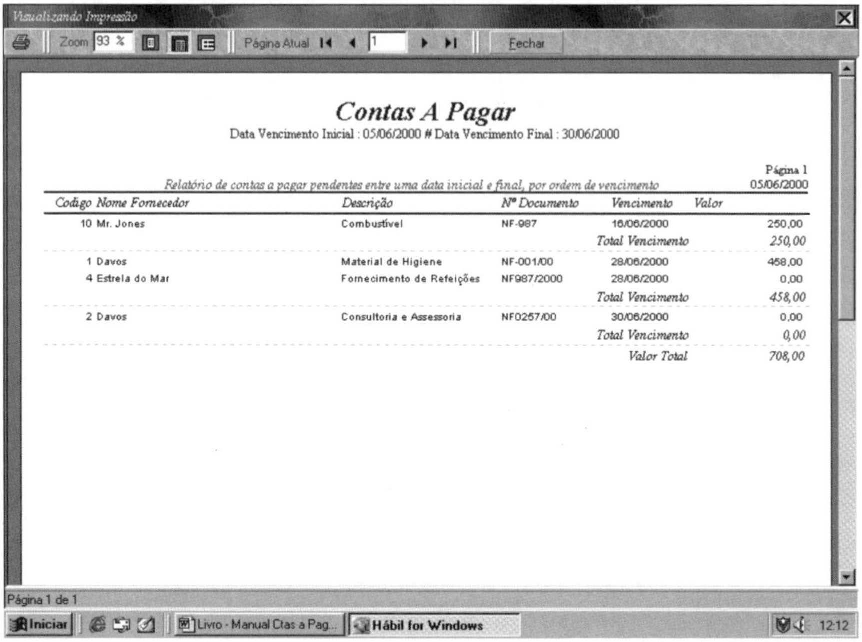

Contas A Pagar

Data Vencimento Inicial : 05/06/2000 # Data Vencimento Final : 30/06/2000

Página 1
05/06/2000

Relatório de contas a pagar pendentes entre uma data inicial e final, por ordem de vencimento

Codigo	Nome Fornecedor	Descrição	Nº Documento	Vencimento	Valor
10	Mr. Jones	Combustível	NF-987	16/06/2000	250,00
				Total Vencimento	*250,00*
1	Davos	Material de Higiene	NF-001/00	28/06/2000	458,00
4	Estrela do Mar	Fornecimento de Refeições	NF987/2000	28/06/2000	0,00
				Total Vencimento	*458,00*
2	Davos	Consultoria e Assessoria	NF0257/00	30/06/2000	0,00
				Total Vencimento	*0,00*
				Valor Total	*708,00*

Fig. 16.13. Relatório de Pagamentos a Efetuar

16.3. LIQUIDAÇÃO ELETRÔNICA DOS PAGAMENTOS

Pagamentos através de bancos – Sistema Eletrônico

É comum às organizações, hoje em dia, utilizarem-se de serviços das instituições financeiras (bancos) para prover seu sistema de Contas a Pagar. Em função da facilidade de acesso a esses recursos, as empresas têm optado por sistema bancário de pagamentos. Essas instituições (Bancos) disponibilizam serviços automatizados de contas a pagar, oferecendo agilidade, segurança e comodidade. A empresa poderá enviar os compromissos assumidos ou agendar pagamentos futuros nas seguintes modalidades: fornecedores, salários, dividendos, benefícios etc.

Para a realização e utilização dos serviços bancários de contas a pagar, a organização deverá, primeiramente, formalizar contrato instrumento particular de convênio para a prestação de serviços de pagamento e, a partir daí, desenvolver arquivo contendo informações padronizadas, de acordo com o *layout* da instituição financeira.

A empresa poderá efetuar os pagamentos, utilizando as seguintes formas:

- ✓ Documento de Ordem de Crédito (DOC);
- ✓ Crédito em Conta de Pagamento (C/C);
- ✓ Bloquete de Ficha de Compensação;
- ✓ Captura Automática de Cobrança.

Na figura 16.14, apresentamos uma idéia do fluxo (inter-relação) entre as três entidades envolvidas no processo, ou seja, a empresa compradora do material ou serviço, a empresa fornecedora e a instituição financeira.

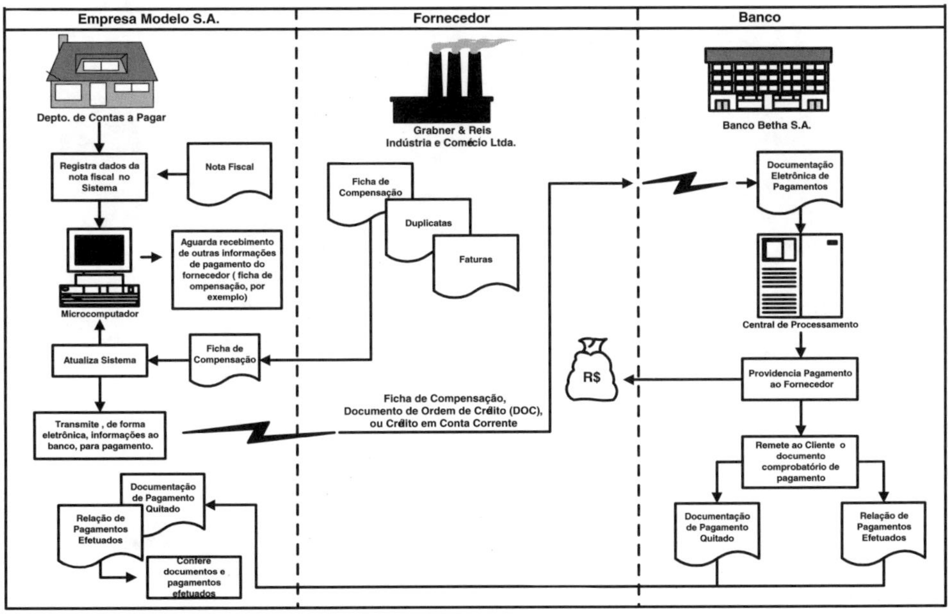

Fig. 16.14. Pagamentos de Contas através de bancos
(Sistema Eletrônico – Troca de arquivos)

CAPÍTULO 17

TÓPICOS IMPORTANTES SOBRE O SISTEMA DE CONTAS A PAGAR

17. TÓPICOS IMPORTANTES SOBRE O SISTEMA DE CONTAS A PAGAR

Neste capítulo, destacaremos, resumidamente, algumas situações especiais que podem ocorrer dentro do sistema de Contas a Pagar.

17.1. PAGAMENTOS PARCELADOS

Determinadas empresas como os grandes magazines e as redes de varejo, devido ao seu poder de barganha em relação aos fornecedores, têm como política efetivar a quase totalidade de suas compras com vencimentos dilatados de 45 a 60 dias.

Há também, nessa mesma situação, aquisições cujo pagamento poderá ser parcelado, com vencimento, por exemplo, em 30, 60, 90 e 120 dias da data da compra. Quando isso ocorrer, a área de Contas a Pagar deverá modificar um pouco o processo normal de pagamento.

Assim, toda a documentação original correspondente à contratação (pedidos de compra, contratos) e à efetivação da compra (nota fiscais), com o devido atestado de recebimento, permanece na área de Contas a Pagar até o pagamento da última parcela, quando a documentação segue para a Tesouraria efetuar o pagamento e, em seguida, a envia à Contabilidade para arquivamento final.

A área de Contas a Pagar deverá indicar, claramente, na "Autorização de Pagamento" (pedido de compra) que se trata de pagamento parcelado, através da utilização de carimbo e da numeração da parcela. Como exemplo, se estiver sendo paga a 3ª parcela de um total de quatro, a "Autorização do Pagamento" deverá ser identificada com numeração 3/4 ou 3 de 4.

Em todas as autorizações de pagamento, com exceção da última, precisa constar, também, a observação de que o original se encontra arquivado na área de Contas a Pagar.

Por último, apesar de óbvio, é importante salientar que o Contas a Pagar deve se assegurar de que as autorizações de pagamento estejam sendo emitidas no valor de cada parcela, totalizando o valor da fatura.

17.2. RESPONSABILIDADES DA EMPRESA PELA RETENÇÃO DO IMPOSTO DE RENDA NA FONTE E SEU RECOLHIMENTO

Todas as empresas são responsáveis pela retenção na fonte e pelo recolhimento do imposto de renda, que venha a incidir sobre o pagamento de rendimentos a outras pessoas físicas e jurídicas.

A tributação de **IR** na fonte está, de modo extenso, regulamentada pelo ***Decreto nº 1041, de 11 de Janeiro de 1994, no seu Artigo 629 e 797***.

Os integrantes da área de Contas a Pagar devem procurar saber quais são os procedimentos finais relativos a retenções do IR na fonte, para os casos de incidências mais freqüentes na empresa.

Para tanto, poderão contar com o apoio de um contador ou de um especialista na área tributária para obter conhecimento sobre:

- ✓ regras de incidência do **IR;**
- ✓ determinação de sua base de cálculos;
- ✓ aplicação da alíquota correspondente ao tipo de rendimento e regras para recolhimento do **IR**.

Além disso, o Contas a Pagar deve dar uma atenção especial a este tópico, de modo a evitar pagamentos de rendimentos sujeitos ao **IR** sem correspondente retenção na fonte. A não retenção na fonte implica multas administrativas.

É necessário, também, que a área se assegure de que todo o **IR** retido na fonte seja recolhido dentro do prazo de vencimento, estabelecido pela Receita Federal. O recolhimento fora de prazo implica multas e juros, além de correção monetária.

Com o objetivo de minimizar, ou até mesmo eliminar o risco do não recolhimento do **IR** retido na fonte, é recomendável efetuá-lo simultaneamente ao pagamento do rendimento da pessoa física ou jurídica.

17.3. CESSÃO DE MÃO-DE-OBRA: RETENÇÃO DOS 11% / RESPONSABILIDADE SOLIDÁRIA

Atualmente, quase todos os tipos de serviços terceirizados implicam responsabilidade solidária da empresa contratante com a contratada, em relação às obrigações trabalhistas e previdenciárias dos empregados que prestam serviços.

Quando a contratada não cumpre com as obrigações trabalhistas e previdenciárias a empresa tomadora desses serviços será responsável por estas obrigações. Visando solucionar o problema ainda em seu nascedouro, foi promulgada a Lei nº 9.711/98, estabelecendo que as empresas contratantes de serviços de mão-de-obra de terceiros deverão reter 11% do valor bruto da nota fiscal ou fatura de serviços e recolher ao INSS a importância retida, até o dia 2 de cada mês seguinte à emissão da nóta fiscal ou fatura, em nome da empresa cedente da mão-de-obra.

Serviços que estão sujeitos à retenção:

- Limpeza
- Conservação
- Zeladoria
- Vigilância
- Segurança

- Empreitada de mão-de-obra
- Contratação de trabalho temporário (Lei 6.019/74)

A Lei determina como mão-de-obra a colocação à disposição do contratante, em suas dependências ou na de terceiros, de segurados que realizem serviços contínuos relacionados ou não com a atividade fim da empresa, quaisquer que sejam a natureza e a forma de contratação.

Não estão sujeitas à retenção as atividades que envolvem conhecimentos específicos, como:

- Consultoria
- Desenvolvimento/instalação e manutenção de *softwares*
- Serviços de escrituração contábil
- Consultoria jurídica e outros conforme descrito na OS 203/99

A retenção na Seguridade Social já estava prevista na Lei 8.212/91 mas não era obrigatória. Houve, então, uma mudança significativa na relação entre o tomador e prestador de serviços, mesmo se o terceiro não recolher as contribuições sociais devidas, o INSS contará com 11% de quanto ele faturou.

Alertamos para o fato de que se o tomador de serviços retiver os 11% da fatura ou da nota fiscal e não efetuar o devido recolhimento, incorrerá em Crime de Apropriação Indébita!

O valor retido, pela empresa tomadora, e recolhido em nome da prestadora, poderá ser compensado pela empresa cedente da mão-de-obra quando do recolhimento de suas próprias contribuições, calculadas sobre a folha de pagamento de seus empregados.

Quando o valor retido for maior que o devido relativo à sua contribuição, a empresa prestadora dos serviços deverá pedir restituição desse saldo remanescente. Essa restituição, porém, não é tão simples assim de se obter, pois enfrenta todo um processo burocrático dentro do próprio INSS que tem um claro objetivo de cercar empresas que sonegam, além da grande quantidade de processos dessa característica.

A obrigatoriedade de se reter os 11% sobre a nota fiscal ou fatura de serviços, ainda, gera muitas polêmicas e confusões entre as empresas. Há teses que defendem a inconstitucionalidade da cobrança pelo fato de que não há relação entre as bases de cálculo. Existem muitas liminares da justiça, desobrigando as empresas de sofrerem a retenção, e remetendo-as à utilização das regras da Solidariedade.

Em caso de dúvidas no relacionamento das empresas (contratante/ contratada), referente à retenção, deverão as mesmas solicitar, se possível por escrito, pareceres conclusivos, dos órgãos locais do INSS (Gerências Executivas), sobre as divergências de interpretações apresentadas.
Fundamentação Legal:

- Constituição Federal de 1.988
- Ordem de Serviço INSS/DAF nº 83 de 13/08/93
- Ordem de Serviço INSS/DAF nº 87 de 20/08/93
- Ordem de Serviço INSS/DAF nº 165 de 11/07/97
- Ordem de Serviço INSS/DAF nº 185 de 31/03/98
- Lei 8.212 de 24/07/91
- Lei 9.711 de 20/11/98
- Ordem de Serviço INSS/DAF nº 195 de 10/12/98
- Ordem de Serviço INSS/DAF nº 203 de 29/01/99
- Ordem de Serviço INSS/DAF nº 209 de 20/05/99
- Circular INSS nº 046 de 24/06/99
- Circular INSS nº 048 de 29/07/99

17.4. NEGOCIAÇÃO DA EMPRESA COM SEUS FORNECEDORES VISANDO ANTECIPAR OU POSTERGAR O PAGAMENTO DA DUPLICATA

Quando a empresa estiver em uma situação difícil de caixa pode, antes de recorrer aos bancos, propor aos seus principais fornecedores uma negociação visando à prorrogação do vencimento das duplicatas, pagando, para tanto, uma taxa de juros intermediária, ou seja, inferior à cobrada pelos bancos e superior àquelas que o fornecedor obteria para uma aplicação financeira de curto prazo.

Por outro lado, quando estiver em situação favorável de caixa, pode propor aos seus fornecedores uma antecipação do pagamento das duplicatas, visando obter, por tal operação, um desconto que corresponda a rendimento maior de que obteria aplicando no mercado financeiro.

17.5. NEGOCIAÇÃO COM BANCOS VISANDO AO PAGAMENTO ANTECIPADO DAS DUPLICATAS PELA EMPRESA

Quando a empresa estiver em situação favorável de caixa, pode optar por fazer uma aplicação financeira diferenciada, que lhe proporcionará, certamente, um rendimento maior que uma aplicação financeira normal de curto prazo.

Essa aplicação tem o nome de "assunção de dívida", ou seja, o banco assume a dívida que corresponde a uma duplicata a pagar de sua responsabilidade.

Para tanto, alguns dias antes do vencimento, a empresa entrega ao banco uma quantia que corresponde ao valor total da duplicata, deduzindo de um desconto calculado em função do número de dias antecipados.

Simultaneamente, o banco apresenta o documento à empresa, em que assume a responsabilidade de quitar aquela duplicata, com o fornecedor na data do seu vencimento. Na data, o banco quita a duplicata e a envia em seguida à empresa.

No ato, a empresa devolve ao banco o documento de responsabilidade de quitação dessa dívida.

A área de Contas a Pagar deve manter um controle específico para essa operação, principalmente no que se refere à localização das duplicatas e à data de vencimento na qual o banco deverá quitá-las.

17.6. FACTORING

O setor de Contas a Pagar poderá se defrontar com uma situação, na qual, recebe uma cobrança bancária de um fornecedor que não consta dos seus controles.

Antes de devolver essa cobrança ao banco, a área deverá verificar se tal cobrança não tem sua origem em uma operação de *factoring* realizada por um dos seus fornecedores. Mas, como é que funciona tal operação?

Determinado fornecedor ao enfrentar dificuldades em obter financiamento de capital de giro com bancos, por problemas cadastrais, recorre à venda do direito de receber sua duplicata contra a nossa empresa, mediante concessão de um desconto, para uma empresa de *factoring*.

Desse modo, quando estiver próximo da data de vencimento dessa duplicata, receberemos um boleto de cobrança bancária da empresa de *factoring* e não mais em nome daquele fornecedor.

O setor de Contas a Pagar deverá, então, solicitar uma correspondência (carta) assinada pelo representante legal daquele fornecedor, com firma reconhecida, na qual expressa que o pagamento de tal duplicata é um *factoring*, resguardando nossa empresa da responsabilidade da quitar a obrigação comercial.

17.7. PAGAMENTOS A AUTÔNOMOS

Do ponto de vista do Contas a Pagar, o processamento do pagamento a autônomos é idêntico ao dos pagamentos aos fornecedores, exceto quando:

a) o documento de efetivação não é uma nota fiscal e, sim, um RPA – Recibo de Pagamento a Autônomo;

b) houver desconto do Imposto Sobre Serviço (ISS) na fonte;

c) houver recolhimento do Imposto de Renda(IR) na fonte;

d) houver recolhimento da contribuição ao INSS, de responsabilidade da empresa;

e) necessária a manutenção em arquivo, da cópia da documentação pessoal e da inscrição no INSS e na Prefeitura (ISS) relativas ao autônomo.

Vamos, então, a seguir, discorrer sobre essas exceções.

17.7.1. RECIBO DE PAGAMENTOS A AUTÔNOMOS - RPA

O Recibo de Pagamento a Autônomo foi extinto, podendo ser usado como mero atestado de pagamento.

Se o prestador de serviços comprova sua inscrição no CNPJ, a empresa contratante desobriga-se das responsabilidades previdenciárias. Entretanto, se o prestador apresenta-se como trabalhador autônomo, a contratante terá de arcar com o custo do recolhimento ao INSS.

Ocorrem situações nas quais a prestação de serviços se torna constante, por vezes habitual e exclusiva, trazendo o risco de transformar aquele autônomo em empregado contratado.

É, simultaneamente, o comprovante de pagamento e o documento de efetivação, dentro do processo de contas a pagar, referente aos serviços prestados pelo autônomo.

Na figura 17.1 apresentamos um modelo tradicional de RPA, para sua apreciação.

RECIBO DE PAGAMENTO A AUTÔNOMO - RPA

Nº DO RECIBO	Nº DO TALÃO
15	

NOME OU RAZÃO SOCIAL DA EMPRESA	MATRÍCULA (CGC OU INSS)

RECEBI DA EMPRESA ACIMA IDENTIFICADA, PELA PRESTAÇÃO DOS SERVIÇOS DE.............................., A IMPORTÂNCIA DE R$.............................. (..............................), CONFORME DISCRIMINAÇÃO ABAIXO:

SALÁRIO-BASE	TAXA	Valor máximo p/ Reembolso
	X 10% =	

VALOR JÁ REEMBOLSADO NO MÊS	SALDO

CARRETEIRO (CÁLCULO DO VALOR DO REEMBOLSO)
Aplicar 10 % sobre o valor da mão-de-obra (11,71% do FRETE). O resultado corresponderá ao REEMBOLSO, respeitado como limite máximo o valor registrado no campo SALDO.

NÚMERO DE INSCRIÇÃO
NO INSS:
NO CPF:

DOCUMENTO DE IDENTIDADE	
NÚMERO	ÓRGÃO EMISSOR

LOCALIDADE	DATA
	/ /

ESPECIFICAÇÃO

I VALOR DO SERVIÇO PRESTADO .... R$..............................
II REEMBOLSO (10% de até o salário-base) R$..............................
SOMA R$..............................

DESCONTOS

III.............................. R$..............................
IV.............................. R$..............................
V.............................. R$.............................. R$..............................

VALOR LÍQUIDO R$..............................

ASSINATURA

NOME COMPLETO

SAF - 142

CÓD. 15.236-6

Fig. 17.1 Recebo de Pagamento a Autônomo - RPA

17.7.2. IMPOSTO SOBRE SERVIÇO (ISS) NA FONTE

É necessário que o autônomo apresente o seu documento de inscrição na Prefeitura, evitando o desconto do ISS na fonte. Contudo, se o autônomo não tiver registro na Prefeitura ou não apresentar o documento comprobatório, ainda assim o Contas a Pagar poderá processar e autorizar o pagamento.

Nessas situações, o pagamento deverá ser efetuado descontando-se a retenção do ISS na fonte, com alíquotas que variam de acordo com a Legislação Municipal correspondente.

17.7.3. IMPOSTO DE RENDA NA FONTE (IRF)

Quando da realização do pagamento a autônomo, o Contas a Pagar deverá calcular o valor do IR a ser retido na fonte, utilizando, para tanto, a tabela divulgada pela Receita Federal para o período em questão. Cumpre destacar a necessidade de considerar os mesmos critérios de deduções utilizados para os profissionais assalariados.

Para tanto, a área de Contas a Pagar tem uma ficha de controle em que são lançados os pagamentos feitos a cada autônomo, uma vez que o IR deve ser calculado cumulativamente, durante o período de apuração do mês civil.

17.7.4. CONTRIBUIÇÃO AO INSTITUTO NACIONAL DE SEGURIDADE SOCIAL - INSS

A empresa recolhe ao INSS uma contribuição equivalente a 20% (vinte por cento) sobre o valor total pago ao autônomo durante o mês, correspondente à parcela da empresa, à semelhança do que ocorre no caso de um funcionário.

Esse valor não compreende a contribuição de pessoa física do autônomo ao INSS, sendo que, para fins de benefícios, aposentadoria e outros direitos previdenciários, o autônomo efetua o recolhimento segundo regras específicas para a categoria.

Destacamos, ainda, que quando o serviço prestado pelo autônomo se referir a fretes e carretos, o porcentual empregado será específico e aplicado sobre o valor total, constituindo parcela correspondente à mão-de-obra.

17.7.5. DOCUMENTAÇÃO PESSOAL DO AUTÔNOMO

A área de Contas a Pagar deverá manter em seu arquivo as seguintes cópias dos documentos pertencentes ao autônomo:

1. Carteira de identidade;
2. Registro do órgão profissional ou de classe (CREA, CRC, CRA, etc);
3. Inscrição na prefeitura;
4. Inscrição no INSS;
5. Cadastro de Pessoa Física – CPF

17.8. ADIANTAMENTO A FORNECEDORES

Como o nome já indica, os adiantamentos a fornecedores representam uma antecipação parcial ou total do pagamento da compra de materiais ou contratação de serviços.

O Contas a Pagar somente deverá autorizar o adiantamento após receber da área de Compras ou da Administração de Contratos, via do pedido ou do contrato, em que conste, expressamente, como está contratada e a condição de pagamento.

Em seguida à autorização de pagamento antecipado, Contas a Pagar precisa anexar o comprovante à via do pedido, para evitar que, por ocasião do pagamento da duplicata relativa a essa compra, seja desconsiderado o adiantamento efetuado.

17.9. COMPRAS À VISTA

Dentro da política geral de compras, poderá haver um procedimento específico, com a finalidade de permitir a aquisição de materiais com condições de pagamento à vista, quando os itens forem retirados no fornecedor.

Essas compras são geralmente daqueles materiais adquiridos para uso específico, com freqüência esporádica, de baixo valor e não destinados à reposição dos estoques.

Do ponto de vista de Contas a Pagar, esta também é uma situação que merece um tratamento diferenciado, pois certamente, a fase de contratação (emissão de pedido de compra) será suprimida e substituída por aposição de carimbo com a inscrição compra à vista, no corpo da nota fiscal, pela área de Compras e a fase do pagamento será executada pelo próprio Setor de Compras.

Normalmente, para esses casos, a área de Compras dispõe de um fundo rotativo, que constitui um "pequeno caixa", que mantém os recursos necessários para as aquisições à vista. O setor deverá ser instruído para preocupar-se em obter recibo do pagamento ou duplicata quitada e, em seguida, enviar o processo completo, constituído de nota fiscal, recibo/duplicata, para posterior conferência pelo setor de Contas a Pagar.

A área de Contas a Pagar deverá ter um cuidado adicional quanto a uma possível cobrança em duplicidade, pelo fornecedor, por via bancária.

Por fim, a Tesouraria, periodicamente, precisa exigir a prestação de contas da área de Compras, com o objetivo de liquidar o adiantamento do numerário recebido, mediante a apresentação da documentação completa, após ter transitado pela área de Contas a Pagar.

17.10. COMPRAS EM EMERGÊNCIA

Por motivo de desorganização ou falta de planejamento das áreas requisitantes ou de Compras ou, ainda, devido a acidentes e ou casos fortuitos, poderão ocorrer, na empresa, as chamadas compras em emergência.

É possível deduzir, então, que o processo de contas a pagar será afetado em função dessa anormalidade, pois a empresa terá pouco tempo para efetuar o pagamento. Isso significa que a área de Contas a Pagar disporá de curto período para receber a nota fiscal do material, bens ou serviços e processar o pagamento, sem ter ainda recebido o respectivo pedido de compra.

Embora as compras em emergência constituam exceção nas empresas, ainda assim deve-se dispor de uma rotina, visando eventuais ocorrências, estabelecendo:

- ✓ emissão sumária do pedido de compra;
- ✓ prioridade do processamento nas áreas de Contas a Pagar e Tesouraria;
- ✓ níveis de aprovação especiais quanto ao valor e ao tipo de material, bem ou serviço a ser comprado;
- ✓ justificativa para se efetuar a compra em emergência (máquina parada, processo de produção interrompido etc).

17.11. RECEBIMENTO PARCELADO DE MATERIAIS COM ENTREGAS PROGRAMADAS

Existem compras de materiais de uso freqüente e em grandes quantidades (geralmente insumos utilizados no processo de produção) que poderão, conforme estabelecido em contrato ou pedido de compra, ter suas entregas programadas:

a) dentro de um determinado período de tempo;

b) em diversas datas;

c) em quantidades preestabelecidas;

d) obedecendo a um limite total de fornecimento.

Assim, teremos um documento de contratação para vários documentos de efetivação.

Do ponto de vista do Contas a Pagar, o procedimento adequado é averbar as quantidades recebidas e determinar o saldo restante a receber, no campo apropriado do pedido de compra, mesmo sem a emissão de aditivo contratual ou alteração do pedido de compra.

Usualmente, o pagamento de valor excedente ao contratado tem três origens:

1. material recebido em quantidade superior à estabelecida no contrato ou pedido de compra;

2. material recebido com preço mais elevado que o determinado no contrato ou pedido de compra;

3. material recebido em quantidade e preço maiores que o estabelecido no contrato ou no pedido de compra.

Com o objetivo de racionalizar o processo que envolve o recebimento de materiais e o pagamento da duplicata, a empresa deve criar limites para a aprovação de divergências em relação ao pedido de compra. O ideal é que esses limites estejam apoiados por documentos escritos, aprovados por pessoas credenciadas, de preferência na forma de Instrução Normativa (vide modelo, neste livro).

O estabelecimento desses limites deverá ter como parâmetro o valor do pagamento excedente que a empresa incorrerá porque consentiu com o recebimento de materiais em desacordo com o pedido.

Esse valor excedente deverá ser insignificante em relação ao montante da compra e tamanho da organização. Por outro lado, independentemente do porte da empresa, é possível optar por uma forma mais rigorosa, determinando um valor insignificante em termos absolutos.

Outros três parâmetros deverão ser considerados, de modo a tornar esse limite de autoridade mais flexível:

a) limite porcentual da quantidade recebida a mais, em relação à quantidade constante do contrato ou pedido de compra;

b) limite porcentual da diferença de preço cobrado a mais, em relação ao contrato ou pedido de compra;

c) características do material, como:

c.1) estado físico: gases, chapas que podem ser cortadas;

c.2) recebimento em grandes volumes e/ou peso a "granel".

Podemos, então, elaborar, duas tabelas com os limites de aceitabilidade:

- Tabela 1 - para aqueles recebimentos com divergência na quantidade (e preço);
- Tabela 2 - para aqueles com divergências apenas no preço.

Na construção da tabela 1, associaremos três parâmetros: valor do pagamento excedente, porcentual da quantidade recebida a mais e características físicas do material. Observe que, neste caso, não é necessário incluir o porcentual do preço cobrado a mais, porque está implícito no impacto que a diferença provoca no valor do pagamento excedente. A elaboração da tabela deve obedecer às seguintes regras:

1. quanto maior for o limite porcentual da quantidade recebida, menor deverá ser o valor do pagamento excedente;

2. quanto maior a probabilidade de ocorrer diferença na quantidade, devido às características do material, maior o pagamento excedente.

Por conseguinte, a tabela 1 ficaria conforme o modelo apresentado no quadro abaixo:

Tabela – 1 **Limites de Aceitabilidade** Material recebido em quantidade (e preço) maior que o estabelecido no contrato ou pedido de compra			
Valor Máximo do Pagamento Efetuado			
Quantidade ("Q") recebida a maior	Materiais recebidos em grandes quantidades (gás ou líquido)	Material a granel em grandes quantidades	Demais materiais sólidos
"Q" menor que 2%	R$ 375,00	R$ 300,00	R$ 150,00
"Q" maior que 2% e menor que 10%	R$ 250,00	R$ 200,00	R$ 100,00

Fig. 17.2. Limites de Aceitabilidade

Nota: *Lembramos ao leitor que os valores e os porcentuais são hipotéticos. Apenas ilustramos, não configurando sugestão.*

Para a construção da tabela 2 faremos apenas a associação de dois parâmetros: valor do pagamento excedente e porcentual do preço cobrado a mais em relação ao contrato ou pedido de compra, não importando, aqui, o tipo de material a que se refere e obedecendo à seguinte regra:

- Quanto maior o limite percentual do preço cobrado em relação ao contrato ou ao pedido de compra, menor será o valor do pagamento excedente.

A tabela 2, então, seria conforme apresentado no quadro abaixo:

Tabela – 2 Limites de Aceitabilidade Material recebido com preço maior que o estabelecido no contrato ou pedido de compra			
Valor Máximo do Pagamento Excedente			
Preço ("P") cobrado a maior	Materiais recebidos	Material a granel em grandes quantidades	Demais materiais
"P" menor que 5%	R$ 50,00	R$ 50,00	R$ 50,00
"P" maior que 5% e menor que 10%	R$ 25,00	R$ 25,00	R$ 25,00

Fig. 17.3. Limites de Aceitabilidade

Nota: *Valores e porcentuais hipotéticos, para ilustração.*

A área de Contas a Pagar deverá estar atenta às cláusulas contratuais ou condições dos pedidos de compra que tratam da aplicação de multas aos fornecedores de bens e serviços, pois podem representar uma diminuição do valor a ser desembolsado ou uma entrada futura de caixa.

Essas multas referem-se, normalmente, aos dias de atraso no prazo de entrega (parcial ou total) de bens e serviços especificados contratualmente.

17.12. APLICAÇÃO DE MULTAS CONTRATUAIS

O Contas a Pagar deverá calcular e descontar o valor da multa, do total a ser pago ao fornecedor, após constatar que o prazo de entrega não foi cumprido.

Como esse é um procedimento não usual, o departamento precisa planejar-se para evitar que o desconto deixe de ser efetuado e tenha, por conseguinte, de executar um procedimento difícil de cobrança de um Contas a Receber.

17.13. TÍTULOS PROTESTADOS E AVISOS DE CARTÓRIOS

A área de Contas a Pagar poderá enfrentar duas situações desagradáveis e de conseqüências imprevisíveis para a imagem da empresa e, ainda, prejuízos ao negócio:

a) ter conhecimento, por intermédio de jornal ou de terceiros, de que teve um título seu protestado e, numa escala menor;

b) ter conhecimento, por meio de um aviso de cartório, que um título de sua responsabilidade será protestado se não for pago até determinada data.

Essas situações são acarretadas por:

1) desorganização e falhas de procedimentos em todas as áreas, desde o recebimento de materiais até o próprio processo de contas a pagar;

2) erro do banco ou do fornecedor ao manter aberto um título de cobrança já liquidado por devolução do material ou, até mesmo, por pagamento;

3) erro ou dolo do fornecedor que emitiu fatura "fria" ou em duplicidade.

É preciso agir rapidamente ao se defrontar com uma das situações descritas, para evitar ou minimizar os efeitos danosos à empresa.

Sendo o fato o produto de um título protestado, deverá tomar, alternativamente, duas providências:

1ª) se o título realmente corresponder a uma dívida, procurar quitá-lo e obter carta de anuência do fornecedor, além de certidão negativa do cartório de protesto;

2ª) se o protesto for indevido, por erro do banco ou do fornecedor, obter carta de anuência deste e certidão negativa do cartório de protesto, sem prejuízo de outras medidas de caráter indenizatório, com o banco ou com o fornecedor.

Por outro lado, quando a área de Contas a Pagar receber um aviso de cartório, necessitará tomar as seguintes providências:

1ª) se o título se relacionar realmente a uma dívida, deverá efetuar o pagamento ao cartório, o mais rapidamente possível, de modo a evitar o protesto, mesmo abrindo mão de ter o processo completo de contas a pagar disponível;

2ª) se o aviso de protesto não for efetivamente de uma dívida, precisará agir rapidamente com o fornecedor, visando à baixa do título e recorrendo, se necessário, ao auxílio do corpo jurídico/advogados da empresa.

17.14. ENTREGA DE MATERIAIS FORA DO LOCAL DETERMINADO PELO PEDIDO DE COMPRA

Há empresas que possuem diversas unidades de negócio, na mesma cidade ou em outras cidades, e até mesmo, em outros estados. Para estas, pode ocorrer de o fornecedor efetuar a entrega do material em unidades diferentes daquela determinada pelo pedido de compra.

A empresa compradora poderá adotar duas políticas, sobre o assunto:

a) recusar o recebimento dos materiais, ou

b) aceitar seu recebimento.

Na primeira hipótese, a unidade compradora efetua a recusa por escrito, no verso da nota fiscal do fornecedor, justificando tratar-se de material não solicitado.

Na segunda hipótese, a unidade, ao aceitar o material, deverá informar à sua área de Compras para a correção nos pedidos de compra das unidades envolvidas.

O profissional de Contas a Pagar precisa estar atento para as mudanças de alíquota do ICMS, quando das operações interestaduais, que impliquem valores diferentes de desembolso e, até mesmo, do custo da mercadoria.

17.15. PAGAMENTOS A FORNECEDORES POR DEPÓSITO EM CONTA CORRENTE

Alguns fornecedores solicitam que o pagamento de suas faturas seja depositado em conta corrente bancária.

Nestes casos, o Contas a Pagar deverá pedir ao fornecedor:

1. Carta, em papel timbrado, assinada pelo representante legal, com firma reconhecida, solicitando expressamente que o pagamento das suas faturas seja efetuado mediante crédito em conta corrente, citando o nome do banco, agência e número da conta.

2. O envio de recibo correspondente à fatura ou a nota fiscal paga, após cada depósito efetuado.

Por último, a área de Contas a Pagar precisa certificar-se de que a conta corrente esteja em nome da empresa em questão.

17.16. CONTRATO DE OBRAS CIVIS E DE MONTAGEM ELETROMECÂNICA

Para contrato de obras civis ou de montagem eletromecânica, cujo prazo de execução é de vários meses, o Contas a Pagar terá de executar alguns procedimentos diversificados em relação às compras normais de materiais e mercadorias.

Vejamos a seguir:

✓ ***Documento de Contratação*** - normalmente existe um contrato que descreverá, além de outras, as condições de pagamento (se por evento ou por medição mensal), fórmula de reajuste de preços e se está prevista multa ou prêmio por prazo de entrega antecipada;

- ✓ ***Documento de Efetivação*** **-** nota fiscal de serviço ou nota fiscal de serviço mais nota fiscal de matéria/empregado;
- ✓ ***Documento de Validação*** **-** medição mensal de serviços executados, elaborados por funcionários habilitados ou por empresa especializada em fiscalização de obras civis.

17.17. COMPRA DE BENS DO ATIVO IMOBILIZADO

Em termos de contas a pagar, as compras de bens de pequeno porte, destinados ao ativo imobilizado, observam, basicamente, o mesmo procedimento de compra dos demais materiais, ou seja:

- ✓ ***Documento de contratação*** **-** pedido de compra/contrato;
- ✓ ***Documento de efetivação*** **-** nota fiscal;
- ✓ ***Documento de validação*** **-** atestado de recebimento no verso da nota fiscal, ou emissão de "nota de recebimento de material" ou ainda, quando da execução de serviços, o "atestado de execução dos serviços".

Porém, para a compra de bens de maior porte, para o imobilizado, cujo prazo de fabricação é de longo prazo, o processo de contas a pagar será análogo ao de execução de obras de montagem ou obras civis, descrito no tópico anterior, que solicita os documentos:

- ✓ ***Documento de Contratação*** **-** pedido de compra ou contrato;
- ✓ ***Documento de Efetivação*** **-** nota fiscal;
- ✓ ***Documento de Validação*** **-** relatório de diligência emitido por funcionários habilitados ou por empresa especializada, que evidencia qual o estágio de fabricação do equipamento.

CAPÍTULO 18

PROBLEMAS NA ÁREA DE CONTAS A PAGAR

18. PROBLEMAS NA ÁREA DE CONTAS A PAGAR

Na sua atividade diária o setor de Contas a Pagar sofre inúmeras pressões de natureza variada. Esse fato limita sobremaneira a atuação dos profissionais e compromete os resultados alcançados pela área.

A identificação completa de todos os problemas é tarefa impossível, em virtude do seu número e distinção. Todavia, vamos elaborar um elenco das principais dificuldades encontradas nesse departamento e que seria útil para o leitor analisar soluções a fim de minimizar seus efeitos indesejáveis.

18.1. PAGAMENTOS COM URGÊNCIA

Muitas vezes, os profissionais de Contas a Pagar são surpreendidos por cobrança de fornecedores, para pagamento de despesas, sem que disponham de documentos internos que indiquem a existência da dívida.

Isso ocorre, geralmente, em função de deficiência das áreas que antecedem ao Contas a Pagar no processamento de documentação de efetivação e validação. E, nesse caso, comprometem o fluxo de caixa da empresa, pois o montante não previsto pode ser significativo e até obrigar a empresa a obter empréstimo urgente em condições desfavoráveis ou então, efetuar pagamento em atraso.

O profissional deve empenhar-se em identificar as causas que originam essas pendências, principalmente localizando as áreas que costumam reter a documentação por muito tempo, de forma a proceder a um trabalho de educar gestores desses departamentos, conscientizando-os dos prejuízos dessa conduta para a empresa.

18.2. DOCUMENTAÇÃO INCOMPLETA OU INCORRETA

Muitos processos de pagamento chegam incompletos à área de Contas a Pagar, impossibilitando o pagamento e obrigando o funcionário a realizar uma "pesquisa" na empresa para localizar os papéis restantes. Em outras situações, as informações dos documentos são inconsistentes, inviabilizando a quitação.

As ocorrências citadas tendem a provocar atraso no pagamento ao fornecedor do material ou ao prestador do serviço, penalizando, assim a empresa em multas por inadimplência, juros e outros desembolsos.

Diante dessas circunstâncias, temos de exercer forte pressão sobre os setores que mais cometem esses erros, visando corrigir seus procedimentos e reduzir a freqüência dos casos. Com o passar do tempo veremos o resultado de nossos esforços pela diminuição da incidência dessas ocorrências.

18.3. BUROCRACIA EXCESSIVA

Para obter mais controle sobre seus recursos humanos e financeiros, a alta administração estabelece uma série de procedimentos que devem ser observados. Nossa experiência, no entanto, demonstra que expressiva parcela das empresas compromete o desempenho das pessoas e dos setores de Contas a Pagar, por excesso de passos que devem ser seguidos para a concretização do pagamento.

A simplificação burocrática no fluxo de contas a pagar gera enorme agilidade, sem perda do controle.

Tornou-se célebre, nos meios empresariais, o caso de uma multinacional americana do ramo automobilístico que conseguiu reduzir o contingente do setor de Contas a Pagar, de 500 para 125 profissionais, mudando radicalmente os procedimentos necessários à consecução do pagamento aos fornecedores.

Observa-se, atualmente, que a velocidade dessa tarefa significa vantagem competitiva nas organizações, para sensibilizar os fornecedores a compartilhar seus esforços na redução de custos, principalmente com a globalização dos mercados.

Portanto, a simplificação dos procedimentos torna-se indispensável para reduzir o quadro de funcionários e acelerar o processamento dos documentos de efetivação e validação dos pagamentos.

18.4. INTROMISSÃO EXTERNA

Outro grande pólo de dificuldades no cotidiano de Contas a Pagar tem origem na intromissão de outros setores, em tarefas de responsabilidade do setor. Muitas vezes são feitas promessas aos fornecedores para o adiantamento de pagamentos, antecipando vencimentos futuros, sem o conhecimento ou a concordância do departamento.

Essa conduta compromete a alocação dos recursos financeiros e cria procedimentos de execução que consomem o escasso tempo disponível, deixando-nos vulneráveis perante as auditorias regularmente realizadas.

Os profissionais financeiros devem agir rigorosamente para coibir essas práticas, desestimulando a sua reincidência.

Tem uma certa semelhança com esse problema, a tentativa de alguns departamentos de transferir responsabilidade que lhes compete. Essa ocorrência é ainda mais comum quando a responsabilidade pela tarefa não está claramente definida e acontece o conhecido "jogo" de empurrar para a área seguinte sua execução.

O gestor de contas a pagar deve estabelecer, com clareza, com a alta administração, as diversas competências para realização de atividades indefinidas.

Nossa posição não sugere parar de colaborar com os outros colegas, mas, recomenda uma cooperação consciente que não deixe dúvidas quanto ao verdadeiro responsável pela execução da atividade em questão.

CAPÍTULO 19

ADMINISTRANDO CAPITAL DE GIRO, CAIXA, ESTOQUES, CONTAS A RECEBER, CONTAS A PAGAR E CONTRATOS

19. ADMINISTRANDO CAPITAL DE GIRO, CAIXA, ESTOQUES, CONTAS A RECEBER, CONTAS A PAGAR E CONTRATOS

19.1. ADMINISTRAÇÃO DE CAPITAL DE GIRO

Entende-se por capital de giro os recursos de curto prazo que a organização tem necessidade de "girar" no seu dia-a-dia.

No seu sentido restrito, é o total do ativo circulante (caixa, contas a receber, estoques, títulos negociáveis) da organização. E, no mais amplo, corresponde ao capital circulante líquido (diferença entre o ativo circulante e o passivo circulante).

A administração desse capital objetiva assegurar uma situação financeira estável, eficiente, controlada, para que a organização possa garantir o pagamento de seus compromissos e utilize de forma coerente os recursos disponíveis, mantendo uma observação constante dos custos dos serviços ou produtos.

Essa tarefa consiste, logicamente, em gerir o ciclo operacional da organização, ou seja, o ciclo correspondente à sua atividade básica. Observe a figura 19.1.

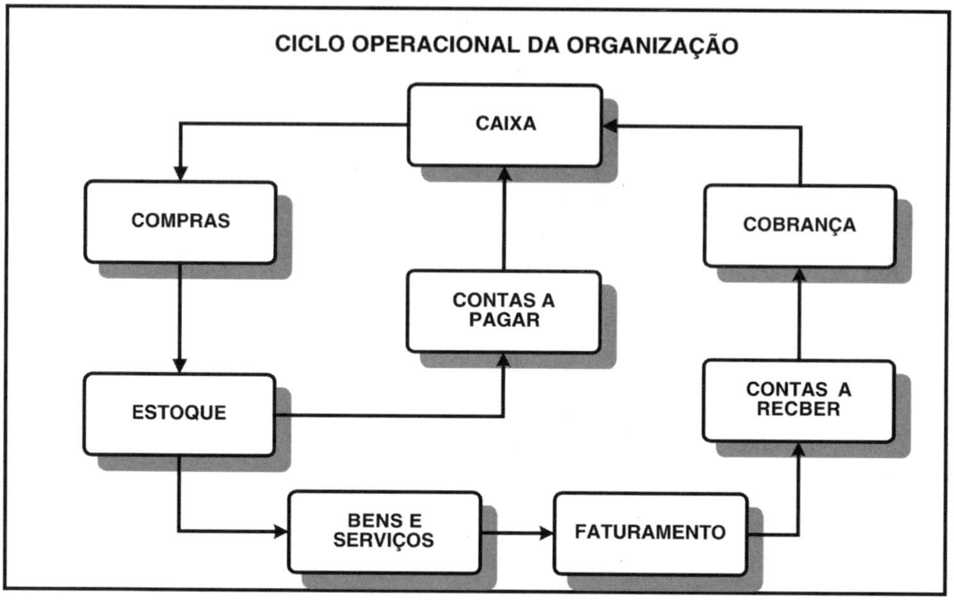

Fig. 19.1. Ciclo Operacional da Organização

"O ciclo de caixa de uma empresa representa o período de tempo que vai do ponto em que se faz um desembolso para adquirir matérias-primas, até o ponto em que é recebido o pagamento pela venda do produto acabado resultante". (GITMAN, 1997).

Analisando a figura, podemos concluir que, no seu significado, o ciclo se completa entre si, de tal forma que, entre a compra de materiais e a entrada de caixa, correspondente à cobrança ou reembolso das contas, decorre um certo período durante no qual recursos financeiros estão imobilizados na forma de estoques de materiais, de despesas de pessoal e outras. Como essa imobilização de dinheiro tem custo financeiro, uma das principais preocupações da administração do capital de giro é reduzir ao máximo a duração do ciclo operacional, pagando as contas no maior prazo possível, antecipando os recebimentos e girando os estoques com maior rapidez.

Dentro da administração do capital de giro, quatro componentes requerem uma administração específica.

- ✓ administração de caixa
- ✓ administração de estoques
- ✓ administração de contas a receber
- ✓ administração de contas a pagar

19.2. ADMINISTRAÇÃO DE CAIXA

Seu objetivo é gerenciar os valores disponíveis em caixa (dinheiro), as contas bancárias e as aplicações financeiras, para assegurar o pagamento dos débitos (contas a pagar) maximizando os rendimentos desses recursos através de aplicações além de um rigoroso controle das entradas e saídas dos recursos da organização.

É de competência do gestor financeiro providenciar e manter de forma equilibrada o binômio segurança/liquidez e rentabilidade/remuneração do numerário disponível na organização.

As empresas, por questões de segurança, deveriam manter uma grande parcela de seus recursos financeiros em bancos, no caixa e aplicações de curto prazo, apesar desta modalidade proporcionar baixa remuneração.

O fluxo de caixa é o instrumento essencial para atender aos objetivos acima. O fluxo de caixa demonstra em detalhe a previsão de entradas e saídas de caixas, com freqüência geralmente diária. O quadro da figura 19.2 é um exemplo de fluxo de caixa.

Discriminação	MÊS: NOVEMBRO – 2000					
	1	2	3	4	5	Total
RECEBIMENTOS						
Vendas a vista						
Recebimentos Duplicatas						
Empréstimos obtidos						
Outros recebimentos						
Total						
DESEMBOLSOS						
Compras a vista						
Pagamento de Duplicatas						
Pagamento de Contratos						
Pagamento de Empréstimos						
Pagamento de pessoal						
Impostos e Taxas						
Outros pagamentos						
Total						
Aumento / Diminuição de caixa						
Saldo de caixa						

Fig. 19.2. Exemplo de Fluxo de Caixa

19.3. ADMINISTRAÇÃO DE ESTOQUES

Administrar estoques é outro componente importante no gerenciamento do capital de giro. Grandes volumes de materiais estocados correspondem a grandes investimentos. Sua gestão está diretamente associada a Contas a Pagar, pois ambas dependem da política de compras da empresa. O mesmo critério para a administração de caixa (segurança e custo) deve ser adotado no estoque, ou seja, o seu nível médio precisa ser mantido para que a segurança seja garantida e o custo total minimizado.

Os valores desembolsados pela organização com compras e estoques (suprimentos) são importantes na composição do custo do produto. Gerir de forma inadequada poderá representar, para a organização, minimização em seus resultados, e, por vezes, o comprometimento total em sua administração financeira. O estoque mínimo estagna as vendas, ocasionando menor retorno.

Por outro lado, sendo excessivo, ocasionará problemas no fluxo de riqueza da organização, como, por exemplo: capital de giro estrangulado, encargos financeiros, avarias etc.

19.4. ADMINISTRAÇÃO DE CONTAS A RECEBER

Compete à administração de contas a receber, um rigoroso controle dos documentos (duplicatas, títulos, notas promissórias, letras de câmbio etc), pois estes representam a porta de entrada de grande parte das receitas.

Esta não deve permitir que os recursos fiquem "parados", o que representa um custo muito significativo. A falta de movimentação destes recursos impedirá a continuidade da produção de bens ou serviços por um determinado período; a organização então vai obter recursos através de outras fontes – empréstimos bancários ou descontos de duplicatas em seu poder – para manter os níveis de produção nesta fase em que não dispõe desses recursos.

Quanto maior o período de pagamento das contas a receber, maior o investimento em capital de giro. Um indicador sintético é o índice de Período Médio de Recebimento (PMR), que dá o número de dias de vendas imobilizado em Contas a Receber:

$$\text{PMR} = \frac{\text{Contas a Receber x 360 dias}}{\text{Total de Vendas Anual}}$$

Reduzir o prazo de venda do produto ou da prestação do serviço e o respectivo recebimento em caixa deve ser o objetivo dessa administração.

O Contas a Receber, para maximizar sua administração de capital de giro, precisa tomar as seguintes providências:

- ✓ negociar com o comprador/pagador, prazos de pagamento curtos e zelar pelo recebimento das contas no prazo;
- ✓ evitar ou reduzir as contestações e glosas de contas faturadas (uma conta contestada ou glosada pode levar bastante tempo até ser resolvida e paga);
- ✓ faturar as contas de menor prazo possível depois do fornecimento do bem ou da prestação do serviço e encaminhar quanto antes à instituição pagadora ou ao comprador do serviço;
- ✓ reduzir as contas a receber com atraso substancial ou que dificilmente serão recebidas (devedores duvidosos).

19.5. ADMINISTRAÇÃO DE CONTAS A PAGAR

A gestão de contas de fornecedores (contas a pagar) tem como principal missão a administração de pagamentos com os credores da organização.

Deve, portanto, obter dos fornecedores o maior prazo possível e ao menor custo, honrando os compromissos assumidos. Deve, também, acompanhar as datas de vencimento e efetuar uma previsão desses desembolsos.

Compete ao responsável conseguir desconto no preço e prazo de pagamentos quando antecipou a vista, ou ainda quando se tratar de compras em grandes quantidades. Lembramos que o pedido de compra emitido pela área de suprimentos não deve ser ignorado; a perfeita sintonia entre áreas, porém, fará com que sejam maximizados os controles internos e minimizados os custos operacionais e financeiros da organização.

O bom relacionamento entre Contas a Receber, Contas a Pagar e Suprimentos (Compras e Almoxarifado), permitirá que o capital de giro da organização seja administrado de maneira mais eficiente.

19.6. ADMINISTRAÇÃO DE CONTRATOS

A implantação dos processos de terceirização nas organizações é uma tendência cada vez mais consolidada. O grande número de prestadores de serviços e fornecedores de materiais e produtos regido por contratos, faz a organização definir um setor específico para o gerenciamento dessas atividades. A área de "Controle e Avaliação" deve participar das atividades técnicas de negociação, celebração, monitoramento, avaliação dos contratos e respectivos controles.

Compete aos gestores de contratos, fiscalizar e acompanhar de maneira segura as tratativas formalizadas entre as partes (organização x fornecedores), salvaguardando os interesses da empresa, evitando exposições legais, custos desnecessários e desgastes, permitindo, dessa forma, uma verificação contínua e eficaz da obras, serviços e compra de materiais.

Ainda a essa administração cabe subsidiar as demais áreas da organização, informando sobre os principais pontos que influenciam na fiscalização dos contratos; as medições efetuadas pela contratada; o reembolso das despesas; alterações contratuais; exigências obrigatórias ou não; as responsabilidades contratuais (penais, civis, trabalhistas e previdenciárias); serviços não previstos etc.

O trabalho do gestor precisa estar em sincronia com a administração de recebimentos e de pagamentos, para que, conjuntamente, possam fornecer informações precisas ao complemento da administração do capital de giro da organização.

CAPÍTULO 20

NOÇÕES BÁSICAS DE MATEMÁTICA FINANCEIRA

20. NOÇÕES BÁSICAS DE MATEMÁTICA FINANCEIRA

Neste capítulo, o leitor terá noções básicas de utilização de matemática financeira que subsidiam profissional da área de Contas a Pagar e demais pessoas interessadas em conhecer estes recursos.

20.1. PORCENTAGEM

A expressão "por cento" significa centésimos. Para representá-la utiliza-se o símbolo "%". Assim, 30% (trinta por cento) significa o mesmo que 30/100 (trinta centésimos, ou ainda 0,30).

Exemplo: A imobiliária "Biasi & Pina", recebe 10% (dez por cento) de comissão para cada aluguel de imóvel que administra. Logo, para o valor do aluguel de R$ 5.000,00 (cinco mil reais) a imobiliária recebe R$ 500,00 (quinhentos reais) de comissão ou seja: 10% x R$ 5.000,00 = R$ 500,00.

Existem três maneiras de representar uma mesma porcentagem:

✓ Utilizando o símbolo % (10%, por exemplo);

✓ Fração decimal (10/100);

✓ Notação decimal (0,10).

20.2. JUROS

20.2.1. CONCEITO DE JUROS

a) do ponto de vista do detentor do capital, ou seja, aquele que empresta (ou aplica) o dinheiro, os juros representam a importância a ser recebida, a título de remuneração, pela cessão temporária de um capital (aqui, usado no sentido restrito de dinheiro).

b) do ponto de vista daquele que faz uso do capital, ou seja, aquele que toma o dinheiro emprestado, os juros representam a importância a ser paga, a título de despesa, pela utilização temporária de um capital.

20.2.2. TAXA DE JUROS

A unidade de referência para calcular a importância devida como juros é a *"taxa de juros"*. Ela representa uma determinada porcentagem sobre o capital, por unidade de tempo. Se, por exemplo, for depositada a quantia de R$ 10.000,00 (dez mil reais) em uma caderneta de poupança e, se esse capital rende R$ 600,00 (seiscentos reais) após um ano, a taxa de juros é de 6% (seis por cento) ao ano, assim obtido:

$$\frac{\text{R\$ 600,00}}{\text{R\$ 10.000,00}} = 6\% \text{ ao ano}$$

20.2.3. JUROS SIMPLES

Juros simples são aqueles calculados sempre com base no mesmo capital inicial, ao longo dos períodos de tempo. Isso equivale a dizer que o valor dos juros, em cada um dos períodos de tempo, será sempre igual.

Em função do conceito, verificamos que o montante total dos juros, em "n" períodos será:

$$J = n \times C \times i$$

nos quais:

- ✓ J = juros simples
- ✓ C = capital (capital inicial, principal, valor atual e valor presente)
- ✓ i = taxa de juros (por período de tempo)
- ✓ n = número de períodos de tempo

O período pode ser considerado como uma unidade de tempo, podendo ser ao ano, ao mês, ao dia.

Aplicando a fórmula ao exemplo da caderneta de poupança, visto há pouco, calcule quanto teríamos ao final de dois anos de aplicação, se a remuneração, pela taxa de juros de 6% ao ano, ocorresse segundo o método de juros simples.

J = ? C = R$ 10.000,00 i = 6% ao ano n = 2 anos

Utilizando-se a fórmula ***(J = C** x **i** x **n)***, temos o seguinte:

J = R$ 10.000,00 x 0,06 x 2 anos = R$ 1.200,00

Outros exemplos:

Capital Inicial	Período	Taxa	Juros	Saldo ao Final do Período
R$ 5.000.00	1º mês	1,3%	R$ 65,00	R$ 5.065,00
R$ 5.000,00	2º mês	1,2%	R$ 60,00	R$ 5.060,00
R$ 5.000,00	3º mês	1,4%	R$ 70,00	R$ 5.070,00

20.2.4. CONCEITO DE MONTANTE (A JUROS SIMPLES)

Montante é o valor de pagamento ou resgate de um capital inicial emprestado ou aplicado a uma taxa de juros, ao término de um certo número de períodos de tempo. Em outras palavras, o montante é igual ao capital inicial mais os juros. Logo, o valor montante (a juros simples) é obtido pela fórmula:

$$M = C + J$$

ou

$$M = C \times (1 + i \times n)$$

Aplicando a fórmula ao exemplo da poupança, que acabamos de estudar, calcule o montante ao final do segundo ano:

M = ? C = R$ 10.000,00 J= R$ 1.200,00

M = R$ 10.000,00 + R$ 1.200,00 = R$ 11.200,00

20.3. JUROS COMPOSTOS

20.3.1. CONCEITO DE JUROS COMPOSTOS

Os juros compostos são aqueles calculados com base no capital inicial, mais o valor dos juros gerados até o período imediatamente anterior (juros sobre juros). Com o valor dos juros de um período passa a produzir rendimentos no período seguinte, o valor, período a período, será sempre de valor presente.

20.3.2. FÓRMULA DE JUROS COMPOSTOS

O cálculo do valor dos juros compostos é feito com a utilização da fórmula a seguir:

$$J = C \times (1 + i)^n - 1$$

em que:

- ✓ J = juros compostos
- ✓ C = capital
- ✓ i = taxa de juros por período de tempo
- ✓ n = número de período de tempo

Como exemplo, demonstramos o quadro abaixo:

Capital Inicial	Período	Taxa	Juros	Saldo ao Final do Período
R$ 5.000.00	1º mês	1,3%	R$ 65,00	R$ 5.065,00
R$ 5.000,00	2º mês	1,2%	R$ 60,00	R$ 5.125,78
R$ 5.000,00	3º mês	1,4%	R$ 70,00	R$ 5.194,54

20.3.3. CONCEITO DO MONTANTE A JUROS COMPOSTOS

O valor do montante de um capital inicial "C" ao final de "n" períodos de tempo, a juros compostos, é obtido pela fórmula:

$$M = C \times (1 + i)^n$$

"M " é o montante e as demais variáveis já foram vistas.

Utilizando-se o mesmo exemplo das cadernetas de poupança, empregadas em juros simples, calcule o valor dos juros e do montante. Sabemos que:

- ✓ ***C = R$ 10.000,00***
- ✓ ***i = 6% ao ano***
- ✓ ***n = 2 anos***

M = R$ 10.000,00 x $(1 + 0{,}06)^2$ = **R$ 11.236,00**

J = M – C = R$ 11.236,00 – R$ 10.000,00

J = R$ 1.236,00

CAPÍTULO 21

MATEMÁTICA FINANCEIRA APLICADA AO CONTAS A PAGAR

21. MATEMÁTICA FINANCEIRA APLICADA AO CONTAS A PAGAR

Há determinados momentos, na área de Contas a Pagar, nos quais é necessário que os profissionais utilizem os fundamentos de matemática financeira elementar, para melhor desempenhar as suas funções. Eis algumas dessas utilizações.

21.1. REAJUSTAMENTO DE PREÇOS APLICADOS AO SISTEMA DE CONTAS A PAGAR

Dentro do sistema de contas a pagar, há vários processos de compra que, na fase de conferência do documento de contratação (pedido de compra ou contrato) como documento de efetivação (nota fiscal ou recibo do fornecedor), deve passar pelo cálculo do reajuste de preços.

No reajuste de preços há basicamente duas fórmulas: uma para obtenção do valor do reajuste de preços e outra para obtenção do valor reajustado (o mesmo que valor atualizado ou corrigido).

21.2. FÓRMULA PARA REAJUSTE DE PREÇOS

O valor do reajuste de preço calculado com base na variação de um determinado índice de inflação, dentro de um intervalo de tempo, é obtido pela fórmula:

$$R = VB \times \frac{(In - Io)}{Io}$$

onde,

- ✓ R = valor do reajuste de preços (valor da correção monetária ou atualização monetária)
- ✓ VB = valor base contratual (o mesmo que o valor histórico ou valor original)
- ✓ In = índice correspondente ao último mês do intervalo de tempo considerado
- ✓ Io = índice correspondente ao primeiro mês do intervalo de tempo considerado, ou seja, o mês base.

21.3. FÓRMULA DO VALOR REAJUSTADO

O valor do reajuste de preço, calculado com base na variação de um determinado índice de inflação, dentro de um intervalo de tempo, é obtido pela fórmula:

$$VR = VB + R$$

sendo:

- ✓ VR = valor reajustado (corrigido ou atualizado)
- ✓ VB = valor base contratual (o mesmo que valor histórico ou

valor original)

✓ R = valor do reajuste de preço (valor da correção monetária ou atualização monetária), obtido conforme fórmula anterior.

Se utilizarmos o valor de R da primeira fórmula, obteremos, para o valor reajustado o seguinte:

$$VR = \frac{VB \times In}{Io}$$

Como ilustração, podemos exemplificar ao leitor a seguinte situação:

A Empresa Modelo S.A. contratou os serviços de desenvolvimento de sistemas (*software*) da empresa "Lewin & Miranda", no valor de R$ 144.500,00, e a conclusão dos serviços está prevista para 18 meses da data da contratação. No momento do contrato, ficou acertado que o valor seria reajustado, considerando-se o índice de reajuste estabelecido pelos órgãos competentes (FGV, por exemplo).

Na época da contratação, o valor do determinado índice estava definido em 1,035. No mês de pagamento do compromisso assumido, que servirá como base para aplicação da variação, o índice era de 1,125. Com base nas informações acima, vamos definir a atual dívida que a Empresa Modelo tem com a contratada (Lewin & Miranda).

Considerando a fórmula anteriormente explicada, temos a seguinte resolução:

VR = valor do reajuste que pretendemos determinar

VB = valor base de contrato (R$ 144.500,00)

In = Índice correspondente ao último mês (1,125)

Io = Índice correspondente ao primeiro mês, ou seja, mês da contratação dos serviços (1,035).

$$VR = \frac{VB \times In}{Io} = \frac{R\$\ 144.500{,}00 \times 1.125}{1.035} = R\$\ 157.065{,}22$$

O valor de reajuste (VR) é de R$ 157.065,22

21.4. UTILIZANDO A PLANILHA ELETRÔNICA

Para as atividades do dia-a-dia, os profissionais do Contas a Pagar, podem utilizar os recursos disponíveis em planilhas eletrônicas (Excel) para obtenção dos cálculos desejados, com maior rapidez e otimização nas suas tarefas.

Serão apresentados em seguida, os recursos oferecidos pelo Excel, com objetivo de fornecer ao leitor esclarecimentos adicionais sobre sua utilização. Nota: registramos que é necessário que o leitor conheça e utilize os recursos mais usuais desta modalidade de planilha.

Primeiramente, a simbologia utilizada no Excel:

Símbolo	**Significado (português)**
VP	Valor Presente
VF	Valor Futuro
TAXA	Taxa de juros
NPER	Período de tempo
PGTO	Pagamentos periódicos constantes

21.4.1. CALCULANDO O VALOR PRESENTE DE UM PAGAMENTO FUTURO

Vamos então, calcular o valor presente de um pagamento a um fornecedor previsto para ocorrer em momento futuro.

O exemplo: um fornecedor propõe um valor de $ 10.235,00 para pagamento em 28 dias. Sabendo que a taxa de juros da empresa compradora é 2,52% ao mês, qual o valor para pagamento à vista (valor presente)?

Com uma planilha de trabalho Excel aberta digitar na coluna A os símbolos financeiros, conforme consta da figura abaixo:

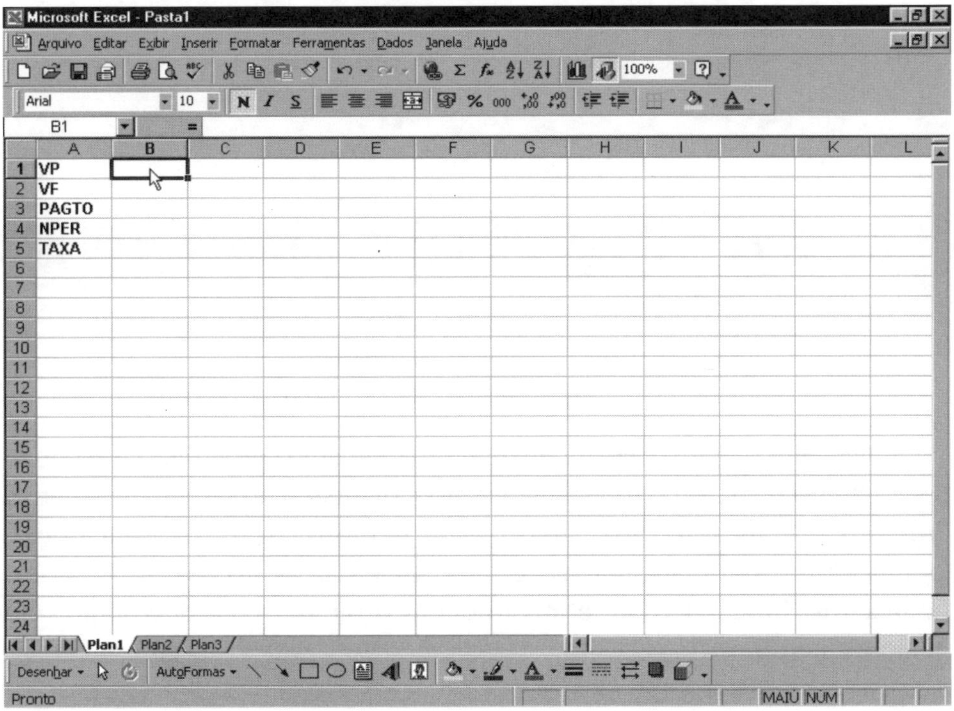

As células da coluna B, compreendendo as linhas de 2 a 5, serão preenchidas com os dados do problema. Veja abaixo:

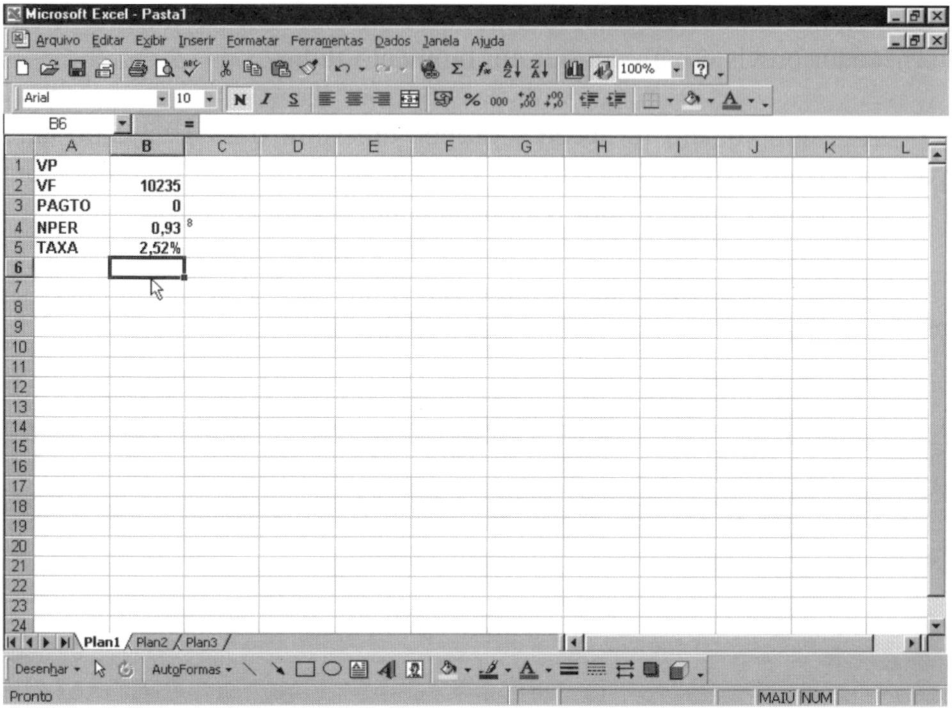

O período(NPER) deve ser expresso em meses. Dividir 28 por 30, que leva o valor da célula.

Na célula "B1", correspondente a VP, devemos procurar, no menu, a opção "*Inserir*". Com o mouse, ativar esse recurso e procurar a alternativa "*função*". Mais uma vez, ativar com o mouse e escolher a opção "*financeira*". Automaticamente, estarão expostas as opções de símbolos financeiros. Procurar o VP e ativá-la com o mouse, com dois toques no botão esquerdo.

Imediatamente se abrirá uma janela conforme abaixo:

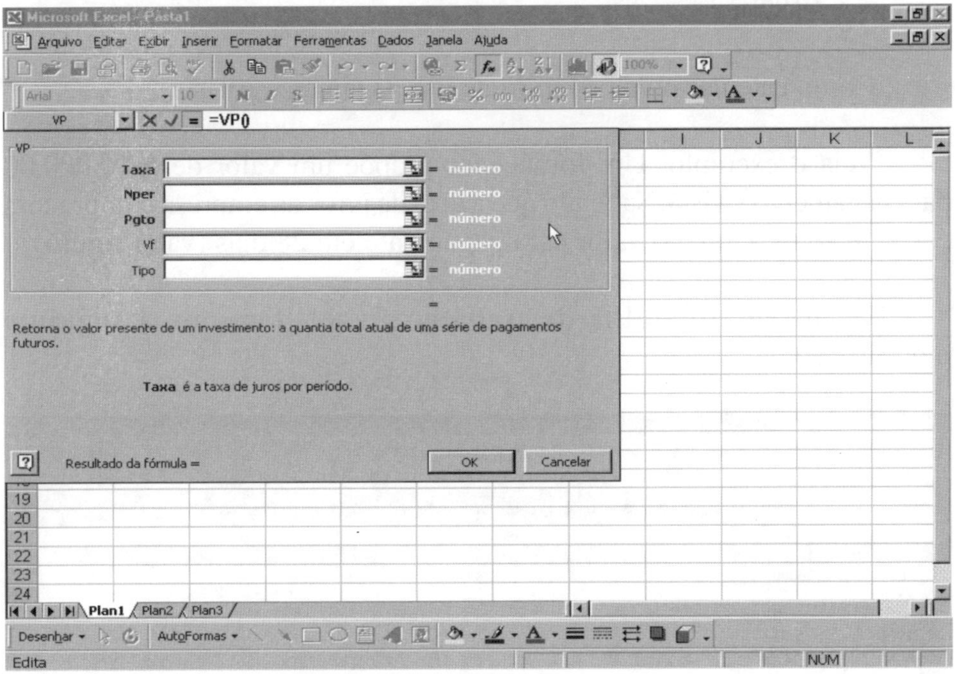

Nos espaços relativos aos parâmetros financeiros, digite os endereços correspondentes, conforme abaixo:

Taxa B5

Nper B4

Pagto B3

VF B2

Tipo .... 0 [1]

Assim que terminar a digitação, posicione o cursor do mouse no "*OK*" e aperte o botão esquerdo do mouse. O valor presente aparecerá na célula B1. Será 10.000,00, com sinal negativo, de modo semelhante ao que ocorre com as calculadoras financeiras.

[1] *O algarismo 0 define que os pagamentos ocorrem no final de cada período, como de fato acontece.*

21.4.2. CALCULANDO O VALOR FUTURO DE UM PAGAMENTO À VISTA

Como calcular o valor futuro de um pagamento à vista?

Veja o exemplo: Um fornecedor propõe um valor de $ 10.000,00 para pagamento à vista. Sabendo que a taxa de juros da empresa compradora é 2,52% ao mês, qual o valor para pagamento em 28 dias (valor futuro)?

Na mesma planilha de trabalho Excel, faremos a seguinte modificação:

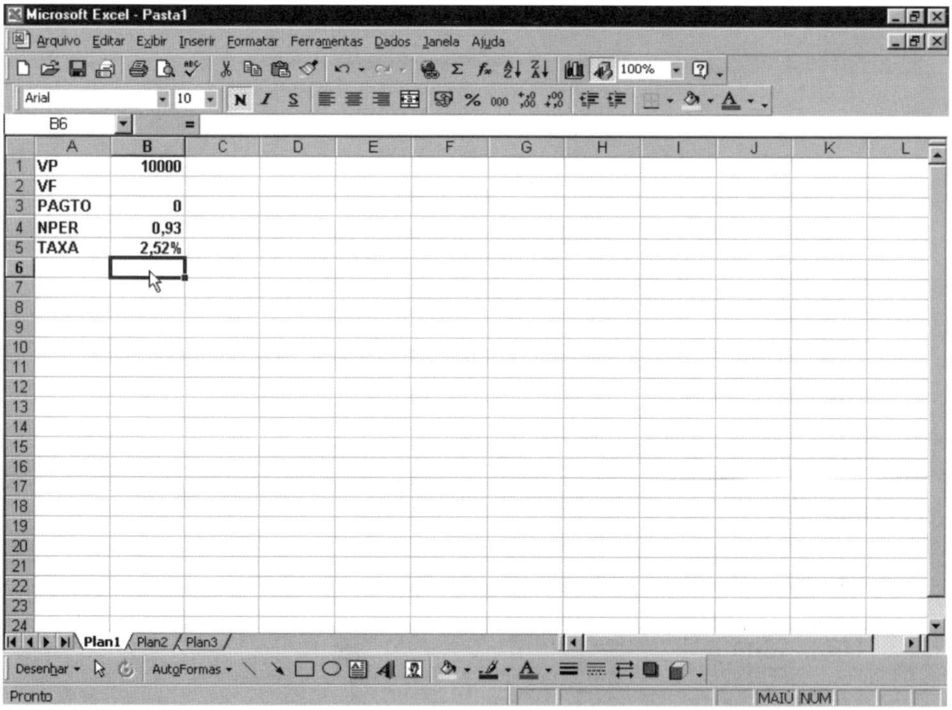

Na célula "B2" correspondente a VF, devemos procurar, no menu, a opção "*Inserir*". Com o mouse, ativar esse recurso e procurar a alternativa "*função*". Mais uma vez, ativar com o mouse e escolher a opção "*financeira*". Automaticamente estarão expostas as opções de símbolos financeiros. Procurar o VF e ativá-la com o mouse, com dois toques no botão esquerdo.

Imediatamente se abrirá uma janela conforme abaixo:

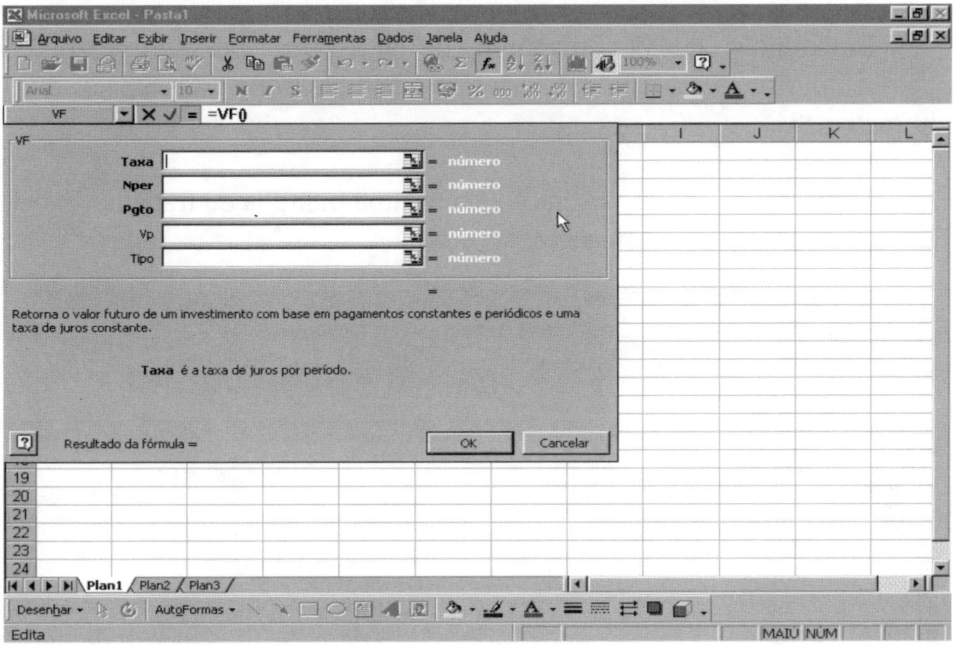

Nos espaços relativos aos parâmetros financeiros, preencha as células conforme abaixo:

Taxa B5

Nper B4

Pagto B3

VP B1

Tipo .... 0 [1]

Assim que terminar a digitação, posicione o cursor do mouse no "*OK*" e aperte seu botão esquerdo. O valor futuro aparecerá na célula B2. Será de 10.235,00, com sinal negativo.

[1] *O algarismo 0 define que os pagamentos ocorrem no final de cada período, como de fato acontece.*

21.4.3. CALCULANDO A TAXA DE JUROS

Em muitas ocasiões, dispomos de duas propostas com prazos de pagamento diferentes. Como determinar a taxa de juros associada às duas alternativas?

Utilizando o mesmo exemplo e a mesma planilha de trabalho Excel, faremos a seguinte modificação:

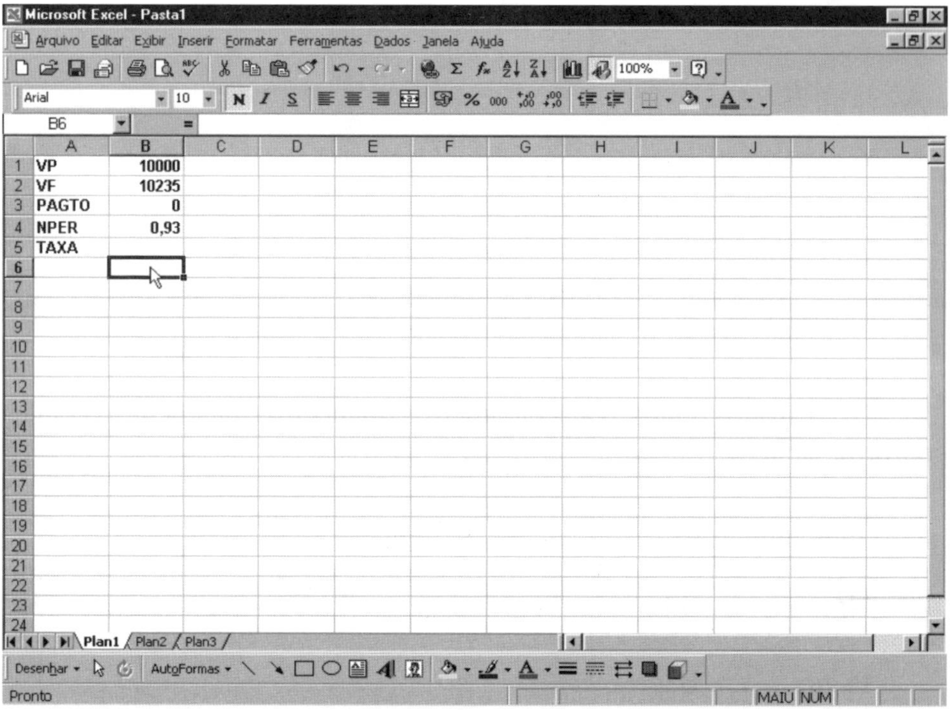

Na célula "B5", correspondente a TAXA, utilizar, no menu, a opção "*Inserir*". Ativar esse recurso e escolher a alternativa "*função*". "Clique" com o mouse e, em seguida, selecione a opção "*financeira*". Automaticamente estarão expostas as opções de símbolos financeiros. Procurar "TAXA" e ativá-la com o mouse, com dois toques no botão esquerdo.

Imediatamente se abrirá uma janela conforme abaixo:

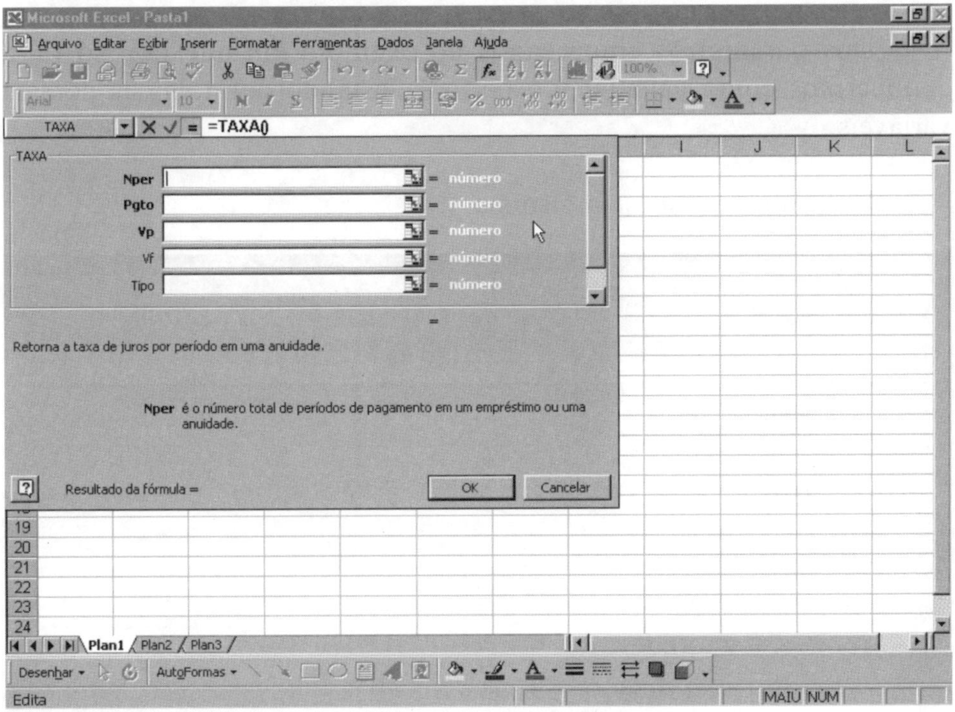

Nos espaços relativos aos parâmetros financeiros digite:

Nper B4

Pagto B3

VP B1

VF B2

Tipo 0

Assim que terminar a digitação, posicione o cursor do mouse no "*OK*" e aperte seu botão esquerdo. A TAXA aparecerá na célula B5 e o valor será 2,52, se o formato da célula estiver definido para duas casas depois da vírgula.

21.4.4. CALCULANDO O PERÍODO

Dos parâmetros empregados no exemplo em questão, só falta explicarmos como calcular um período, estando definidas as demais variáveis.

Utilizaremos a mesma planilha:

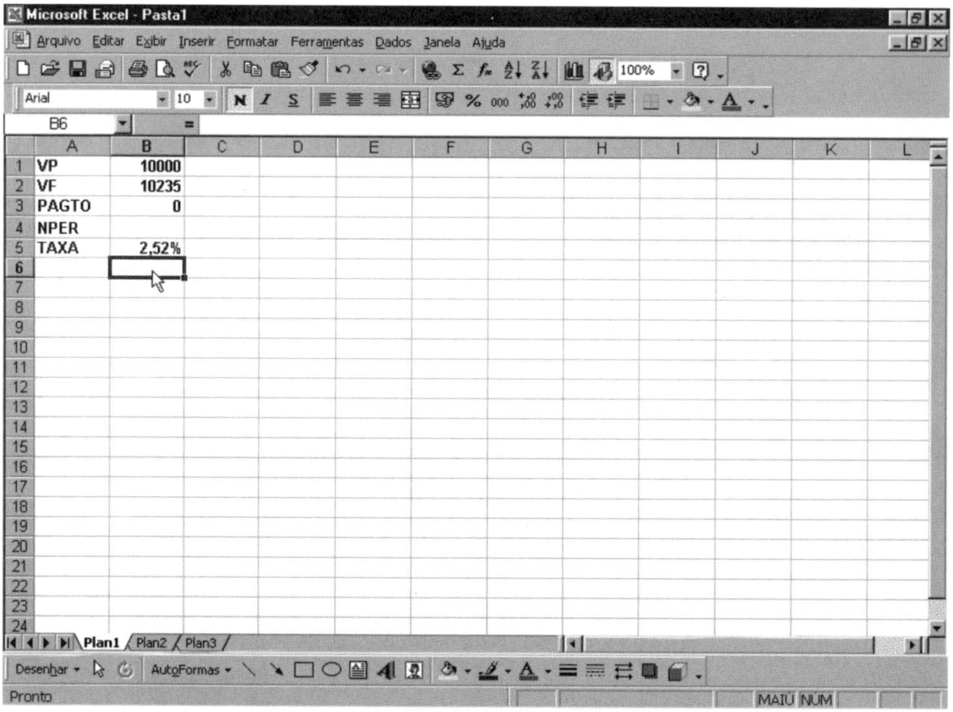

Na célula "B4", correspondente a NPER, escolher, no menu, a opção "*Inserir*". Acionar esse recurso com o mouse e escolher a alternativa "*função*". Em seguida, ative a opção "*financeira*". Automaticamente, estarão expostas as opções de símbolos financeiros. Procurar "NPER" e ativá-la com o mouse, com dois toques no botão esquerdo.

Imediatamente se abrirá uma janela conforme abaixo:

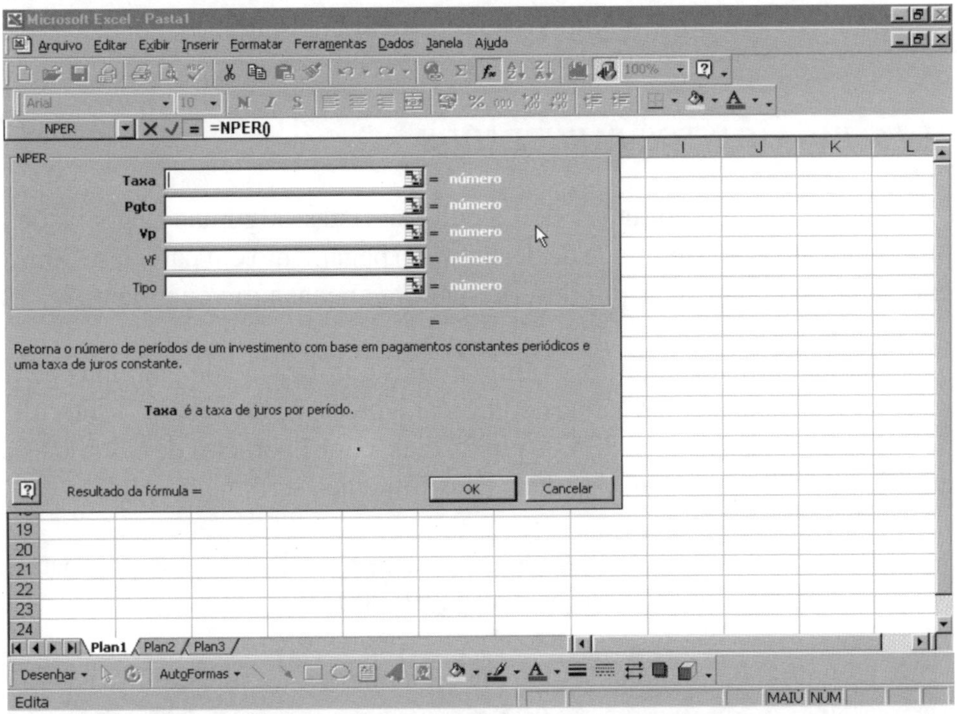

Nos espaços relativos aos parâmetros financeiros digite, nos endereços correspondentes:

TAXA B5

Pagto B3

VP B1

VF B2

Tipo 0

Assim que terminar a digitação, posicione o cursor do mouse no "*OK*" e aperte seu botão esquerdo. O período aparecerá na célula B4 e o valor será 0,93 se o formato da célula estiver definido para duas casas depois da vírgula. Observe que o resultado indica o número de meses. Caso queira saber quantos dias são, na célula ao lado insira uma fórmula multiplicando esse resultado por 30, e o número de dias ficará definido. Serão 28!

21.4.5. PAGAMENTOS PARCELADOS

Além das modalidades de cálculo já vistas, algumas negociações proporcionam a possibilidade de desdobrar o pagamento em parcelas. Como comparar tal condição com outra oferta com apenas um vencimento?

Nesta parte do capítulo, examinaremos a utilização de planilhas para resolver a questão acima. Vamos comparar a proposta do exemplo anterior, de um desembolso de $ 10.235,00 em 28 dias, com 3 parcelas de $ 3.500,00, em 30, 60 e 90 dias. Qual das duas possibilidades será melhor?

Para conduzir a escolha, identificaremos o VP das duas propostas. No primeiro caso, já calculamos o VP, $ 10.000,00.

Usando uma planilha semelhante à anterior:

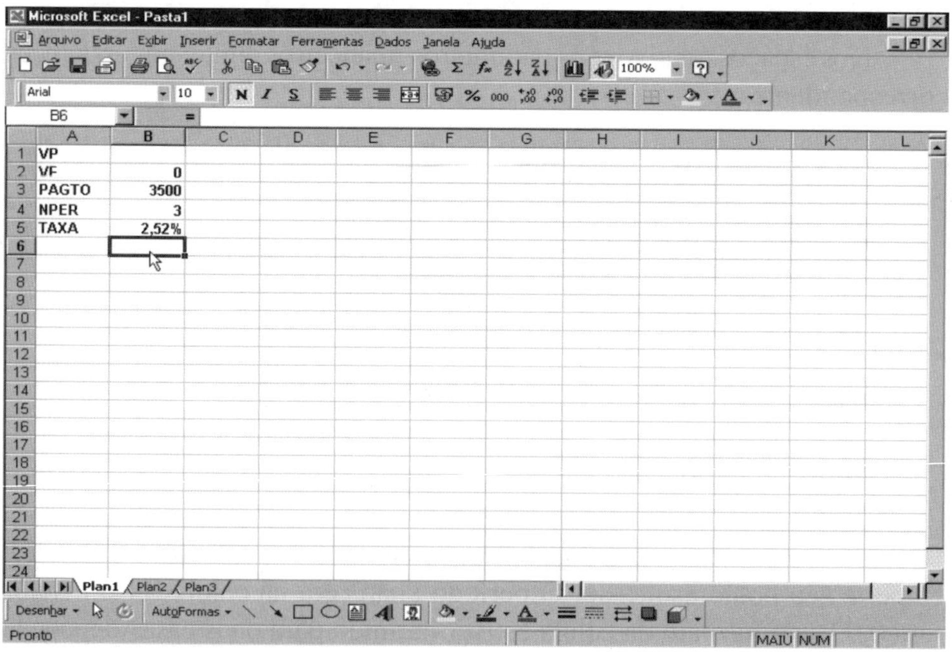

Na célula correspondente a VP escolher, no menu, a opção "*Inserir*". Ative esse recurso com o mouse e escolha a alternativa "*função*". Em seguida, selecione a opção "*financeira*". Automaticamente, estarão expostas as opções de símbolos financeiros. Procurar "VP" e, posicionando o cursor do mouse nele, pressionar duas vezes o botão esquerdo.

Imediatamente se abrirá uma janela conforme abaixo:

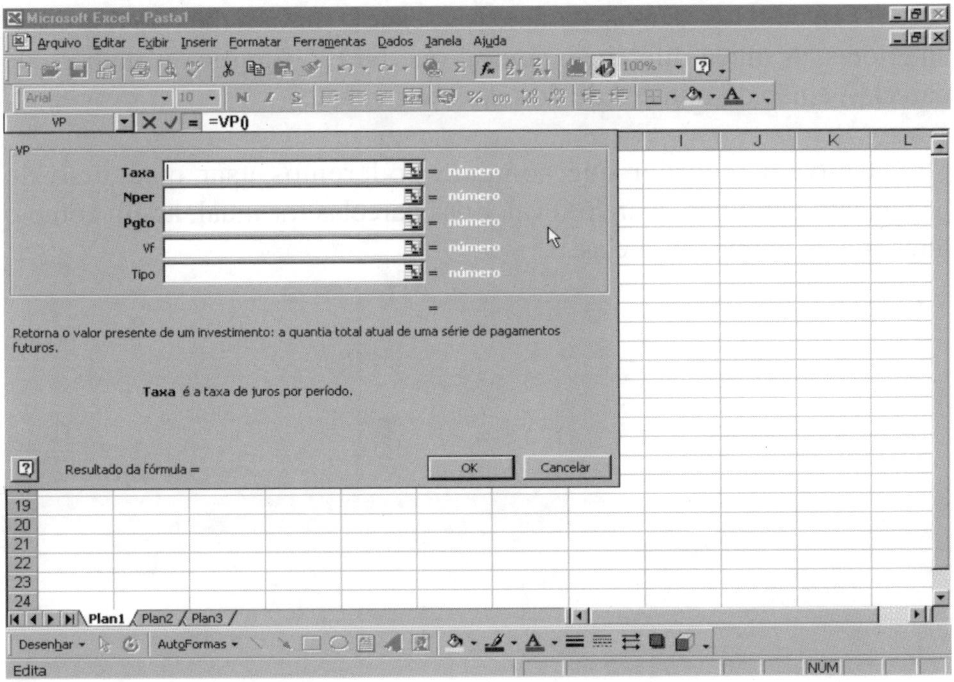

Nos espaços relativos aos parâmetros financeiros, digite, nos endereços correspondentes:

TAXA B5

Pagto B3

Nper B4

VF B2

Tipo 0

Assim que terminar a digitação, escolher "*OK*" com o mouse e apertar o seu botão esquerdo.

O valor presente estará, então, definido. O valor 9.992,22, com sinal negativo, aparecerá na célula B1. Percebemos, assim, que esta segunda proposta é melhor que a anterior, pois seu VP é menor.

O cálculo dos demais parâmetros segue o mesmo método dos casos anteriores. A única diferença, aqui, é que NPER significa o número de parcelas, e não do número de dias para pagamento.

Convém recordar que somente poderemos usar o recurso do pagamento periódico quando o valor das parcelas for igual, assim como o intervalo de tempo entre elas.

CAPÍTULO 22

ABORDAGEM EM ORGANIZAÇÃO, SISTEMAS E MÉTODOS

22. ABORDAGEM EM ORGANIZAÇÃO, SISTEMAS E MÉTODOS

22.1. ATRIBUIÇÕES BÁSICAS DE ORGANIZAÇÃO, SISTEMAS E MÉTODOS

Seja através de especialistas em O&M ou de grupo específico de mudança, as atribuições básicas desse trabalho, para fazer o diagnóstico organizacional e implementação das mudanças sugeridas, são as seguintes:

- identificar novas áreas, processos, atividades ou sistemas, nos quais a aplicação de mudança, seja compatível com os interesses da organização;

- dimensionar os recursos humanos, materiais, tecnológicos e equipamentos tecnológicos necessários aos programas e processos de mudança;

- efetuar levantamento de dados dos sistemas existentes com as diversas áreas da organização, a fim de identificar:

✓ objetivos políticos e normas existentes;

✓ procedimentos e métodos de trabalho adotados;

✓ carga de trabalho e volume de informações de cada área envolvida;

✓ fluxo do sistema, processos e formulário utilizado;

✓ lay-out e recursos disponíveis das áreas envolvidas com o sistema.

- analisar os dados para identificar:
  - ✓ se há compatibilidade entre eles;
  - ✓ os pontos críticos dos sistemas ou dos processos;
  - ✓ a existência de possíveis falhas nos pontos de controle;
  - ✓ se a distribuição ou utilização dos recursos disponíveis (pessoal, lay-out, equipamentos etc), não é apropriada;
- propor soluções para os problemas, sugerindo a criação, alteração ou cancelamento de diretrizes, normas e procedimentos administrativos ou operacionais;
- desenvolver ou participar na proposição e implantação de novos sistemas ou processos administrativos ou operacionais;
- participar do treinamento aos usuários, quando da implantação de novos sistemas, processos ou métodos de trabalho;
- acompanhar a manutenção dos novos processos, atividades ou sistemas implantados, promovendo a sua revisão ou alteração, quando for o caso;
- zelar pela perfeita utilização dos padrões estabelecidos.

22.2. MUDANÇA ORGANIZACIONAL

Há um ditado popular que diz que nada é certo, à exceção da morte, dos impostos e da mudança. Nas últimas décadas, as empresas vêm sofrendo transformações acentuadas e as previsões indicam que esse processo está cada vez mais acelerado.

Para sua sobrevivência organizacional, as empresas devem estar em constante processo de mudança. O fenômeno MUDANÇA é um dos grandes marcos do mundo atual, resultante de contínuas transformações em vários segmentos, seja político, econômico, tecnológico, entre outros. As organizações precisam buscar a MUDANÇA.

Essa palavra tem o seguinte significado para a organização: *"sair de uma determinada posição para uma nova"*. Neste caso, os administradores devem ter consciência da posição em que a organização se encontra e conhecer melhor ainda a que posição pretende deslocar-se, seja no mercado, sistemas ou sociedade.

Mudar também é *"substituir uma coisa por outra, dar nova direção"*. A organização, aqui precisa providenciar novas estratégias com alterações nas suas metas, na sua missão, nas suas prioridades, utilizando recursos disponíveis (humanos, materiais ou tecnológicos). Uma das conceituações de palavra está em *"dispor elementos de outro modo"*, ou seja, modificar a configuração dos processos internos, sem alterar sua qualidade intrínseca.

Outro sentido para a palavra é *"transformar-se em algo diferente do que era"*, com relação à cultura e à estrutura organizacional. Nesse particular, as mudanças seriam alterações nos processos de decisão dos vários níveis da organização, de autoridade e responsabilidade, e de controle administrativos ou operacionais.

Vários e diferentes fatores de mudança (forças desestabilizadoras) influenciam e afetam a organização, sempre de maneira continuada.

Esses fatores se originam tanto no contexto interno da organização, como também, em fatores externos, ou combinados. Para conviver com isso a organização necessitará ajustes e acertos.

Novos critérios e procedimentos de controle a ser implantados na Organização, em função dos assuntos tratados neste livro, também são considerados fatores de mudança, em função das novas políticas e diretrizes implementadas. Esta é uma das razões pelas quais abordaremos o assunto para ajudar os administradores a se engajar neste processo de transformação organizacional.

22.2.1. FATORES EXTERNOS DE MUDANÇA

Os fatores externos de desestabilização resultam de mudanças sociais (crenças, valores, atitudes da sociedade que buscam outros bens ou serviços), políticas (determinadas pela opção ideológica do grupo que detém o poder), econômicas (ocasionadas, por exemplo, pela recessão, aumento do desemprego, crescimento da demanda dos serviços etc), educacionais, culturais ou tecnológicas.

Quando as mudanças ocorrem por influência externa são mais significativas, já que a organização possui pouco controle sobre esse meio. É claro que a empresa deve interagir com o ambiente externo, por uma questão de sobrevivência. Porém, é necessário também considerar que os componentes e recursos para o desenvolvimento das atividades na busca de seus objetivos estão no ambiente externo, ou seja, seus fornecedores, sua mão-de-obra, seus recursos físicos e financeiros e seus clientes. Qualquer coisa que altere o ambiente externo poderá modificar as operações da organização, redirecionando suas políticas, metas, procedimentos, objetivos, missão. Desta forma, essas alterações pressionam na direção da mudança.

Na figura 22.1 as forças externas de transformação nas organizações:

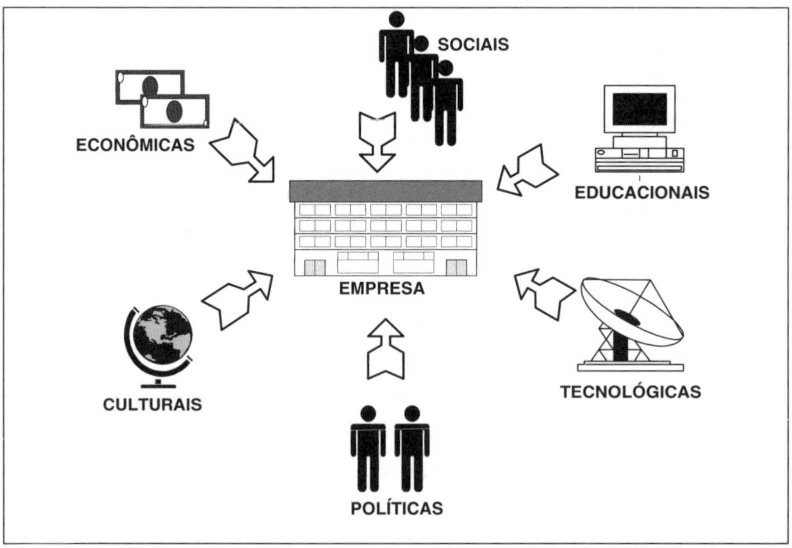

Fig. 22.1. Forças externas de transformação nas organizações

22.2.2 FATORES INTERNOS DE MUDANÇA

As forças de mudança poderão surgir também na própria organização. Por exemplo, quando define novas metas organizacionais, alterando processos e métodos de trabalho, incorporando novas tecnologias. Contratando novos profissionais (em nível de diretoria), fará este fator de mudança resultar na fixação de novos objetivos.

Sendo excedente o recurso financeiro da organização propiciará novas oportunidades de desenvolvimento e de crescimento. Recursos escassos, também resultarão em mudanças nos objetivos e processos, para sua sobrevivência. Em ambos os casos, os recursos financeiros, podem alterar substancialmente o perfil da organização.

A atitude dos colaboradores (empregados) na organização também influencia mudanças nas políticas e práticas da administração.

Na figura 22.2 as forças desestabilizadoras internas na organização:

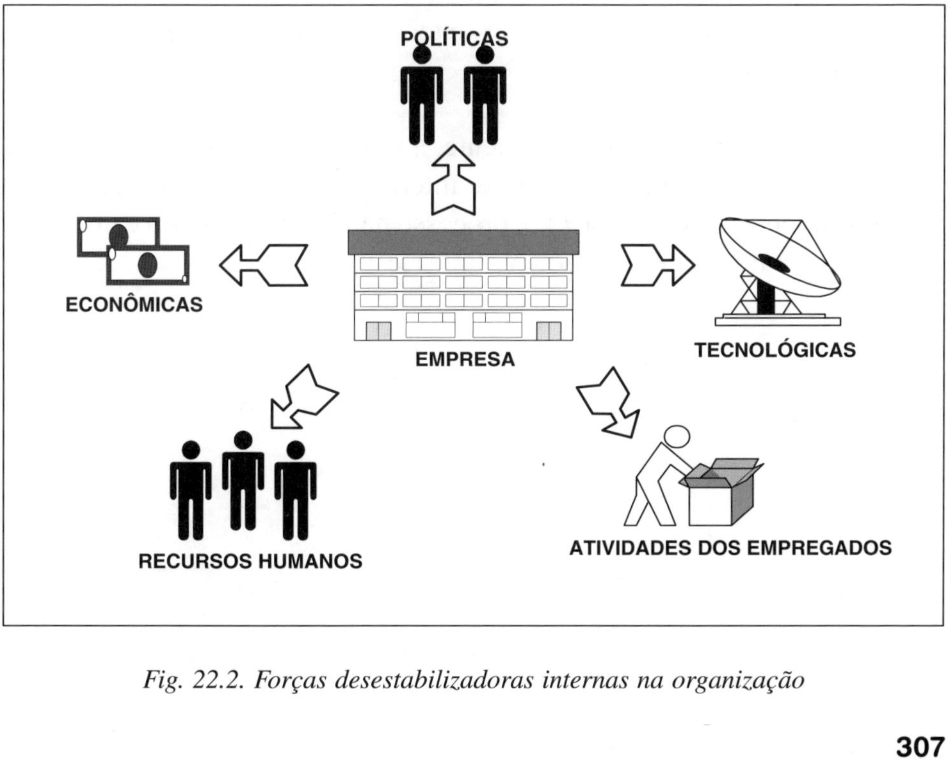

Fig. 22.2. Forças desestabilizadoras internas na organização

22.2.3. PROCESSO DE MUDANÇA

É claro que todo processo de mudança vai gerar oportunidades, no nível de negócios, de processos, de métodos, de recursos financeiros etc, e também indecisões, incertezas, dúvidas.

A organização será mantida, se com os ajustes propostos for possível administrar tais forças. Independentemente disso, o resultado será uma organização alterada. Na hipótese dos ajustes não esperados, o processo terá que ser reiniciado, tentando novamente outras adaptações.

Qualquer empresa em processo de transformação seja qual for seu conhecimento, técnica, procedimentos, valores etc., está num ambiente em que nada é eterno ou estático. Pode-se estender esse conceito ao profissional que aprende no trabalho, nas instituições acadêmicas e detém informações que se tornam obsoletas com o passar do tempo e, obviamente com muita rapidez.

A reciclagem da organização ou das pessoas torna-se obrigatória, o que irá proporcionar mais oportunidades. Pessoas e empresas precisam aprender diferentes tarefas e funções, e ter consciência de como mudá-las, de forma contínua e permanente.

Como mencionado anteriormente, a organização sempre está sujeita a situações mutáveis, tanto no âmbito interno como no externo, de acordo com as influências. Na figura 22.3, processo natural de mudança é ilustrado, bem como os níveis de decisão:

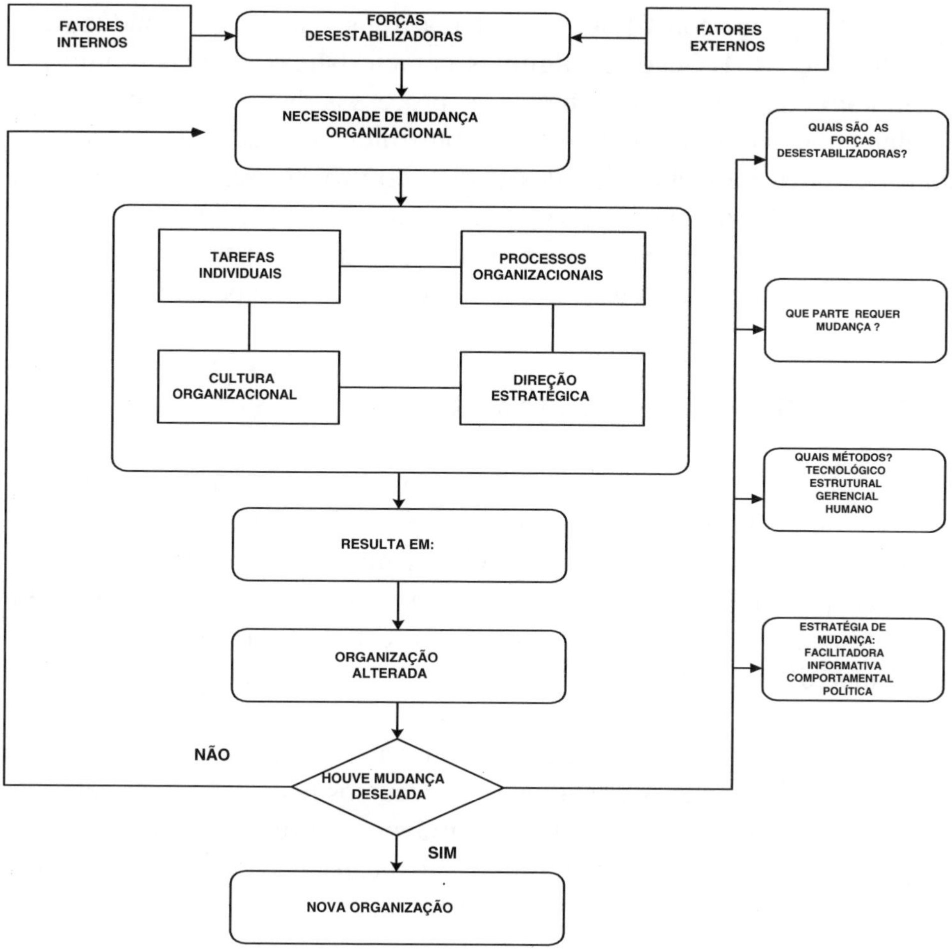

Fig. 22.3. Processo de mudança e níveis de decisão[1]

22.2.4. INICIANDO O PROCESSO DE MUDANÇA

Deverá ser formado um grupo de trabalho, sob a liderança de um gerente de mudança, com autoridade e responsabilidade das ações efetuadas no processo. Para isso, o responsável pelas decisões a se implementar é uma necessidade organizacional.

[1] *Marcos Kisil e Tânia Regina G. B. Pupo - Saúde e Cidadania: Gestão da Mudança Organizacional, 1988.*

Este grupo, constituído de líderes transformadores, conduzirá as transformações. E deve ter algumas características básicas, como por exemplo: conhecer detalhadamente os processos da unidade ou tarefas a implementar, ter visão do futuro a ser construído, a capacidade de trabalhar com os outros na elaboração das tarefas do projeto, ser flexível para se adaptar ativamente, poder servir e ser capacitado a conduzir o processo, saber usar o conhecimento e a informação, motivar os participantes, saber escutar e comunicar-se e ter compromisso ético com o papel de líder.

22.2.5. DIAGNÓSTICO ORGANIZACIONAL

Compete ao grupo realizar um diagnóstico organizacional, com objetivo de conhecer a atual situação. Este conjunto de informações não é único e deve ser elaborado em diversos momentos: poderá variar, de processo para processo, em função da complexidade da mudança, de quem executou, dos objetivos, das variáveis a estudar, das características e amplitude do evento, entre outros.

Para a sua realização, define-se com antecedência que: os objetivos a se alcançar sejam claros e tangíveis; os recursos necessários para efetivá-los; que se conheça o conjunto de variáveis a estudar; estabelecidas as etapas para viabilização; que o grupo esteja capacitado para executar suas atividades; e, por fim, aprovada a implementação proposta.

O diagnóstico organizacional consiste em obter dados de um sistema/ subsistema, processo ou atividade, para juntar e analisar, decidindo de forma eficiente como utilizá-los, com posterior elaboração de resultados de melhoria, de otimização de controles, racionalização de procedimentos, alterações de políticas e diretrizes.

Estudos técnicos e ferramentas específicas de O&M (Organização e Métodos) são úteis e indispensáveis para o conhecimento e avaliação dos processos em estudo.

22.2.6. IMPLANTANDO MUDANÇAS

Concluído o diagnóstico, o grupo deverá ter identificado os processos nos quais é preciso operar mudanças. Esses "líderes transformadores" também têm de expor com precisão um plano estratégico de mudança, para atingir os objetivos traçados.

No plano das estratégias, é necessário considerar o tempo para a execução das mudanças; a amplitude das alterações propostas; a disponibilidade de recursos humanos, materiais e financeiros; os riscos da organização em face das mudanças e a sua capacidade de absorver e manter os novos processos.

As estratégias somente serão válidas, se as propostas trouxerem benefícios e vantagens; forem coerentes e consistentes com as demais políticas, diretriz e missão estabelecidas e, além disso, adaptados aos demais processos de forma econômica e técnica.

Num processo de implantação, a empresa poderá optar pelo melhor método sugerido pelo grupo, em função do diagnóstico. A utilização de tecnologia, com o método alternativo de mudança afetará parte ou toda a estrutura. Atualmente, as organizações buscam a excelência da qualidade, seja nos seus produtos ou serviços. A incorporação de novas tecnologias é premissa básica para o aprimoramento das atividades, dos processos administrativos, operacionais e financeiros.

É certo também que a utilização de métodos tecnológicos pode exigir desembolsos substanciais para aquisição de equipamentos, espaços físicos apropriados, recrutamento de profissionais capacitados e implantação de sistemas específicos.

Outro método utilizado seria o estrutural. Dentro da sua organização a entidade define a divisão dos trabalhos através da autoridade e responsabilidade. A mudança estrutural corresponde a uma redistribuição de poderes. Quanto mais complexa a organização, maior o número de unidades (gerências, departamentos, setores, seções) e maior será a divisão da autoridade delegada.

A descentralização do poder constitui um processo de mudança. Organizações cuja política é restringir decisões a um pequeno grupo, normalmente situado na cúpula hierárquica, tendem a mais rigidez na sua operação e têm poucas inovações e mudanças estruturais. São as chamadas empresas com estrutura pouco flexibilizada. As empresas descentralizadas estão mais adaptadas aos processos de mudança. Nestas, as chances de modificações são factíveis, em função do acesso às informações, da diversidade de opiniões e do perfil somado ao talento dos profissionais que compõem seus quadros funcionais.

Nas centralizadoras, pelo contrário, a frase "as pessoas não temem a mudança, temem a perda", vem ao encontro dos preceitos deste tipo de cultura organizacional.

As pessoas estão em contínua mudança, por causa de novas habilidades para desempenhar tarefas, dos conhecimentos adquiridos, das reflexões, maturidade, experiência, treinamento, cursos etc. Essa constatação serve de base para um outro método de mudança, a humana.

Independentemente dos métodos citados, o enfoque é sempre dirigido ao recurso humano inserido no processo, tecnológico ou estrutural.

Marcos Kisil e Tânia Regina Pupo (Gestão de Mudança Organizacional) definem que num processo de mudança devem ser aceitas certas premissas sobre os comportamentos de uma organização, tais como:

- ✓ a maioria dos participantes é motivada a buscar o crescimento e o desenvolvimento pessoal;
- ✓ a maioria deseja e é capaz de participar de maneira positiva nas mudanças organizacionais;
- ✓ todos os participantes são críticos em relação ao processo de mudança.

22.3. CLASSIFICAÇÃO ABC e CLASSIFICAÇÃO XYZ

Instrumentos utilizados basicamente na área de Administração de Materiais, as classificações ABC e XYZ em muito podem auxiliar no desempenho do setor de Contas a Pagar.

Inúmeros colegas desconhecem a utilidade que essas classificações apresentam para a realização de nosso trabalho com mais facilidade e agilidade.

Nas empresas é comum algum funcionário se queixar de estar sobrecarregado, não tendo condições para executar todas as tarefas que lhes é atribuída. O que realmente ocorre é que ele trabalha de modo desordenado, com grande desperdício de tempo em assuntos de importância secundária.

Essas situações, muito mais comuns do que seriam desejadas, demonstram o despreparo de algumas pessoas para estabelecer prioridades com finalidade de realizar corretamente seu trabalho.

Por essa razão, falaremos, agora, sobre dois critérios de classificação. O primeiro deles será a classificação ABC (valor) e, o outro, a classificação XYZ (essencialidade).

22.3.1. CLASSIFICAÇÃO ABC

O primeiro critério que abordaremos, a classificação ABC, consiste em um instrumento classificatório, de natureza quantitativa, baseada nos valores.

Desenvolvida por Pareto, um economista italiano, em fins do século passado, a classificação ou curva ABC foi concebida para demonstrar a má distribuição de renda entre a população da Itália.

Na sua forma original, em termos de um gráfico cartesiano, permitia constatar que apenas uma pequena parcela da população detinha grande parte da renda italiana.

Na figura 22.4 a representação gráfica da classificação ABC, para a distribuição de renda na Itália, no século XIX.

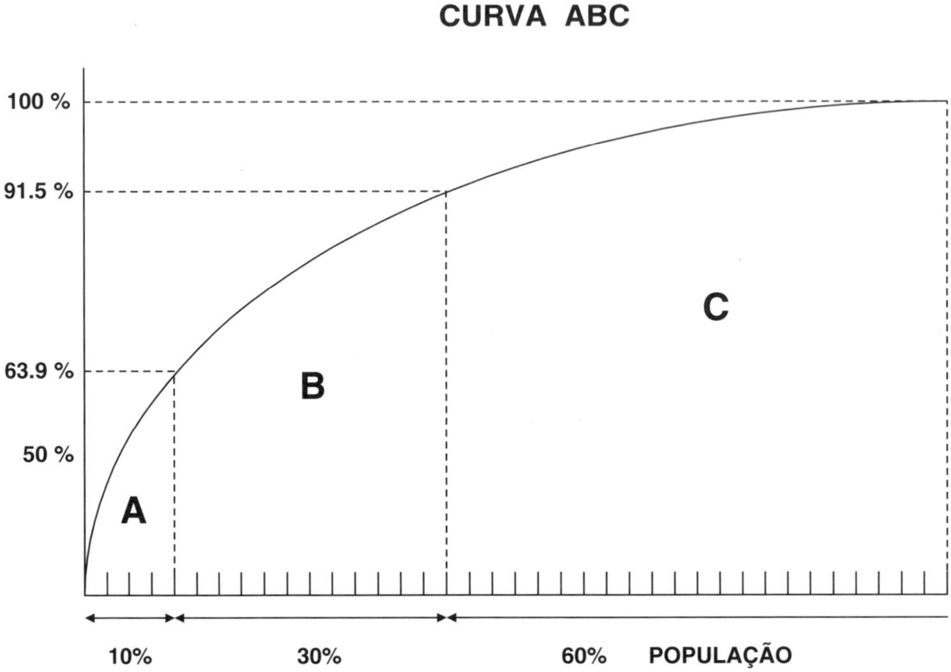

Fig. 22.4. Representação gráfica da classificação ABC.

A partir dos estudos de Pareto, alguns pesquisadores norte-americanos, já neste século, verificaram que os conceitos estabelecidos pela classificação ABC poderiam ser aplicados em outros segmentos do conhecimento humano, principalmente no ambiente empresarial.

Inicialmente, utilizou-se o método para classificar os materiais que compõem os estoques das empresas, o que facilitou sobremaneira o seu controle e administração. Desde então, outras áreas passaram a operar com o sistema.

No âmbito de Contas a Pagar, o emprego da classificação ABC traz vantagens na otimização do tempo entre as várias atividades, como conferência de documentos, negociações com credores, entre outras.

Pelo critério ABC, os itens "A" são aqueles de maior valor global, os "B", de valor intermediário, e os que compõem a classe "C" são os que têm menor valor total. Normalmente, de 10 a 20% dos itens em estudo são classificados como "A", de 20 a 30% deles em média como "B" e o restante como "C".

Mas, como empregar os conceitos de classificação ABC em Contas a Pagar? Faremos uso de um exemplo para demonstrar ao leitor.

Vamos considerar que a empresa em que você trabalha tenha a seguinte relação de pagamentos para realizar no dia de hoje:

Fornecedor	Valor
Juliana & Ubiratan R.Braga Advogados Ltda.	1.100,00
Corretora de Seguros Alfredo Fabiano Ltda.	2.320,00
Comercial Thiago Mackenzie S.A.	29.000,00
Turismo Ecológico Mariana & Natália Ltda.	45.000,00
Escola Cristina Nascimento de Sá Ltda.	950,00
Importadora Carol & Félix Ltda.	18.000,00
Imobiliária M. Biasi & Otávio Pina Ltda.	750,00
Cozinha Industrial Silvia Lima Ltda.	9.500,00
Tecnologia e Sistemas Paulo Lewin S.A.	2.200,00
Decorações Valéria & Grabner Ltda.	1.750,00
Hosp. Veterinário Tequila & Tota Maria S.A.	13.300,00
Iracélio & Perez Consultores Ltda.	15.800,00
Distribuidora de Medicamentos Pasquarelli	1.800,00
Engenharia de Alimentos Carolina Reis	1.400,00
Quintina & Delza - Massas e Molhos Ltda.	3.500,00

Após conhecer os pagamentos a efetuar, estes deverão ser ordenados mediante o critério decrescente de valor, ou seja, encabeçando a lista estaria o compromisso de maior valor e, a partir dele, os demais, até que o último item do rol seja o de menor montante.

Atente para a importância de cumular-se os pagamentos até a obtenção total geral.

Veja, a seguir, como ficou a relação após a ordenação.

Fornecedor	Valor	Acumulado
01. Turismo Ecológico Mariana & Natália Ltda.	45.000,00	45.000,00
02. Comercial Thiago Mackenzie S.A.	29.000,00	74.000,00
03. Importadora Carol & Félix Ltda.	18.000,00	92.000,00
04. Iracélio & Perez Consultores Ltda.	15.800,00	107.800,00
05. Hosp. Veterinário Tequila & Tota Maria Ltda.	13.300,00	121.100,00
06. Cozinha Industrial Silvia Lima Ltda.	9.500,00	130.600,00
07. Quintina & Delza - Massas e Molhos Ltda.	3.500,00	134.100,00
08. Corretora de Seguros Alfredo Fabiano Ltda.	2.320,00	136.420,00
09. Tecnologia e Sistemas Paulo Lewin S.A.	2.200,00	138.620,00
10. Distribuidora de Medicamentos Pasquarelli	1.800,00	140.420,00
11. Decorações Valéria & Grabner Ltda.	1.750,00	142.170,00
12. Engenharia de Alimentos Carolina Reis.	1.400,00	143.170,00
13. Juliana & Ubiratan R.Braga Advogados Ltda.	1.100,00	144.670,00
14. Escola Cristina Nascimento de Sá Ltda.	950,00	145.620,00
15. Imobiliária M. Biasi & Otávio Pina Ltda.	750,00	146.370,00
Total devido aos fornecedores:	**$ 146.370,00**	

As empresas 1 e 2 constituem a classe "A" da nossa série, representando 50,5% do valor total devido. As empresas 3, 4, 5 e 6 formam a classe "B", com 26,7% do mínimo de fornecedores e 38,7% do valor. Os noves restantes significam 60% do número de fornecedores e 10% do valor a ser desembolsado.

No quadro seguinte, demonstramos os porcentuais para cada fornecedor, correspondentes aos valores devidos.

Fornecedor	Valor	%Valor	%Acumul.
01. Turismo Ecológico Mariana & Natália Ltda.	45.000,00	30.74	
02. Comercial Thiago Mackenzie S.A.	29.000,00	19.81	50.55
03. Importadora Carol & Félix Ltda.	18.000,00	12.30	
04. Iracélio & Perez Consultores Ltda.	15.800,00	10.79	
05. Hosp. Veterinário Tequila & Tota Maria Ltda.	13.300,00	9.09	
06. Cozinha Industrial Silvia Lima Ltda.	9.500,00	6.49	38.67
07. Quintina & Delza - Massas e Molhos Ltda.	3.500,00	2.39	
08. Corretora de Seguros Alfredo Fabiano Ltda.	2.320,00	1.59	
09. Tecnologia e Sistemas Paulo Lewin S.A.	2.200,00	1.50	
10. Distribuidora de Medicamentos Pasquarelli	1.800,00	1.23	
11. Decorações Valéria & Grabner Ltda.	1.750,00	1.20	
12. Engenharia de Alimentos Carolina Reis.	1.400,00	0.96	
13. Juliana & Ubiratan R.Braga Advogados Ltda.	1.100,00	0.75	
14. Escola Cristina Nascimento de Sá Ltda.	950,00	0.65	
15. Imobiliária M. Biasi & Otávio Pina Ltda.	750,00	0.51	10.08
Total dos Fornecedores	**146.370,00**	**100%**	**100%**

A utilização da classificação ABC no nosso cotidiano de trabalho traz algumas vantagens, a saber:

a) maior rigor, dedicando mais tempo à conferência e controle no pagamento dos fornecedores classe "A", que envolvem maiores valores;

b) nos casos de insuficiência de caixa para saldar todos os compromissos, será mais produtivo negociar um adiantamento com os fornecedores da classe "A", que representam a maior parte do desembolso do dia, do que desperdiçar tempo contatando os noves fornecedores da classe "C", por exemplo;

c) simplificação nos procedimentos de conferência para os pagamentos "classe C", porque são pequenos desembolsos, porém, com grande número de fornecedores.

Você poderá identificar outros modos de empregar, de forma produtiva, os conceitos que acabamos de explicar. Empenhe-se em compreender bem o sistema e verifique como a sua correta utilização lhe propiciará mais tempo disponível.

22.3.2. CLASSIFICAÇÃO XYZ

O sistema ABC, que acabamos de estudar, estabelece a prioridade do assunto em análise, exclusivamente em função do valor associado. Está claro, porém, que esta condição, embora necessária, não é suficiente para determinar a importância global do objeto de avaliação.

A experiência mostra que muitos materiais, embora essenciais ao processo produtivo ou à atividade da nossa empresa, representam reduzido desembolso para os seus fabricantes ou fornecedores. Sendo assim, o critério ABC os consideraria secundários. No entanto, um atraso no pagamento a estas empresas poderia significar sérios prejuízos para a nossa organização, pois é possível haver uma interrupção do fornecimento.

Desta forma, precisamos de algum instrumento que proporcione segurança na administração dos pagamentos. Esse recurso é a classificação XYZ, sistema que tem sua base na essencialidade do material ou serviço para a nossa empresa, a saber:

- fornecedores X - seus produtos não interferem na produção ou operação da nossa empresa;

- fornecedores Y - os produtos que fornecem têm média interferência na nossa atividade;

- fornecedores Z - seus produtos são fundamentais à nossa produção ou operação. Não podem interromper o fornecimento em nenhuma hipótese.

O conhecimento dessas duas ferramentas seguramente será útil para a avaliação das suas tarefas, permitindo estabelecer com segurança quais casos são efetivamente prioritários.

Caberá ao profissional de Contas a Pagar, determinar a real posição do fornecedor/material dentro da classificação XYZ, com a área de administração de materiais, para poder utilizar, com segurança, esta importante informação no seu dia-a-dia de trabalho.

22.4. MODELOS DE INSTRUMENTOS NORMATIVOS

Neste capítulo, em função da nossa experiência de consultoria em organização, sistemas e métodos, vamos registrar alguns tópicos com empresas que se utilizaram de Instruções Normativas para definir as políticas e critérios referentes à sua gestão.

Os modelos de normas administrativas e operacionais registrados a seguir, darão ao leitor e principalmente ao profissional de Contas a Pagar, uma clara noção de como as áreas diretamente envolvidas no processo devem se comportar administrativamente, quando da solicitação de compra e recebimento de materiais.

Reforçamos a necessidade que toda a organização deve ter seu Manual de Normas e Procedimentos. São estes instrumentos normativos que nortearam os profissionais quando do processamento e execução das suas atividades. O Manual de Normas e Procedimentos, Manual de Sistemas ou Manual de Diretrizes Básicas, não importa o título, dispõe as "regras" a ser seguidas pelos colaboradores da organização, nos seus vários níveis. A "Carta Magna" da empresa são seus instrumentos normativos. Para isso, devem ser bem definidas, claras, concisas e praticáveis. Normas, critérios, procedimentos, diretrizes divulgadas verbalmente tendem, num curtíssimo espaço de tempo, a ser tornar impraticáveis, não respeitadas e não cumpridas. Organização sem "leis, diretrizes, normas, critérios e procedimentos" está fadada a não prosperar.

Instrução Normativa: Nº 01-2000

ASSUNTO: CONTAS A PAGAR – PROCEDIMENTOS E CONTROLES

Destinação:

Para cumprimento: setor de Contas a Pagar
setor de Tesouraria
setor de Contabilidade

Para conhecimento: diretores, gerentes e titulares de áreas

Objetivos:

- Definir novos critérios e procedimentos para o gerenciamento das rotinas e fluxos de informações das contas a pagar,
- Definir atribuições básicas e responsabilidades do setor de Contas a Pagar.

1. *Atribuições Básicas - setor de Contas a Pagar*

1.1. Receber, controlar e providenciar o processamento dos documentos (notas fiscais, contratos e recibos) emitidos por fornecedores e terceiros, para efeito de pagamento das despesas efetuadas pela Empresa Modelo S. A.

1.2. Processar toda movimentação das despesas efetuadas pela empresa, consolidando dados, analisando e distribuindo às áreas interessadas, os relatórios finais do sistema, bem como os demais dados para integração com outros sistemas.

1.3. Cadastrar fornecedores, centros de custo e códigos de despesa, mantendo atualizados estes cadastros.

1.4. Encaminhar ao gerente administrativo-financeiro, diariamente, a posição das contas a pagar.

1.5. Emitir, controlar e obter aprovações nas "Autorizações de Pagamento" - (APs).

1.6. Encaminhar o processo de pagamento (AP's, notas fiscais, cheques) à Tesouraria, para providências de rotina.

1.7. Providenciar a emissão de todo e qualquer cheque da empresa encaminhando à diretoria para aprovação (assinatura).

1.8. Manter contato com fornecedores e terceiros quando constatadas divergências no valor ou data de pagamento dos comprovantes de despesas.

1.9. Estabelecer contato com as demais áreas da empresa e orientar sobre as prioridades no que se refere ao processamento do sistema de contas a pagar.

1.10. Zelar pela guarda e manutenção do arquivo dos documentos em seu poder.

2. *Critérios e Normas Básicas.*

2.1. Recebimento de Comprovantes de Contratação, Efetivação e Validação

2.1.1. Todos os comprovantes de despesa recebidos, seja de *contratação* (pedidos de compra e contratos), *efetivação* e *validação* (nota de recebimento, atestado de execução de serviços) devem ser imediatamente entregues ao setor de Contas a Pagar.

2.1.2. Compete ao titular das áreas responsáveis pela contratação (setor de Compras) efetivação e validação (setor de Recebimento de Materiais/Almoxarifado) aprovar (visar, rubricar, assinar) os comprovantes, atestando sua validade. Na sua ausência, os documentos devem ser aprovados pelo superior imediato ou diretoria.

2.1.3. Todos os comprovantes de despesa têm de estar com o valor descrito por extenso. Quando constatada irregularidade, o setor de Contas a Pagar efetua registro no corpo do documento.

2.1.4. De posse dos pedidos de compra, notas de recebimento, notas fiscais, recibos, ficha de compensação, duplicatas, faturas etc., o setor de Contas a Pagar deverá confrontar as informações, assinaturas e iniciar o processo autorizando o seu pagamento. Deverá, ainda, registrar informações para o processamento do sistema de contas a pagar, bem como fornecer dados para apropriação das despesas nos diversos centros de custo, informação para emissão de cheques de forma automática, bem como coletar dados para lançamentos e registros contábeis.

2.2. Emissão da Autorização de Pagamento – AP

2.2.1. O formulário de Autorização de Pagamento - AP é o documento oficial da empresa para a liberação de numerários a fornecedores e terceiros, emitido automaticamente pelo sistema de Contas a Pagar, em via única.

2.2.2. As AP's são emitidas apenas para pagamentos de despesas com valor igual ou superior a R$ 100,00 (cem reais).

2.2.3. Pagamentos de despesas inferiores a R$ 100,00 (cem reais) devem ser quitadas através do "fundo fixo" (Tesouraria).
Nota: Os comprovantes de pagamentos quitados através do fundo fixo, também serão processados pelo sistema de contas a pagar.

2.2.4. Objetivando assegurar que as informações constantes dos comprovantes de pagamento foram processadas pelo sistema, confirmar a emissão da AP, e impedir que determinada nota fiscal/ recibo etc seja apresentada mais de uma vez para quitação, o setor de Contas a Pagar deverá apor no verso destes documentos o carimbo modelo abaixo:

DOCTO. PROCESSADO
Data: de de 2000
Visto: Contas a Pagar

2.3. Aprovação da Autorização de Pagamento - AP.

2.3.1. A Autorização de Pagamento - AP será aprovada (assinada/ rubricada) pelo gerente financeiro, respeitando-se os critérios de limites de aprovação. Na sua ausência, as APs devem ser aprovadas pela diretoria.

2.3.2. Compete ao gerente financeiro de posse das APs e comprovantes de despesas, verificar se estão carimbados, conforme item 2.2.4., desta IN. Caso não conste o carimbo, a documentação deverá ser devolvida ao setor de Contas a Pagar para providências e regularização.

3. Procedimentos

3.1. Recebimento dos Comprovantes de Pagamento

3.1.1. Todos os comprovantes de pagamento (pedido de compra, notas de recebimento, notas fiscais, recibos, fichas de compensação, duplicatas, faturas etc.) recebidos, devem ser encaminhados com a maior brevidade possível ao setor de Contas a Pagar, para processamento de informações e respectiva liberação do pagamento.

3.1.2. Compete ao setor de Contas a Pagar verificar se os procedimentos de contratação, efetivação e validação do processo são pertinentes (ver item 2.1.2.).

Na omissão deste procedimento, o setor de Contas a Pagar deve providenciar com o responsável pela área que efetuou a despesa, o visto de aprovação.

3.2. Cadastramento das Informações no Sistema

3.2.1. O cadastramento das informações (entradas) no sistema de contas a pagar será baseado exclusivamente nos comprovantes de contratação, efetivação e validação do processo.

3.2.2. As informações para apropriação dos tipos de despesas nos respectivos centros de custo devem, a princípio, ter orientação da gerência financeira.

3.2.3 O cadastramento dos registros contábeis no sistema será efetuado pelo setor de Contas a Pagar.

3.2.4 Todo o comprovante de despesa registrado no sistema, deverá conter o carimbo "Docto. Processado", conforme definido no item 2.2.4., desta Instrução Normativa.

4. Emissão da Autorização de Pagamento

4.1.1. Diariamente, e após a entrada dos dados no sistema, o setor de Contas a Pagar precisa emitir listagem de consistência, verificando se as informações digitadas estão corretas.

4.1.2. Corrigida a digitação, deverá emitir os seguintes documentos:

a) Autorização de Pagamento - AP;

b) Relação de Pagamentos por Vencimento.

4.1.3. É imprescindível encaminhar diariamente ao gerente financeiro a documentação acima, juntamente com os comprovantes.

Nota: O processo de pagamento precisa ser entregue para aprovação da Gerência Financeira com antecedência mínima de 48 horas da data do pagamento.

5. Fluxo do Processo de Pagamento

5.1. De posse das APs e comprovantes de despesas, estes serão analisados e liberados (aprovados) pelo gerente financeiro. Na sua ausência, pela diretoria.

5.2. Em função das análises efetuadas pela gerência, (ouvido o diretor financeiro, quando o caso), o processo de pagamento aprovado, deverá ser devolvido ao setor de Contas a Pagar para a emissão de cheques correspondentes, e coleta de assinaturas credenciadas.

5.3. O setor de Contas a Pagar deverá encaminhar à Tesouraria a Autorização de Pagamento - AP e o respectivo cheque, com antecedência mínima de 24 horas da data do pagamento.

5.4. É necessário encaminhar os comprovantes de despesas (com o carimbo "Docto. Processado"), ao departamento de Contabilidade, juntamente com o relatório *"Conciliação Diária de Classificação Contábil"*.

5.5. A Tesouraria envia ao setor de Contas a Pagar AP "liquidada" (registrar carimbo específico), juntamente com a cópia de cheque.

6. Baixas, Conciliações e Lançamentos Contábeis

6.1. Após cadastramento no sistema das informações dos pagamentos efetuados (baixas), o setor de Contas a Pagar, encaminhará ao depto, de Contabilidade o relatório "Conciliação Diária de Classificação Contábil" com a cópia de cheques.

6.2. Com base neste relatório e nos comprovantes de pagamentos encaminhados pela Tesouraria, o departamento de Contabilidade fará a conciliação destas informações.

6.3. Compete ao departamento de Contabilidade verificar se nos comprovantes de despesas, contêm o carimbo "Docto.Processado". Em caso de divergência, contatar o setor de Contas a Pagar para regularização ou esclarecimento.

6.4. Os lançamentos dos registros no sistema de Contabilidade devem ser efetuados com base no relatório "Conciliação Diária de Classificação Contábil", elaborado pelo sistema de contas a pagar.

6.5. As AP's já "liquidadas" ficam guardadas no setor de Contas a Pagar, em arquivo próprio, identificadas por empresa pagadora (Empresa Modelo 1- Empresa Modelo –2 etc.).

7. Auditoria nas Normas e Procedimentos

7.1. A qualquer tempo e a critério da Diretoria, as normas e procedimentos definidos nesta Instrução Normativa poderão ser auditados/confrontados, ficando os responsáveis das áreas diretamente envolvidas sujeitos às penalidades administrativas internas, quando da omissão ou não cumprimento das determinações aqui estabelecidas.

Esta Instrução Normativa tem vigência a partir de ____/____/ 2000

____

Diretor

Instrução Normativa: Nº 02-2000

ASSUNTO: REQUISIÇÃO DE MATERIAL - RM

Destinação:

Para cumprimento: geral, âmbito escritório e fábrica.

Para conhecimento: diretores, gerentes e titulares de áreas.

1. Objetivos:

- Esta Instrução Normativa tem por objetivo divulgar a nova Requisição de Material, bem como definir as diretrizes, normas básicas e procedimentos para a emissão, controle e distribuição deste documento.
- A implantação do novo formulário visa padronizar os procedimentos quando da retirada de itens nos almoxarifados da EMPRESA MODELO S. A., bem como otimizar e melhorar seus controles.
- A nova RM substitui o formulário “Ordem de Requisição” e “Requisição de Itens” em uso.

2. Conceitos e Definições:

2.1. Materiais

Genericamente, e para efeito desta Instrução Normativa, a palavra **materiais** se refere a todos os itens (matéria-prima, materiais de construção, peças e acessórios, formulários etc.) movimentados pelo Almoxarifado.

Os materiais recebidos nos Almoxarifados (adquiridos de terceiros) podem ter os seguintes tratamentos:

2.1.1. Materiais de Aplicação Direta

Consideram-se materiais de aplicação direta aqueles que são adquiridos para uso imediato, não constituindo itens de estoque.

Estes materiais são transferidos diretamente para o requisitante, sem entrada no estoque contábil.

O valor deste material será apropriado integralmente no centro de custo requisitante, no seu total, de uma única vez, quando do seu recebimento na EMPRESA MODELO S.A.

2.1.2. Materiais para Estoque

São materiais adquiridos para reposição de estoque. Terão seus valores apropriados, para efeito contábil no estoque do Almoxarifado, sendo posteriormente repassados aos centros de custos requisitantes, a cada solicitação (saída) do item, pelo preço médio.

2.2. Requisição de Material - RM

É o documento básico da EMPRESA MODELO S. A. para requisitar materiais aos Almoxarifados, cumprindo também as seguintes finalidades:

- comprovante de retirada do material nos almoxarifados;
- baixa do controle físico-contábil;
- meio de entrada para processamento das informações no Sistema de Controle de Estoque;
- documento que origina o processo de compra de materiais, tanto para aplicação direta, como para estoque.

2.3. Centro de Custos - CC

Elemento de agregação para os dados armazenados e controlados pelos Sistemas de Informações da EMPRESA MODELO S. A.

O centro de custo pode representar unidades administrativas ou unidades de produção/serviços.
É no centro de custo que são apropriadas (registradas) as despesas com materiais consumidos ou utilizados.

Exemplo:

Centro de Custo	Descrição
200	Diretoria Geral
201	Diretoria Administrativa
201-10	Depto. de Apoio e Serviços Gerais
201-20	Depto. de Recursos Humanos
201-30	Depto. de Sistemas
201-40	Depto. de Suprimentos
202	Diretoria Financeira
202-10	Depto. de Contas a Pagar
202-20	Depto. de Contas a Receber
202-30	Depto. de Contabilidade

2.4. Unidade de Medida

É o código que identifica em que unidade de medida o material deve ser controlado na Empresa Modelo S. A .

As Unidades de Medidas são as seguintes:

Centímetro	cm
Dúzia	dz
Folha	fl
Galão	gl
Grama	g
Litro	l
Metro	m
Metro quadrado	m^2
Metro cúbico	m^3
Milímetro	mm
Polegada	pol
Quilograma	kg
Tonelada	t
Peça	pç

Obs.: Serão consideradas **Peça (pç)**, os seguintes itens: ampola, barrica, bloco, caixa, conjunto, fardo, frasco, garrafa, jogo, lata, pacote, saco, tambor, tubo, tubete, vidro.

2. Atribuições Básicas - Almoxarifados

- Conferir o preenchimento das Requisições de Materiais - RM´s e, em caso de divergência, orientar o requisitante quanto à maneira correta de sua emissão.

- Manter atualizado o controle de estoque, seja através do sistema ou ficha de prateleira, tanto no que se refere a códigos, descrição de materiais, quanto ao saldo (físico-contábil), localização de materiais nas prateleiras etc.

- Providenciar, através do comprador, a aquisição de itens não atendidos pelo estoque e/ou sem saldo.

- Efetuar o recebimento de materiais e conferir os valores das notas fiscais, confrontando-os com os relacionados nos pedidos de compra, para registro e atualização dos controles de estoque.

- Providenciar a digitação das informações, analisar as listagens emitidas pelo Sistema, procedendo às regularizações necessárias.

- Controlar e zelar pela guarda de toda a documentação emitida e/ou recebida pelo Almoxarifado.

- Controlar o processamento da movimentação de materiais (entradas e saídas) da empresa, consolidando dados, analisando e distribuindo às áreas interessadas, os relatórios finais do sistema.

3. Principais Aspectos Ligados à Movimentação de Materiais

3.1. Emissão da Requisição de Material - RM

3.1.1. Toda e qualquer solicitação de materiais, seja para adquirir através da área de compras ou retirar do estoque do Almoxarifado, deve ser formalizada através da emissão do formulário **Requisição de Materiais - RM** (modelo na figura 22.5).

3.1.2. A **Requisição de Material- RM**, emitida pela área interessada, em duas vias, preferencialmente de forma manual, tem como destino e finalidade:

1ª via - Almoxarifado
Para atendimento pelo Estoque ou Compras. Após liquidada, ficará arquivada no Almoxarifado. É também utilizada para o

processamento do Sistema de Controle de Estoque, mecanizado ou manual.

2ª via - Requisitante
Para conferência das quantidades requisitadas.

3.1.3. As instruções específicas para o preenchimento da RM, estão definidas nesta Instrução Normativa.

3.2. Aprovação da Requisição de Material - RM

3.2.1. Todas as RM´s precisam ser aprovadas (assinadas) por pessoas devidamente credenciadas, cujo modelo de assinatura está em poder do Almoxarifado.

3.2.2. Fica a critério de cada Gerência/Diretoria indicar e credenciar funcionários cuja assinatura/rubrica na RM será reconhecida pelo Almoxarifado, para a retirada de material de estoque ou compras de itens (aplicação direta).

3.2.3. O funcionário que aprovar (assinar/rubricar) as RM´s deve pertencer à área requisitante do material, ou estar respondendo por ela, a fim de que possa se responsabilizar pela aplicação do material.

3.2.4. Todas as RM´s que não forem atendidas pelo Almoxarifado e que derem origem ao Pedido de Mercadoria, necessitam de aprovação por pessoas (requisitantes) devidamente credenciadas.

3.3. Atendimento das Requisições de Materiais - RM´s

3.3.1. O Almoxarifado deve atender somente às solicitações de itens do almoxarifado ou para compra, através do formulário Requisição de Material - RM (modelo anexo).

3.3.2. Independentemente do tipo de tratamento dado ao material (aplicação direta ou estoque), toda RM precisa ser encaminhada primeiramente ao almoxarifado.

3.3.3. Quando necessário, detalhar as informações (programação de entrega, especificação técnica etc) e sempre que a RM não for suficiente para o registro destes dados, orienta-se para que se utilize o verso daquele documento ou a Comunicação Interna – CI (em papel ou eletrônica).

3.3.4. A RM não deve ser utilizada para requisitar a compra de bens patrimoniais ou serviços.

3.3.5. O interessado na aquisição de bens faz a solicitação através do formulário: Comunicação Interna - CI.

3.3.6. Os serviços não cobertos por contratos devem ser solicitados à área de Compras através de Comunicação Interna - CI.

3.3.7. O Almoxarifado atende a RM quando o material estiver disponível em estoque ou providencia sua aquisição através da área de Compras, dentro do prazo definido pelo requisitante.

3.3.8. Quando o estoque disponível for menor do que a quantidade solicitada, o Almoxarifado informa ao requisitante sua disponibilidade e, em caso de:

a) atendimento parcial - o Almoxarifado registra a quantidade atendida e liquida a RM, providenciando, a seguir, a reposição, através da emissão da RM correspondente.

b) impossibilidade de atendimento parcial - providencia a compra para repor o seu estoque, através da emissão da respectiva RM. Quando da disponibilidade total, avisar ao requisitante. Pode, ainda, atender o usuário através de uma compra específica, quando não for interessante ou oportuno repor estoque.

3.3.9. O Almoxarifado deve solicitar ao responsável pela retirada do material que faça uma rubrica ou assine a respectiva RM no momento da entrega do (s) item (ns).

3.4. Requisição de Materiais de Escritório, Papelaria e Informática

3.4.1. Objetivando reduzir o fluxo de documentos, otimizar o atendimento do Almoxarifado e, principalmente obter melhores condições comerciais de compra, sugere-se que os setores usuários de materiais de escritório, papelaria e de informática façam previsões de consumo para um período de 30 dias, observando os procedimentos abaixo:

a) as solicitações de materiais de escritório, papelaria e de informática são formalizadas através da emissão da RM;

b) as RM´s recebidas no Almoxarifado entre os dias 1º a 15 serão atendidas até o dia 30 do mês;

c) as RM´s recebidas no Almoxarifado entre os dias 16 a 30/31 serão atendidas no dia 15 do mês seguinte;

d) em função das previsões de consumo elaboradas pelas áreas requisitantes, as compras de materiais de escritório, compras em caráter de emergência, bem como de papelaria e suprimentos de informática, deverão ser evitadas.

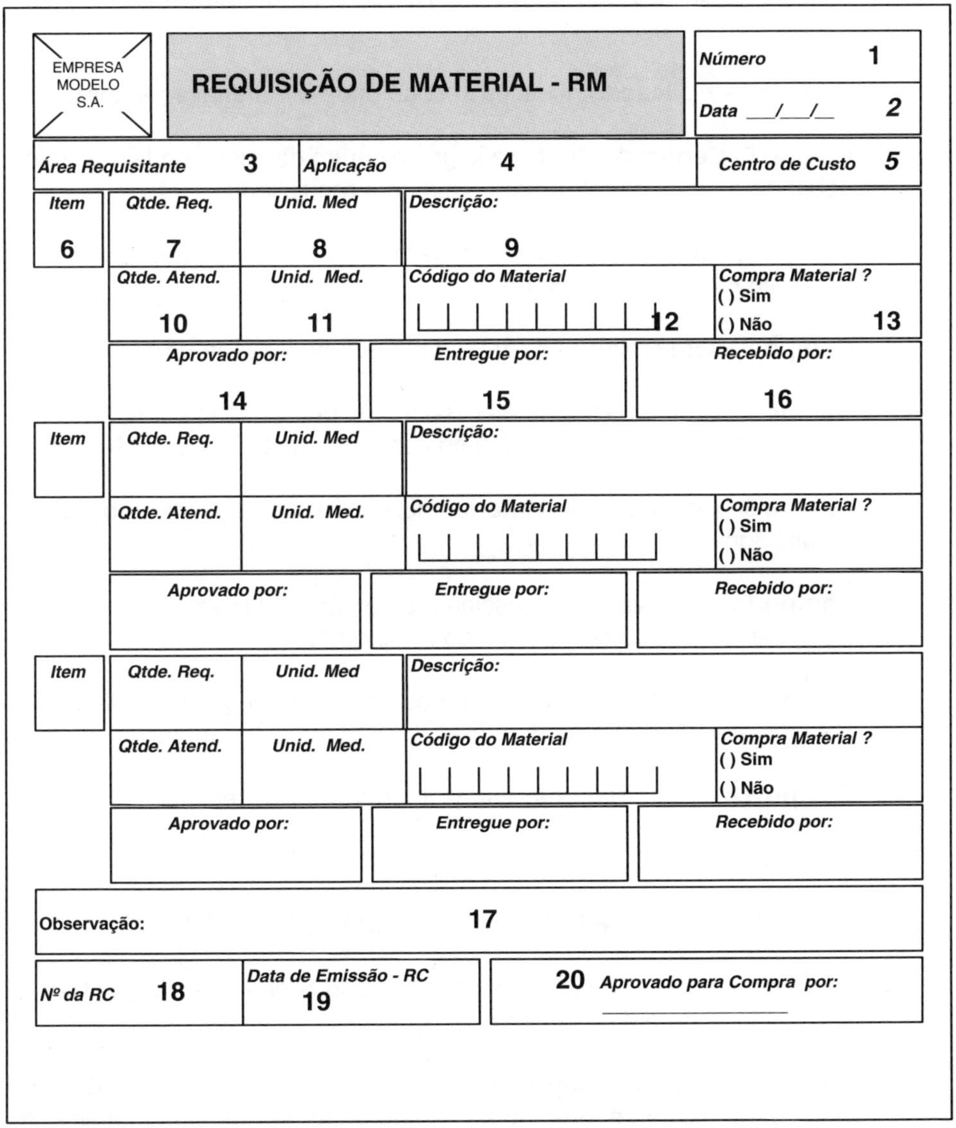

Fig. 22.5. Modelo de Requisição de Material

INSTRUÇÕES PARA PREENCHIMENTO DA REQ. DE MATERIAL – RM

CAMPOS A SER PREENCHIDOS PELA ÁREA REQUISITANTE

- ✓ **Campo 2 - Data:** data de emissão (dia, mês e ano) da RM
- ✓ **Campo 3 - Área Requisitante:** sigla ou nome da área que requisita o material
- ✓ **Campo 4 - Aplicação:** local ou serviço onde o material será aplicado
- ✓ **Campo 5- Centro de Custo:** código do centro de custo, onde deverá ser debitada a despesa referente ao material requisitado
- ✓ **Campo 6- Item:** o número do item (1, 2 3) é pré-impresso, sem necessidade de preenchimento
- ✓ **Campo 7 - Qtde. Requisitada:** quantidade necessária do item
- ✓ **Campo 8 - U.M:** unidade de medida dos respectivos materiais. Observar a tabela de unidades de medida no item 1.4., desta Instrução Normativa
- ✓ **Campo 9 - Descrição do Material:** descrição clara e precisa do material requisitado
- ✓ **Campo 14 - Aprovado por:** assinatura ou rubrica de pessoa credenciada a aprovar a retirada de material do Almoxarifado
- ✓ **Campo 16 - Recebido por:** nome ou assinatura legível do funcionário responsável pela retirada do material, junto ao almoxarifado
- ✓ **Campo 17 - Observações:** outras informações necessárias

CAMPOS PARA PREENCHIMENTO DO ALMOXARIFADO

- ✓ **Campo 1 - Nº da R.M:** número pré-impresso seqüencial da RM. Não há necessidade de preenchimento
- ✓ **Campo 10 - Qtde. Atendida:** quantidade realmente fornecida ou a quantidade existente, quando a RM não puder ser atendida totalmente. Neste caso, anotar a quantidade existente a lápis

- ✓ **Campo 11 - Unid. Med:** unidade de medida dos respectivos materiais, conforme catálogo
- ✓ **Campo 12 - Cód. Material:** código do material requisitado, quando tiver no estoque
- ✓ **Campo 13 – Compra material?:** não tendo em estoque o material solicitado, informar da necessidade da compra do item, e obter assinatura de aprovação da área requisitante (campo 20)
- ✓ **Campo 15 - Entregue por:** nome ou assinatura legível do funcionário que efetuou a entrega do material ao requisitante e data da entrega
- ✓ **Campo 18 - Nº da RC:** número da Requisição de Compra, emitido pelo Almoxarifado para atendimento desta RM, se for o caso
- ✓ **Campo 19 – Data de emissão - RC:** data (dia, mês e ano) de emissão da Requisição de Compra
- ✓ **Campo 20 - Aprovado para Compra:** assinatura da pessoa credenciada a autorizar a compra das quantidades não atendidas e data de aprovação

Esta Instrução Normativa tem vigência a partir de ____/____/ 2000

____

Diretor

Instrução Normativa: Nº 03-2000

ASSUNTO: REQUISIÇÃO DE COMPRAS

Destinação: Para cumprimento: setor de Compras e Almoxarifado

Para conhecimento: Geral, âmbito escritórios e fábrica.

1. Objetivos:

- Definir critérios e procedimentos referentes à emissão, distribuição e controle do formulário "Requisição de Compras – RC".
- A presente Instrução Normativa abrange o processamento de requisições de compra, partindo de sua emissão, pelo Almoxarifado, até o recebimento desta pela área de Compras.

2. Diretrizes, Normas e Procedimentos Básicos

2.1. O formulário "Requisição de Compras – RC" é o instrumento oficial da Empresa Modelo S.A, para a requisição de compra de materiais, tanto para aplicação direta, quanto para reposição de estoque.

2.2. É competência exclusiva do Almoxarifado, a emissão, distribuição e controle das RCs.

2.3. Através de uma RC, o Almoxarifado pode requisitar até cinco itens para compra, no caso de:

a) reposição de estoque, os materiais requisitados pertençam ao mesmo grupo;

b) aplicação direta, os materiais requisitados sejam destinados à mesma aplicação.

2.4. As RCs devem ser encaminhadas diretamente à área de Compras, após sua emissão, para aquisição dos materiais.

Nota: empresas com tecnologia de informação (rede), transmitem de forma eletrônica as informações.

2.5. A emissão da RC é feita em duas vias, de forma eletrônica (microcomputador) e sua numeração será seqüencial para cada ano civil.

2.6. Todas as RCs, após sua emissão, precisam de aprovação (assinatura manual ou eletrônica) do chefe do Almoxarifado ou do seu eventual substituto.

2.7. As RCs referentes à aplicação direta devem respeitar o prazo de entrega definidos, na RM pelo requisitante do material.

2.8. As RCs de reposição de estoque têm o prazo de entrega definido, com base na previsão do Almoxarifado e nos níveis de estoque estipulados para cada item.

2.9. O campo "Descrição do Material" deve ser preenchido de forma mais completa possível, ficando a área responsável pela emissão da RC incumbida de eliminar com o requisitante do material, qualquer dúvida quanto à especificação, assim como a sua correção e complementação, quando necessário.

2.10. A informação referente ao "Prazo de Entrega" é feita obrigatoriamente em número de dias. Compete à área responsável pela emissão da RC obter esse prazo com o requisitante, quando constar da RM.

2.11. Nos casos em que o requisitante indicar determinado fornecedor, compete ao Almoxarifado complementar o campo "observações", com essa informação.

2.12. Compete ao setor de Recebimento de Materiais, acompanhar através da 2ª via da RC e do pedido de compra, a entrega dos materiais pelos fornecedores.

2.13. Compete à área de Compras fazer uma verificação das RCs recebidas e somente iniciar o processamento de compras se:

a) não tiver rasuras ou borrões no seu preenchimento;

b) estiverem com todos os campos de responsabilidade do Almoxarifado, devidamente preenchidos;

c) aprovadas pelo chefe do Almoxarifado.

Nota: As RCs que não estejam em conformidade com os padrões definidos para preenchimento, serão devolvidas pela área de Compras ao Almoxarifado, para correção.

Esta Instrução Normativa tem vigência a partir de ____/____/ 2000

____

Diretor

EMPRESA MODELO S.A.

REQUISIÇÃO DE COMPRA - RC

Nº - RC
Emissão

Reposição de Estoque? ( ) Sim ( ) Não	Área Requisitante	Uso / Aplicação do Material

Cód. do Material	Descrição do Material

Qdte. Requisit.	U.M	Qtde. em Estoque	Qtde. a Comprar	Preço Unitário	Preço Total

Fornecedores	Preço Unit. - R$	Desc. %	IPI - %	Frete / Impostos	Total - R$	Cond. Pagto.

Ped.Compra - Nº	Comprador ___/___/___	Aprovado por:

Fig. 22.6. Modelo – Requisição de Compras

Instrução Normativa: Nº 04-2000

ASSUNTO: PROCESSAMENTO E CONTROLE DE COMPRAS.

Destinação: Para cumprimento: setor de Compras

Para conhecimento: Geral, âmbito escritórios e fábrica

1. Objetivos:

- Definir as normas e procedimentos básicos referentes ao processamento e controle de compras.
- Definir os níveis de competência para aprovação de compras de materiais e serviços.
- Efetuar a integração do Sistema de Suprimentos com o Sistema de Contas a Pagar, consolidando o processo de contratação.

2. Diretrizes, Normas e Procedimentos Básicos

2.1. Responsabilidades por compras.

2.1.1. As compras de materiais e serviços somente podem ser realizadas pelo departamento de Suprimentos, através de seus setores de Compras.

2.2. Acompanhamento de compras

2.2.1. Compete ao setor de Compras o acompanhamento das compras de materiais e serviços, inclusive aquelas efetuadas pelas filiais.

2.2.2. Compete ao setor de Compras a verificação do prazo de entrega e condições de fornecimento estipulado, objetivando não permitir o descumprimento pelo fornecedor, de qualquer uma das condições contratadas.

2.2.3. As irregularidades ocorridas com os fornecedores contratados pelo setor de Compras devem ser registradas na ficha cadastral desta.

2.3. Responsabilidades do Requisitante

2.3.1. A responsabilidade sobre materiais requisitados para compra, bem como sobre alteração de suas especificações e dos prazos definidos para entrega, é da área requisitante.

2.3.2. Compete ao setor de Compras analisar a solicitação dos materiais, oferecendo sugestões às áreas requisitantes, quanto aos itens substitutos com preço e prazo de entrega em melhores condições.

2.4. Coleta de preços

2.4.1. As compras devem ser baseadas em coletas de preços, realizadas com, no mínimo, três fornecedores para cada material ou serviço em processo de compra.

2.4.2. Somente será aceita a compra de materiais ou serviços sem a realização de cotação de preços, no caso em que o fornecedor é único; envolva contrato com a empresa; contenha especificação técnica que defina fabricante exclusivo; houver a especificação do fabricante determinada em projeto.

2.4.3. As coletas de preços devem ser realizadas, obedecendo os seguintes critérios:

a) cotação por escrito nas compras com prazo igual ou superior a 15 (quinze) dias;

b) cotação por telefone nas compras com prazo inferior a 15 (quinze) dias.

2.4.4. Nas compras realizadas com cotação de preços por escrito, é preciso anexar ao processo de compra a correspondência oficial dos fornecedores consultados, contendo os principais dados para julgamento.

2.4.5. Para toda e qualquer cotação, solicita-se ao fornecedor o preço do material nas seguintes condições: à vista, 30 dias e 60 dias.

2.4.6. O setor Financeiro deverá informar mensalmente ao setor de Compras a taxa de juros a ser considerada para a decisão de compra nas condições de pagamento à vista, 30 e 60 dias.

2.4.7. Os compradores necessitam se conscientizar de que o pedido de compra é um *contrato* entre a empresa e o fornecedor. Portanto deverá ajustar prazos de entrega realistas, evitando futuros reajustes. Desta forma, determinará a previsão financeira das obrigações a pagar.

2.4.8. O comprador solicita ao fornecedor a emissão de uma nota fiscal para cada Pedido de Compra. O setor de Recebimento de Materiais não recebe notas fiscais englobando vários pedidos.

2.4.9. Quanto aos *serviços*, as cotações geralmente serão efetuadas mediante a apresentação aos fornecedores do material a ser reparado, anexando a nota fiscal correspondente.

2.4.10.O orçamento elaborado pelo fornecedor precisa de formalização escrita, na qual o comprador, baseado nesta, entrará em contato (via fax ou e-mail) com a área requisitante, para definição e aprovação dos serviços.

2.5. Análise de Cotações

2.5.1. Para efeito de análise de cotações é preciso que o departamento de Compras considere os seguintes aspectos em cada processo de compra:

a) preço unitário de cada material;

b) prazo de entrega do material em relação às necessidades do requisitante;

c) valor total do fornecimento, relacionado com descontos e prazo de pagamento;

d) pré-qualificação do fornecedor com a Empresa Modelo S.A., em função das compras anteriores.

2.5.2. Sempre que as condições de determinada cotação de preços não forem vantajosas aos interesses da empresa, o chefe do setor de Compras deve determinar a realização de nova tomada de preços, envolvendo ou não os fornecedores da primeira cotação.

2.6. Controle das Condições Contratuais

2.6.1. Compete ao setor de Compras registrar na ficha cadastral de cada fornecedor a ocorrência de irregularidade no cumprimento das condições definidas durante o processo de compras.

2.6.2. Compete ao setor de Compras informar ao departamento de Suprimentos os fornecedores com irregularidade, visando alertar sobre a possibilidade de eliminação do cadastro de fornecedores da empresa.

2.7. Alterações no Prazo de Entrega

2.7.1. Somente é permitida uma alteração de data de entrega a cada fornecedor. Nos casos de não cumprimento da nova data estipulada, compete ao setor de Compras analisar o processo, decidindo quanto ao seu cancelamento ou não.

2.8. Reativação de Processo de Compra

2.8.1. Compete ao setor de Compras, nos casos de reativação do processo de compra, determinar se há necessidade de nova cotação de preços ou se a primeira cotação permanece válida.

2.9. Formalização para a Compra

2.9.1. O formulário "Pedido de Compra" é o documento oficial da Empresa Modelo S. A. para a formalização de compra de materiais, bens e/ou serviços com fornecedores e terceiros.

2.9.2. Compete exclusivamente ao setor de Compras a emissão, conferência, distribuição e controle do "Pedido de Compra".

2.9.3. O "Pedido de Compra – PC' será emitido em quatro vias, tendo como destino:

- 1ª via – Fornecedor

  ✓ Transmissão ao fornecedor das especificações e condições de compra.

- 2ª via – Almoxarifado / Setor de Recebimento

  ✓ Para autorizar o recebimento dos materiais, conferência de suas especificações, preços, condições de pagamento e entrega.

- 3ª via – Contas a Pagar

  ✓ Informações para previsão financeira, bem como para comprovar a compra de itens nas quantidades, especificações, preços e condições de pagamento para efeito de conferência e prévia preparação do pagamento.

- 4ª via – Arquivo do Departamento de Compras

  ✓ Acompanhar a operação de compra, até a entrega total dos itens, e liquidação de eventuais pendências comerciais (follow-up).

2.10. Aprovação do Pedido de Compra – Materiais

2.10.1. Os Pedidos de Compra para materiais (peças, materiais de consumo, bens duráveis) devem ser aprovados de acordo com a tabela abaixo, não se permitindo subdelegação sem aprovação por escrito do diretor geral:

Níveis de Aprovação	***Valores – Limite***
Chefe de setor ou, na sua ausência, o chefe de departamento de Suprimentos	Até $ 3.000,00
Chefe do departamento de Suprimentos ou, na sua ausência, do diretor administrativo	Até $ 6.000,00
Diretor administrativo ou, na sua ausência, o diretor geral	Até $ 10.000,00
Diretor geral ou, na sua ausência, pelo diretor administrativo e diretor de produção (em conjunto)	Acima de $ 10.000,00

2.11. Aprovação do Pedido de Compra – Serviços

2.11.1. Os Pedidos de Compra para execução de serviços de terceiros devem ser aprovados de acordo com a tabela abaixo, não sendo permitido subdelegação, sem aprovação por escrito do diretor geral:

Níveis de Aprovação	*Valores – Limite*
Chefe de setor ou, na sua ausência, o chefe de departamento de Suprimentos	Até $ 500,00
Chefe do departamento de Suprimentos ou, na sua ausência, do diretor administrativo	Até $ 2.000,00
Diretor administrativo ou, na sua ausência, o diretor geral	Até $ 5.000,00
Diretor geral ou, na sua ausência, pelo diretor administrativo e diretor de produção (em conjunto).	Acima de $ 5.000,00

Esta Instrução Normativa tem vigência a partir de ____/____/ 2000

____

Diretor

Instrução Normativa: Nº 05-2000

ASSUNTO: CRITÉRIOS PARA APROVAÇÃO DE COMPRAS

Destinação: Para cumprimento : setor de Compras

Para conhecimento : Geral, âmbito escritórios e fábrica

1. Objetivo:

- Definir os níveis de competência e limites para aprovação dos documentos que formalizam a compra.

2. Diretrizes, Normas Básicas e Procedimentos

2.1. Critérios e Limites para Aprovação de Compras – Matriz

2.1.1. Compras até R$ 50,00 (cinqüenta reais)

2.1.1.1.Para compras de itens com valores de *até R$ 50,00 (cinqüenta reais) por nota fiscal*, não há necessidade de emissão de Pedido de Compra, e o processo de pagamento será autorizado, desde que:

a) exista requisição devidamente aprovada pelo chefe da área requisitante;

b) as notas fiscais contenham o carimbo de recebimento e sejam aprovadas (assinadas) pelo chefe do setor de Compras e pelo chefe do Almoxarifado;

c) quando o material for para aplicação direta, o titular da área requisitante também deverá assinar (ou rubricar) a nota fiscal, atestando e validando o recebimento do item.

2.1.1.2. Para a preparação do processo de pagamento e respectiva quitação da despesa, o setor de Compras deve encaminhar ao setor de Contas a Pagar somente a nota fiscal do fornecedor, contendo o carimbo de recebimento, devidamente preenchido e aprovado.

2.1.1.3. Para os casos acima, não há necessidade de assinatura de aprovação do chefe do Depto. de Suprimentos nas notas fiscais para que seja efetuado o respectivo pagamento.

2.1.1.4. Toda e qualquer divergência, omissão ou irregularidade constatada pelo setor de Contas a Pagar no recebimento da nota fiscal, deve ser sanada de imediato no setor de Compras e setor de Recebimento de Materiais/Almoxarifado.

2.1.1.5. O setor de Compras registra no documento (requisição de material – RM ou solicitação de compra – SC) que originou o processo de compra, o número da correspondente nota fiscal, não sendo necessário arquivar a cópia desta.

A RM (ou SC) e a planilha de cotação, se houver, fica arquivada no setor de Compras.

2.1.2. Compras até R$ 100,00

2.1.2.1. Para a compra de itens com valor até *R$ 100,00 (cem reais)* por nota fiscal, não há necessidade de emissão de Pedido de Compra, e o processo de pagamento será autorizado, desde que:

a) exista requisição, devidamente aprovada pelo chefe da área requisitante;

b) exista registro das cotações efetuadas pelo Setor de Compras, sendo estas aprovadas pelo chefe de Departamento de Suprimentos;

c) as notas fiscais contenham o carimbo de recebimento, e estejam aprovadas (assinadas) pelo chefe do setor de Compras e pelo chefe do Almoxarifado.

d) sendo material para aplicação direta, o titular da área requisitante também deve assinar a nota fiscal, atestando e validando o recebimento do item.

2.1.2.2. Para a preparação do processo de pagamento e respectiva quitação das despesas, o setor de Compras encaminha ao setor de Contas a Pagar somente a nota fiscal do fornecedor, contendo o carimbo de recebimento de materiais, preenchido e assinado.

2.1.2.3. Nos casos descritos não há necessidade de assinatura de aprovação do chefe do Departamento de Suprimentos nas notas fiscais para efetuar o respectivo pagamento.

2.1.2.4. Toda e qualquer divergência, omissão ou irregularidade constatadas pelo setor de Contas a Pagar no ato do recebimento da nota fiscal deve ser sanada de imediato com o setor de Compras e setor de Recebimento de Materiais/Almoxarifado.

2.1.2.5. O setor de Compras precisa manter em arquivo os seguintes documentos:

a) RM (ou SC) que originou a compra, devendo ser registrado o número da correspondente nota fiscal;

b) planilha de cotação aprovado pelo chefe do Departamento de Suprimentos.

2.1.3. Compras entre R$ 100,01 a R$ 200,00

2.1.3.1. Para a compra de itens com valor entre *R$ 100,01 (cem reais e um centavos) até R$ 200,00 (duzentos reais) por nota fiscal* há necessidade/obrigatoriedade do pedido de compra, e o processo de pagamento será autorizado, nas seguintes condições:

a) exista requisição, devidamente aprovada pelo chefe da área requisitante;

b) o pedido de compra assinado isoladamente pelo chefe do setor de Compras, desde que as cotações sejam previamente aprovadas pelo chefe do Departamento de Suprimentos;

c) as notas fiscais contêm o carimbo de recebimento e estão aprovadas pelo chefe do setor de Compras e Almoxarifado;

d) quando material para aplicação direta, o titular da área requisitante também deverá assinar (aprovar) a nota fiscal, atestando e validando o recebimento do item.

e) as notas fiscais, devidamente aprovadas, juntamente com o pedido de compra, são encaminhadas ao setor de Contas a Pagar, para que esta área providencie o processo de pagamento e efetue a quitação das despesas.

2.1.3.2. Toda e qualquer divergência, omissão ou irregularidade constatadas pelo setor de Contas a Pagar no ato do recebimento da nota fiscal, deve ser sanada de imediato com o setor de Compras e setor de Recebimento de Materiais/Almoxarifado.

2.1.3.3. O setor de Compras manterá em seu arquivo os seguintes documentos:

a) RM (ou SC) que originou a compra, devendo estar registrado o número da correspondente nota fiscal;

b) planilha de cotação, aprovado pelo chefe do Departamento de Suprimentos.

c) cópia do pedido de compra.

2.1.4. Compras acima de R$ 200,01.

2.1.4.1. Para as compras de itens com *valor igual ou superior a R$ 200,01 (duzentos reais e um centavo) por nota fiscal, há necessidade/ obrigatoriedade de emissão de pedido de compra,* e o processo de pagamento será autorizado, desde que:

a) exista requisição, devidamente aprovada pelo chefe da área requisitante;

b) exista registro das cotações, com no mínimo três fornecedores aprovados pelo chefe de Departamento de Suprimentos.

c) o pedido de compra seja assinado sempre pelo chefe do setor de Compras e o chefe do Departamento de Suprimentos;

d) as notas fiscais contenham o carimbo de recebimento e tenham aprovadas pelo chefe do setor de Recebimento de Materiais/Almoxarifado;

e) quando material para aplicação direta, o titular da área requisitante deverá assinar a nota fiscal atestando e validando o recebimento do item;

f) as notas fiscais, devidamente aprovadas, juntamente com o respectivo Pedido de Compra, devem ser encaminhadas ao setor de Contas a Pagar, que irá providenciar o processo de pagamento.

2.1.4.2. O setor de Compras precisa manter em seu arquivo os seguintes documentos:

a) RM (ou SC) que originou a compra, devendo estar registrado o número da correspondente nota fiscal;

b) planilha de cotação, aprovada pelo chefe do Departamento de Suprimentos;

c) cópia do pedido de compra.

2.2. Critérios e Limites para Aprovação de Compras – Filiais/Escritórios Regionais

2.2.1. As compras realizadas pelas filiais/escritórios regionais devem ser formalizadas através do formulário emitido pela área interessada, e comprovado através da respectiva nota fiscal do fornecedor.

2.2.2. Compete exclusivamente ao responsável (titular) pela filial/escritório regional autorizar a aquisição dos materiais ou serviços necessários.

2.2.3. Antes da aquisição do material, a filial/escritório regional precisa contatar o Almoxarifado central (matriz) para verificar a disponibilidade do item no estoque.

2.2.4. Compras efetuadas pelas filiais/escritório regional somente serão pagas mediante apresentação do comprovante de despesa (nota fiscal), aprovada pelo titular da unidade (filial). Para tanto, no verso da nota fiscal, é necessário o carimbo de recebimento, devidamente preenchido.

2.2.5. Compras com valor igual ou superior a R$ 200,00 (duzentos reais) por nota fiscal, devem ter aprovação do Departamento de Suprimentos (matriz). Excluem-se as necessidades de extrema urgência. Nestes casos, quando do encaminhamento do comprovante ao setor de Contas a Pagar, o responsável pela aprovação da compra anexar a nota fiscal, uma CI relatando os motivos para essa tomada de decisão (compras de emergência).

2.3. Compras de Bens Patrimoniais (Investimentos) e Serviços

2.3.1. Independentemente do valor, toda e qualquer aquisição de bens patrimoniais (investimentos) ou contratação de serviços, seja na matriz ou filiais/ escritório regional, deve ter prévia aprovação da diretoria.

2.3.2. Eventualmente, e em função da urgência, a contratação de serviços (manutenção e operação de máquinas e equipamentos) poderá ser aprovada verbalmente pela diretoria, porém, os pagamentos só serão liberados mediante apresentação das notas fiscais, assinadas exclusivamente pela diretoria.

2.4. Auditoria nas Normas e Procedimentos

2.4.1. A qualquer tempo e a critério da Diretoria, as normas e procedimentos definidos nesta Instrução Normativa, poderão ser auditados/ confrontados, ficando os responsáveis das áreas diretamente envolvidas sujeitos às penalidades administrativas internas, quando da omissão ou não cumprimento.

Esta Instrução Normativa tem vigência a partir de ____/____/ 2000

____

Diretor

Instrução Normativa: Nº 06-2000

ASSUNTO: RECEBIMENTO DE MATERIAIS NO ALMOXARIFADO

Destinação: Para cumprimento : setor de Recebimento de Materiais/ Almoxarifado

Para conhecimento: geral, âmbito escritórios e fábrica.

1. Objetivos:

- Documentar e atestar o recebimento de materiais no Almoxarifado através do setor de Recebimento de Materiais.
- Possibilitar a interligação do Sistema de Controle de Estoque com o Sistema de Contas a Pagar, consolidando o *processo de efetivação e validação.*

2. Diretrizes, Normas e Procedimentos Básicos

2.1. É atribuição do setor de Recebimento de Materiais o recebimento, conferência, inspeção e acomodação dos materiais adquiridos pela Empresa Modelo S. A.

2.2. Compete ao setor de Recebimento de Materiais, verificar o cumprimento, pelo fornecedor, das cláusulas do pedido de compra, quando do recebimento dos materiais. Para tanto, o setor de Compras deve encaminhar ao setor de Recebimento de Materiais cópia do pedido, em tempo hábil.

2.3. Somente com autorização do responsável pelo setor de Compras ou Chefe de departamento de Suprimentos, os materiais divergentes das especificações podem ser recebidos e/ou devolvidos ao fornecedor.

2.4. O setor de Recebimento de Materiais está autorizado a receber toda e qualquer nota fiscal, tais como:

a) materiais comprados para suprir estoques;

b) materiais adquiridos para consumo direto;

c) materiais recebidos como transferências internas;

d) ativos fixos;

e) equipamentos de locação ou demonstração.

2.5. O horário de recebimento de materiais é de segunda a sexta feira, das 8h às 17h15. Não deve haver recebimento de materiais aos sábados, domingos, feriados e fora de horário. Nos casos de urgência, obter aprovação do chefe de Departamento de Suprimentos.

2.6. Devolução no Ato do Recebimento

2.6.1. O setor de Recebimento de Materiais, sob nenhum pretexto deve efetuar o recebimento do material, quando ocorrer qualquer uma das hipóteses descritas a seguir:

a) material sem a respectiva nota fiscal

b) nota fiscal sem o respectivo material adquirido;

c) material entregue com dano visível e aparente;

d) material entregue e não solicitado;

e) material não pertencente a empresa destinatária.

2.6.2. Somente haverá devolução na própria nota fiscal do fornecedor, quando ocorrer qualquer caso citado no item anterior (2.6.1.), exceto para as cláusulas a e b, pois nestes casos é preciso ser contatado imediatamente o fornecedor.

2.6.3. No caso de divergências nos dados das notas fiscais como: endereço, CNPJ, Inscrição Estadual, natureza da operação, Isenção do IPI etc., que não impliquem devolução de material, o setor de Recebimento deve informar ao setor Fiscal, para que providencie a emissão de carta de correção. A cópia desta carta é também encaminhada ao setor de Contas a Pagar.

2.6.4. Quando da não aceitação do material, o setor de Recebimento carimba no verso da nota fiscal, conforme modelo abaixo, especificando o(s) motivos(s) da não aceitação.

DEVOLUÇÃO DE MERCADORIAS
Recusamos o recebimento das mercadorias constantes nesta nota fiscal, por motivo: ______________________________ ______________________________ ______________________________ ______________________________
São Paulo, ____/____________/ 2000 **Empresa Modelo S.A.**

Fig. 22.6 (Modelo de carimbo "Devolução de Mercadorias")

2.6.5. É importante salientar que a carta de correção precisa ser utilizada de forma racional, não sendo emitida, por exemplo, para alterar todos os dados do destinatário, pois, neste caso, o material deve ser recusado.

2.6.6. O setor de Recebimento de Materiais deve contatar imediatamente o setor de Compras responsável pela aquisição, tão logo se verifique divergência no recebimento que resultará em devolução de mercadorias. Tal comunicação é preferencialmente feita por escrito (Comunicação Interna – CI ou e-mail).

2.6.7. As providências tomadas pelo setor de Compras, são as seguintes:

a) contatar o fornecedor para verificar se o material tem reposição (que deve ser sempre através de novo faturamento) ou concessão de crédito;

b) caso o acerto seja financeiro, solicitar ao fornecedor cópia do aviso do banco, para desconto do valor da devolução, encaminhando-o ao setor de Contas a Pagar. Quando da concessão de crédito em espécie ou abatimento, o valor tem que ser corrigido monetariamente, a partir da data do vencimento da duplicata que originou o processo de devolução;

c) receber da Contabilidade cópias do *Avisos de Lançamentos* referentes à devolução de mercadoria, arquivando-os juntamente com as CIs recebidas.

2.6.8. Todo o controle de devolução de material (parcial, total na nota fiscal do fornecedor ou nota fiscal de devolução), é centralizado junto ao setor de Compras / setor Fiscal / setor de Contas a Pagar.

2.7. Confronto entre o Pedido de Compra e Nota Fiscal

2.7.1. No recebimento dos materiais, o responsável confronta os dados da nota fiscal emitida pelo fornecedor com os dados do pedido de compra, seja através de consulta no terminal ou pelo próprio documento mantido em seu arquivo, verificando os seguintes dados:

✓ nome do destinatário;

✓ endereço;

✓ CNPJ;

✓ Inscrição Estadual;

✓ data de emissão da nota fiscal;

✓ natureza da operação;

✓ descrição dos materiais: quantidade; unidade; especificação; valor unitário; valor total (inclusive cálculos);

✓ descontos;

✓ cálculos de reajustes constantes no pedido de compra;

✓ alíquota de ICMS / IPI;

- ✓ condições de pagamento;
- ✓ prazo de entrega.

Nota: Cálculo de Reajustes

Constando no Pedido de Compra um reajuste em compras de mercadorias, produtos ou equipamentos, e se o fornecedor (na data de emissão da nota fiscal), não tiver considerado o valor do fornecimento em sua totalidade (em conseqüência de índice não publicado), ele deve emitir nota fiscal complementar, após acertos efetuados com o setor de Compras. Nesta nota fiscal, deve fazer a seguinte observação: Reajuste do valor consignado na nota fiscal de número 00000 de dd/mm/aa. O setor de Recebimento de Materiais deve emitir nota de recebimento e efetua os lançamentos para efeito de estoque/custo e remetê-lo ao setor Fiscal para a devida classificação.

2.8. Conferência Física dos Materiais Recebidos

2.8.1. O setor de Recebimento de Materiais deve providenciar as seguintes ações, a título de exemplo, dentro das situações possíveis:

Quantidades			***Procedimentos***
Ped.Compra	Nota Fiscal	Físico	
10	15	15	Emitir nota fiscal de devolução e devolver a mercadoria excedente ou emitir requisição de compra complementar, de acordo com a necessidade e aprovação do chefe do depto. de Suprimentos.
10	10	15	Solicitar emissão de nota fiscal complementar ao fornecedor e em seguida, emitir nota fiscal de devolução pela diferença.
10	15	10	Emitir carta de correção ao fornecedor relacionando os erros e escriturar a nota fiscal com os dados corretos.
15	10	10	Solicitar ao fornecedor entrega da quantidade que falta para complementar o pedido de compra, com a respectiva nota fiscal. Compete ao setor de Gestão de Estoque efetuar a cobrança do saldo no setor de Compras.
10	10	10	Processar a entrada normalmente
10	05	10	Solicitar ao fornecedor emissão de nota fiscal, pela diferença.

Obs: Os casos de entrega parcelada têm um procedimento diferenciado: por ocasião da última entrega, é efetuado um confronto entre as quantidades efetivamente recebidas, as constantes do pedido de compra e nota fiscal. Para tanto, tira-se cópia do pedido correspondente para acompanhar o processo de pagamento e somente é remetida a original quando efetua a última entrega.

2.8.2. Após a conferência dos dados, estando a nota fiscal de acordo com o pedido de compra, apor *Carimbo de Recebimento* no verso da nota fiscal, contendo a data de recebimento, o número do pedido de compra e liberar quando há saída do veículo para pesagem.

2.9. O setor de Recebimento de Materiais deve informar ao setor de Contas a Pagar, sobre as notas fiscais recusadas, para dar o tratamento adequado às duplicatas.

2.10. O setor de Recebimento deve emitir a *"Nota de Recebimento de Materiais NRM"* e remetê-la ao setor de Contas a Pagar, juntamente com a 1ª via da nota fiscal, num prazo máximo de 12 horas.

2.11. O setor de Contas a Pagar efetua a escrituração (ou o setor Fiscal/ Contábil) e inicia o processo de pagamento ao fornecedor.

Obs: Nas empresas com tecnologia de informação, os procedimentos acima são efetuados de forma eletrônica, sem necessidade de tramitação de documentos.

2.12. Divergências Parciais na Nota Fiscal

2.12.1. Quando parte da nota fiscal encontra-se com divergência, emitir carta de correção, somente para os itens irregulares.

2.12.2. Mesmo que a divergência seja em um item da nota fiscal, caso conste inadequadamente o endereço do destinatário, recusar todo o material, procedendo conforme item 2.6. dessa Instrução Normativa.

2.13. Limites para aceite de materiais com divergências

Os limites para aceitar materiais com divergência em relação ao valor/ quantidade do pedido de compra são os seguintes:

a) até 10% da quantidade, para mais ou para menos, desde que não ultrapasse o valor de R$ 200,00 (duzentos reais);

b) até 5% da quantidade para mais ou para menos, desde que não seja ultrapassado o valor de R$ 250,00 (duzentos e cinqüenta reais);

c) até 2% do valor para mais ou para menos, desde que não haja diferença na quantidade e que não seja ultrapassado o valor de R$ 300,00 (trezentos reais).

2.14. Entregas Parciais

A fim de caracterizar o conceito do que deve ser interpretado como uma entrega parcial, fica determinado:

2.14.1. Entregas Programadas

Considera-se entrega programada, quando de comum acordo a empresa e fornecedora estabelecerem entrega de mercadoria durante determinado período (várias datas) e quantidade, oficializando este acordo através de contrato ou mesmo no pedido de compra. Nestes casos, o recebimento das mercadorias deve ser considerado como entrega total, respeitando as cláusulas do contrato ou pedido de compra.

2.14.2. Entregas Parciais

Determina-se entrega parcial quando um pedido de compra não atinge a totalidade dos itens solicitados no pedido, ou, ainda, quando a quantidade entregue de não for igual à solicitada, respeitados os limites estabelecidos no item 2.13.

2.15. Avarias no Transporte

2.15.1. Na ocorrência de avaria no material, decorrente do seu transporte, o setor de Recebimento de Materiais comunica ao depto. de Contabilidade, para que emita o aviso de lançamento.

2.15.2. Quando o fornecedor é também o transportador, efetua-se o débito para ele. Caso contrário, o débito deve ser feito à transportadora.

2.16. Recepção de veículos

2.16.1. Todo veículo da empresa (destinado a retirar materiais) precisa ser pesado na portaria, e o ticket de balança registrado no Livro de Registro de Notas Fiscais – Entradas na Fábrica.

2.16.2. Quando o material for entregue pelo fornecedor ou transportador, o setor de Portaria e Vigilância encaminha a nota fiscal ao setor de Recebimento de Materiais, para que autorize a entrada do veículo. Havendo autorização, proceder conforme item anterior.

2.17. Aviso de Chegada de Materiais no Almoxarifado

2.17.1. Imediatamente após o recebimento e conferência dos materiais, o Almoxarifado providencia a emissão do *"Aviso de Chegada de Materiais"*, que tem como objetivo comunicar à área solicitante dos materiais de aplicação direta à disposição, para retirada e inspeção. Aplica-se o mesmo procedimento para os materiais recuperados.

2.18. Solicitação para Emissão de Notas Fiscais

2.18.1. Toda e qualquer emissão de nota fiscal para devolução, remessa para reforma/conserto, amostra, transferência, vendas, etc., deve ser solicitada ao setor Fiscal, através do formulário *"Solicitação para Emissão de Notas Fiscais"*.

2.19. Tabela de divergências detectadas no recebimento.

Toda e qualquer divergência no recebimento exige da área responsável uma solução de acordo com a tabela de decisão.

- ***Condição de pagamento***
  - ✓ Providência a ser tomada - contatar o fornecedor e regularizar, documentando formalmente;
  - ✓ Responsabilidade: setor de Contas a Pagar
- ***Preço Unitário***
  - ✓ Providência a ser tomada - executando-se acordos

documentados ou reajustes cobertos por algum contrato e prevendo aumento nos preços unitários observa-se os seguintes critérios:

- tratando-se de preço destacado *a menor,* emite-se carta de correção, solicitando ao fornecedor o envio de nota fiscal complementar com destaque dos impostos, se for o caso;

- tratando-se de preço destacado *a maior,* é emitida carta de correção ao fornecedor, apontando o erro na nota fiscal e declarando que foram creditados os impostos destacados à maior, autorizando-o a proceder a restituição dos impostos recolhidos indevidamente. A nota fiscal será escriturada com base nos valores corretos.

✓ Responsabilidade: setor Fiscal/Contabilidade

- ***Valores Totais***

  ✓ Providência a ser tomada - a mesma do item anterior apenas com uma ressalva de que, eventualmente, poderá haver algum erro no cálculo do IPI, frete ou desconto.

  ✓ Responsabilidade: setor Fiscal/Contabilidade

- ***Material fora de especificação técnica ou de qualidade***

  ✓ Providência a ser tomada - o setor de Recebimento de Materiais carimba devolução no verso das vias da nota fiscal do fornecedor, especificando o motivo da devolução. Caso seja entregue diretamente na fábrica, emitir nota fiscal de devolução.

  ✓ Responsabilidade: setor de Recebimento de Materiais, com autorização do solicitante.

- ***Entrega sem o Pedido de Compra***

  ✓ Providência a ser tomada - o setor de Recebimento de Materiais deve contatar o setor de Compras a fim de verificar a autenticidade da aquisição.

  ✓ Responsabilidade: setor de Recebimento de Materiais.

- ***Entrega fora do prazo***

  ✓ Providência a ser tomada - quaisquer divergências quanto aos prazos de entrega, por antecipação ou por atrasos e que sejam desfavoráveis para a empresa, em termos de vencimento, deve-se contatar o fornecedor e ajustar uma nova data para o vencimento/pagamento.

  ✓ Responsabilidade: setor de Compras e setor de Contas a Pagar.

- ***Material apresentando dano visível e aparente***

  ✓ Providência a ser tomada - carimbar no verso das vias da nota fiscal para devolução ao fornecedor. Avisar o comprador responsável para contatar o fornecedor a fim de solicitar a reposição do material. Se parte do material estiver danificada, o setor de Recebimento deve proceder à devolução, conforme mencionado no item 2.7. dessa Instrução Normativa.

  ✓ Responsabilidade: setor de Recebimento de Materiais.

- ***Quantidades divergentes***

  ✓ Providência a ser tomada - se a divergência for entre a nota fiscal e o pedido de compra, precisa de análise de acordo com as políticas desta Instrução Normativa;

  ✓ Responsabilidade: setor de Compras/setor de Recebimento de Materiais.

Instrução Normativa: Nº 07- 2000

ASSUNTO: DUPLICATAS

Destinação:

Para cumprimento: setor de Contas a Pagar
setor deTesouraria
setor de Contabilidade

Para conhecimento: diretores, gerentes e titulares de áreas

1. Objetivos:

Fornecer aos profissionais das áreas Financeira e Contábil, esclarecimentos legais sobre duplicatas.

2. Noções Gerais

2.1. Natureza

A duplicata é um título representativo de crédito devido em razão do fornecimento de mercadorias (= compra e venda mercantil), ou da prestação de serviços. Trata-se, logo, de um TÍTULO DE CRÉDITO, sacado (= emitido) com base em fatura de venda ou de prestação de serviços.

2.2. Emissão

Por força de Lei, a duplicata só poderá ser emitida em razão de compra e venda ou prestação de serviços, sendo irregular o título de crédito caso tenha qualquer outra origem (cobrança de juros e correção monetária, leasing etc).

Além disso, no caso de compra e venda mercantil, tem sido considerado irregular o saque de duplicata com entrega futura de mercadorias (superior a 30 dias).

"DUPLICATA – Título emitido com base em contrato de compra e venda para entrega futura – Inadmissibilidade – Inteligência do art, 1º, da Lei nº 5.474/68." (1º TACSP – AC nº 527.938-3 – Rel. Juiz Roberto Caldeira Barioni – j . 06.12.94 – RT 712/174).

Deve-se esclarecer, ainda, que embora a emissão da duplicata não seja obrigatória, é proibida a documentação do negócio mercantil (compra e venda ou prestação de serviços) por qualquer outro título de crédito (letras de câmbio ou nota promissória).

Na duplicata deve constar:

a) a denominação "duplicata", a data de emissão e o número do título;

b) o número da fatura;

c) a data de vencimento;

d) o nome e o endereço do comprador e do vendedor;

e) a importância a pagar, em algarismos e por extenso;

f) a praça de pagamento;

g) cláusulas à ordem (permitindo o endosso);

h) a declaração do reconhecimento da exatidão da duplicata e da obrigação de pagá-la, a ser assinada pelo comprador (=sacado). Trata-se do aceite;

i) a assinatura do emitente (= sacador).

2.3. Aceite

Emitida a duplicata, remete-se ao sacado pelo sacador (ou por instituição financeira) para que a aceite, dentro do prazo de 30 dias da emissão, mediante a aposição de sua assinatura (ou do representante legal) no título. Uma vez aceita a duplicata, o sacado que a aceitou obriga-se a pagar o crédito representado pelo título.

a) uma vez recebida, poderá o sacado devolver a duplicata ao sacador: 1) aceita, ou 2) manifestando expressamente, no próprio título, uma das razões para não aceitar;

b) avaria ou não recebimento das mercadorias, quando não expedidas ou não entregues por conta e risco do comprador;

c) vícios, defeitos e diferenças na quantidade ou qualidade das mercadorias, devidamente comprovados;

d) divergência nos prazos ou nos preços ajustados.

Assim procedendo, o sacado impedirá a execução da duplicata acompanhada dos comprovantes de entrega das mercadorias (artigo 15, II, "c", da Lei nº 5.474/68).

2.4. Duplicata Simulada

A emissão de duplicata sem a correspondente venda de mercadoria ou prestação de serviços, constitui crime punível com pena de dois a quatro anos de detenção, acrescido de multa (artigo 172 do Código Penal).

Não estando vinculada a nenhum negócio jurídico efetivo, a duplicata "fria" não obriga aquele indicado como sacado ao pagamento, eis que:

a) não houve aceite ou mesmo não é válido (= assinatura falsa);

b) não há comprovante de entrega de mercadoria ou prestação de serviço.

É evidente que, se o caso for levado a protesto pelo sacador ou endossário (normalmente instituição financeira, por força de desconto bancário), poderá o suposto sacado pleitear judicialmente a inexistência da obrigação.

2.5. Protesto

A duplicata pode ser protestada por falta de aceite, devolução ou de pagamento, sendo a última hipótese a mais comum e aquela com conseqüências de maior relevo.

Para que o portador da duplicata, a quem o título foi transmitido por endosso, possa exigir dos endossantes e avalistas o pagamento em caso de inadimplemento do sacado (= direito de regresso) é indispensável o protesto da duplicata dentro de 30 (trinta) dias contados da data do vencimento (artigo 13, Parágrafo. 4º da Lei nº 5.474/68).

Neste caso, como o protesto é necessário para o exercício do direito de regresso do endossatário de boa-fé, ele não pode ser responsabilizado pelos danos morais ocasionados ao sacado, segundo entende majoritária jurisprudência. Há decisões, contudo, admitindo tal responsabilização, em caso de duplicata simulada, por reconhecer que a apresentação de título a protesto não aceita e desacompanhado de comprovante de entrega de mercadoria revela negligência do endossatário.

Não sendo devolvida a duplicata, o protesto poderá ser feito por indicação (= descrição do título) ou através de triplicata. Esclareça-se, todavia, que a indevida retenção da duplicata, devidamente comprovada, pode acarretar a prisão do sacado (artigo 31 do decreto nº 2.044/08).

2.6. Relação entre Sacado e o Sacador

Tendo origem em contrato de compra e venda ou prestação de serviços, o sacado (comprador ou tomador do serviço) poderá recusar-se a pagar o crédito representado pela duplicata, caso seja cobrado pelo sacador, alegando descumprimento parcial ou total do negócio original (falta de entrega das mercadorias ou da prestação do serviço, vícios de qualidade ou quantidade etc.) ou pagamento.

2.7. Relação entre Sacado e Endossatários

Título de crédito que representa a duplicata pode circular por meio de endosso (=endosso translativo), que transmite a titularidade do crédito.

Nesse caso, porém, não pode o sacado recusar o pagamento pretendido por aquele a quem a duplicata tenha sido endossada, com base em alegações relacionadas ao negócio que deu origem ao título, a não ser que prove que este não adquiriu o título de boa-fé. Por tal motivo, uma vez endossado o título, o pagamento feito diretamente ao sacador é considerado ineficaz, eis que o mesmo já não era mais titular do crédito.

2.8. Pagamento

Considerando que a duplicata é título de crédito que pode circular por endosso (a proibição do endosso é nula), o sacado não tem como saber, com certeza, a quem pagar. Logo, cabe ao portador procurar o devedor para receber o pagamento.

Paga a duplicata, deve o sacador exigir que o título lhe seja entregue, constando a quitação no verso, como prova.

Além da quitação no verso do próprio título, servem como prova de pagamento:

a) o recibo passado em documento à parte;

b) a compensação de cheque no verso do qual conste que se destina ao pagamento da duplicata, indicando o número da fatura.

Ressalte-se, contudo, que tais modalidades de quitação não excluem a necessidade da entrega do título, para segurança do sacado, pois, caso a duplicata permaneça em circulação e seja endossada a terceiro de boa-fé, o pagamento terá que ser novamente efetuado.

2.9. Cobrança da Duplicata

A duplicata poderá ser cobrada através de processo de execução desde que aceita ou, não tendo sido aceita, caso protestada e acompanhada de comprovante de entrega de mercadorias ou prestação de serviços (exceto se o sacado houver recusado o aceite, no prazo e forma legais).

A possibilidade de execução da duplicata prescreve:

a) em três anos, contra o sacado e seus avalistas, contados da data do vencimento;

b) em um ano contra os endossantes e seus avalistas, contados da data do protesto.

Segundo entendimentos do Supremo Tribunal Federal, o protesto não interrompe a prescrição do título de crédito (Súmula nº 153), de tal sorte que, após tal lapso de tempo, restará ao credor pleitear o pagamento através de ação de cobrança ou ação monitória, servindo a duplicata como início de prova de crédito.

Esta Instrução Normativa tem vigência a partir de ____/____/ 2000

____
Diretor

Instrução Normativa: Nº 08- 2000

ASSUNTO: FUNDO FIXO - CRITÉRIOS E PROCEDIMENTOS

Destinação:

Para cumprimento: setor de Contas a Pagar
setor de Compras
setor de Tesouraria
setor de Contabilidade

Para conhecimento: diretores, gerentes e titulares de áreas

1. Introdução

Esta Instrução Normativa tem por objetivos regulamentar os critérios e normas básicas referentes ao fundo fixo movimentado pelas unidades de trabalho, divulgar o formulário "Demonstrativo do Fundo Fixo", bem como definir procedimentos para sua utilização.

2. Conceituação

Para efeito desta Instrução Normativa, entende-se que fundo fixo corresponde a uma quantidade preestabelecida de numerário, disponibilizado ao Departamento de Suprimentos, para fazer face às despesas diárias, não previstas e/ou de pequeno valor, e as eventuais compras à vista (até R$ 300,00).

Por despesas não previstas entende-se aquelas que:

a) não sejam pagamentos parciais ou totais de compra de materiais ou de contratação de serviços, apoiadas por pedido de compra, ou contrato;

b) não sejam objeto de previsão financeira;

c) ou, embora previstas, o seu valor definitivo seja somente do conhecimento da unidade, no dia do vencimento.

3. Diretrizes e Normas Básicas

3.1. Constituição e movimentação do fundo fixo

3.1.1. A abertura do fundo fixo, para atendimento do setor de Compras, ou de unidades externas (filiais, escritórios regionais) é autorizada pela diretoria da empresa.

3.1.2. A remessa de numerário para o setor de Compras deve ser em espécie, ficando o seu titular, responsável pela quantia entregue, mediante protocolo (vale) assinado.

3.1.3. As remessas de numerário para constituição e reembolso do fundo fixo são encaminhadas pela matriz à unidade usuária, através de movimentação bancária.

3.1.4. Devido à inflação ou ao aumento das despesas locais, a unidade de trabalho pode solicitar acréscimo de valor do seu fundo fixo. A solicitação pode ser formalizada por escrito (fax, CI, e-mail), e encaminhada diretamente à diretoria.

3.2. Critérios para pagamento através do fundo fixo

3.2.1. Não se utiliza numerário do fundo fixo para pagamento de despesas previstas e com prazos de vencimento adequados (ex: aluguel de imóvel, telefone, energia elétrica etc).

A área solicita ao setor Financeiro numerário específico ou remete os documentos à matriz, para que esta efetue a sua quitação.

3.2.2. O numerário do fundo fixo não deve ser utilizado para pagamentos de pessoal (adiantamento de salários, vales etc).

3.2.3. Todo pagamento efetuado através do fundo fixo precisa estar documentado por nota fiscal ou recibo.

3.2.4. Estes comprovantes de despesas (nota fiscal, ticket de caixa, recibos) devem ser carimbados com a expressão "PAGO - FUNDO FIXO" e datados, para evitar novas cobranças.

3.3. Controle e reembolso do fundo fixo

3.3.1. Para efeito de reembolso, relacionar todas as despesas no formulário "Demonstrativo do Fundo Fixo" (modelo anexo) e anexar também os seus comprovantes.

3.3.2. Recomendamos que o formulário "Demonstrativo do Fundo Fixo" seja emitido sempre que tenham sido desembolsados no mínimo *10% (dez por cento)* do seu valor total. Dessa forma, evita-se o trâmite de papéis, decorrentes de reembolso freqüente, racionalizando-se os procedimentos do fundo fixo (emissão de cheques, coleta de assinaturas, ordens de pagamento, cópias de cheques etc.).

3.3.3. Independentemente do item anterior, é obrigatório emitir o "Demonstrativo do Fundo Fixo", no último dia útil do mês, encerrando-se o movimento mensal.

3.3.4. Em caso de divergência entre o formulário "Demonstrativo do Fundo Fixo" e os documentos remetidos, o setor Financeiro contata de imediato o responsável pelo fundo e providencia os acertos necessários.

3.3.5. O responsável pelo fundo fixo, precisa informar à diretoria através de CI, o giro mensal, através da seguinte fórmula:

$$\text{giro do fundo fixo} = \frac{\text{Total das despesas pagas no mês}}{\text{Valor do fundo}}$$

3.4. Contabilização

3.4.1. A contabilização das despesas efetuadas através do fundo fixo baseia-se no formulário "Demonstrativo do Fundo Fixo". Para tanto, é necessário que o documento seja emitido de forma clara e sem rasuras, conforme figura 22.7.

EMPRESA MODELO S.A.	DEMONSTRATIVO DE FUNDO FIXO	Número 1
		Emissão 2

HISTÓRICO	VALORES - R$	
	ENTRADA	SAÍDA
Reembolso em ___/___/___ 3	4	
Saídas 5		6
Total das Saídas (Valor a ser reembolsado) .... R$		7

REEMBOLSO PENDENTE 8		
Nº	DATA	VALOR

POSIÇÃO FINANCEIRA	9
Valor do fundo - R$	9.1
Em dinheiro - R$	9.2
No setor de Compras - R$	9.3
Reembolso Pendente - R$	9.4

Emitido por 10	Aprovado por 11	Autorizado por 12

Fig. 22.7. Modelo de Demonstrativo de Fundo Fixo

Instrução para Preenchimento do Formulário

Demonstrativo do Fundo Fixo

Objetivos do Formulário:

- ✓ registrar a movimentação de numerário no fundo fixo da área usuária;
- ✓ demonstrar os valores e tipos de despesas efetuadas;
- ✓ possibilitar reembolso parcial ou total do fundo, pela Gerência Financeira;
- ✓ fornecer subsídios, para a contabilização, pagas pelo fundo fixo.

Responsabilidade pela emissão: área usuária (Compras, por exemplo).

Forma de Preenchimento:

Campo	Título	Preencher com:
1	Numero	Número do fundo fixo, de forma seqüencial, dentro do ano. Exemplo: 001/2000, 002/2000
2	Emissão	Dia, mês e ano de emissão do formulário
3	Reembolso em	Dia, mês e ano do reembolso
4	Entrada (R$)	Valor total recebido, a título de reembolso
5	Saídas (Histórico)	Para a correta identificação das despesas especificadas neste formulário, o emitente deverá utilizar-se das notas fiscais/recibos (para saber o tipo de despesa). Registrar o nº do comprovante de despesas e a utilização deste valor. O documento comprobatório (anexar notas fiscais ou recibo a este formulário) Exemplo: reprodução de cópias (xerox, heliográficas), despesas com livros e jornais, despesas com fotografias etc.
6	Saída (R$)	Valor total da saída, correspondente a cada despesa
7	Total das Saídas	Somatório dos valores
8	Reembolso Pendente	Número, data e valor de cada reembolso pendente
9	Posição Financeira	
9.1.	Valor do Fundo	Valor do fundo fixo atual, aprovado pela diretoria, na área usuária
9.2.	Em Dinheiro	Valor em dinheiro, em poder do responsável pelo fundo fixo
9.3	No setor de Compras	Valor total dos adiantamentos, em poder de empregados do setor de compras (vales de caixa)

Campo	Título	Preencher com:
9.4	*Reembolso pendente*	Valor total das quantias ainda não reembolsadas pela Gerência Financeira (somatório do campo 8)
10	Emitido por	Data e assinatura do responsável pela emissão do formulário
11	Aprovado por	Data e assinatura de pessoa credenciada a aprovar o documento
12	Autorizado por	Data e assinatura de pessoa credenciada a autorizar a movimentação deste documento.

22.5. RELATÓRIOS EMITIDOS PELA ASSESSORIA DE ORGANIZAÇÃO E MÉTODOS (O&M)

Modelos de relatórios emitidos pela Assessoria de Organização e Métodos (O&M), da Empresa Modelo S. A., utilizando-se critérios da "Curva ABC". Casos Reais

Na leitura dos relatórios a seguir, que configuram exemplos reais, o leitor tomará conhecimento de algumas atividades de Organização e Métodos, seja esta área pertencente à estrutura interna da organização, ou através de serviços contratados.

No primeiro modelo de relatório, tendo como ponto de partida os levantamentos e diagnóstico com o setor de Administração de Materiais, apresentamos um estudo indicando à diretoria da empresa, propostas de mudança, objetivando maximizar resultados, otimizar procedimentos, reduzir custos e controles.

No segundo modelo de relatório, a Assessoria de O&M, propõe critérios para desenvolvimento de atividades na área de materiais, bem como a implantação, definição e estruturação da "Curva ABC" na empresa.

No terceiro e último relatório, os profissionais de O&M relatam ao corpo diretivo da empresa, o resultado de estudos e levantamentos efetuados no sistema de controle de estoque, sugerindo racionalização e otimização nos processos em análise.

22.5.1. PLANO DE TRABALHO - ORGANIZAÇÃO DOS ALMOXARIFADOS

São Paulo, 28 de outubro de 2000
027/O&M/00-CDR

Sr. Iracélio Perez
Diretor Administrativo-Financeiro

Assunto: Plano de Trabalho - Organização dos Almoxarifados

1. Introdução

Conforme solicitação desta Diretoria, relacionamos algumas atividades a desenvolver na Empresa Modelo S. A, sobre estratégias e administração de almoxarifados e a gestão de materiais, tendo por objetivo, entre outros:

a) racionalizar e otimizar os procedimentos da movimentação (entradas e saídas) de materiais;

b) melhorar os controles internos dos almoxarifados e demais áreas de armazenamento;

c) diminuir os itens em estoque, mantendo as necessidades da empresa, refletindo, principalmente, quanto aos aspectos econômicos;

d) minimizar os custos de estocagem;

e) envolver demais áreas da empresa no programa de redução dos itens de estoque;

f) estudar a redução de materiais diversos com a mesma aplicação.

2. Atividades para desenvolver

2.1. Atualização e reformulação do sistema de controle de estoque.

2.2. Definição e classificação de materiais, em função do tipo de demanda:

a) material de estoque;

b) material de consumo.

2.3. Definição de materiais quanto ao valor de consumo anual ("Curva ABC"), com a seguinte classificação:

✓ Materiais "A" = serão controlados rigidamente

✓ Materiais "B" = serão controlados metodicamente, dentro dos critérios rotineiros de gestão de materiais

✓ Materiais "C" = deverão ser controlados de acordo com técnicas de reposição recomendada, não exigindo controle acurado.

2.4. Definição e classificação de material quanto à importância, ou seja:

✓ Materiais "Z" vitais para a produção, que deve permanecer em estoque, independentemente de seu consumo/mês.

✓ Materiais "Y" de importância média para a produção. A critério das gerências envolvidas, estes poderão ou não fazer parte do estoque.

✓ Materiais "X" de aplicação não importante para a produção. Estes itens não devem fazer parte do estoque da empresa.

2.5. Definição de critérios e diretrizes para implantação dos itens referentes a peças, acessórios e materiais de manutenção no sistema de controle de estoque (computador).

2.6. Definição e classificação de sobressalentes críticos:

São materiais que servem especificamente a um equipamento ou conjunto de equipamentos. Sua demanda não é previsível e também a reposição demorada; a decisão de estocar é tomada com base na análise de risco que a empresa corre, caso estes materiais não estejam disponíveis quando necessário.

2.7. Resgatar histórico da movimentação dos materiais num determinado período, providenciando emissão de listagens e análise dos itens não movimentados (sem entrada ou saída do estoque), há mais de "x" meses (seis, por exemplo).

2.8. Definição de critérios, controles e diretrizes para vender, sucatear e/ ou utilizar o estoque de itens não movimentados, até o seu esgotamento.

2.9. Elaboração de critérios para os materiais obsoletos, ou seja, materiais que estão em excesso no estoque ou que não têm mais serventia.

2.10. Definição e critérios para introdução de novo item no estoque dos almoxarifados da empresa.

2.11. Definição de parâmetros (estoque máximo, estoque mínimo, ponto de pedido) para reposição de itens nos almoxarifados da empresa.

2.12. Determinar critérios e procedimentos para execução de inventários rotativos e anuais na empresa.

2.13. Estabelecer normas e procedimentos para o recebimento de materiais (produtos a granel, combustíveis/lubrificantes, peças e acessórios de manutenção, matéria-prima, materiais fornecidos pelos clientes), bem como, critérios para aceite de itens cuja quantidade/valor divergem do pedido de compra.

2.14. Definição de normas, controles e procedimentos para aquisição, recebimento e aplicação de materiais importados (sistema de importação).

2.15. Elaboração de normas e procedimentos para execução de inspeção técnica e critérios para aceite de produtos com divergências.

2.16. Normatização e padronização dos controles na empresa, com relação à movimentação de produtos em processo de fabricação, produtos acabados.

2.17. Definição dos locais de armazenamento de materiais primas, e estudo de layout.

2.18. Definição e controles de itens transferidos entre as unidades operacionais (fábricas) da empresa.

2.19. Determinação da estrutura organizacional e atribuições básicas de cada área do almoxarifado e depósitos externos.

2.20. Definição de critérios e controles referentes à distribuição, carga, descarga e abastecimento de materiais à produção. Planejamento e programação para retirada de matérias-primas do almoxarifado, de forma sistemática e periódica.

2.21. Revisar as atividades dos almoxarifados e redimensionar os recursos humanos e materiais lotados naquelas unidades.

2.22. Definição de responsabilidade pelo recebimento, guarda, distribuição e demais controles operacionais referentes aos bens patrimoniais (móveis e utensílios, máquinas e equipamentos, ferramentas etc.) da empresa.

3. Cronograma das Atividades

3.1. O cronograma das atividades será apresentado à diretoria, para definir as atividades que têm prioridade de execução.

3.2. As datas de início e término de cada processo, bem como os recursos e áreas envolvidas serão determinados no cronograma.

Mariana Grabner Reis
Assessoria de O&M

22.5.2. CONTROLE E CLASSIFICAÇÃO DE MATERIAIS – CURVA ABC

São Paulo, 06 de novembro de 2000
028/O&M/00/CDR

Sr. Felício Raymundo Netto
Diretor Industrial

Assunto: Controle e Classificação de Materiais – Curva ABC

1. Para sua análise e considerações propomos critérios a fim determinar definição na estruturação da "Curva ABC", a ser implantada na empresa.

2. O projeto será desenvolvido pelo Departamento de Sistemas e Informática, com base nos dados dos valores históricos (consumo anual) cadastrados no sistema de controle de estoque, no período de 12 meses, ou seja, de abril de 1999 a abril de 2000.

3. A título de exemplo, a classificação de materiais em A, B e C poderá ser obtida através do seguinte critério:

Código	Descrição	Valor – R$	%	Classificação
2.005	Pigmento Carmin	14.030,00	0.90	8º
2.400	Diox. Titânico JHU	45.324,00	2.82	6º
2.600	Iriodim 123	5.998,00	0.37	13º
5.605	Pig.Metálico Ouro	996,00	0.06	16
1.021	Carbonil C700	3.279,00	0.20	14
1.077	D.O.P.	166.533,00	10.38	3º
1.028	Prorex FG	8.259,00	0.53	12º
1.016	Solvecrily RCS 40	1.169,00	0.07	15º
1.033	Resina Solvic 374	223.400,00	13.92	2º
1.018	Resina pevikon FD23	90,00	0.05	18º
1.011	Malha Pol/Algodão	47.150,00	2.94	5º
1.046	Bedin Branco	84.440,00	5.26	4º

Código	Descrição	Valor – R$	%	Classificação
1.034	Manta Branca p/costura	948.000,00	59.09	1º
1.042	Tecido Poliéster 100%	9.070,00	0.56	9º
1.004	Tecido Tela Akena	8.390,00	0.53	11º
1.117	Papel Siliconizado	28.904,00	1.80	7º
2.007	Papel Silcic. Navajo	78,00	0.04	19º
2.060	Óleo Diesel	8.654,00	0.53	10º
2.006	Botijão GLP P-20	572,00	0.03	17º
	Total	**R$ 1.604.336,00**	**100%**	

4. Com base na relação acima, os itens em função do consumo anual (valores), serão classificados da seguinte maneira:

   4.1. ***Classe A:*** Itens que correspondem de 70 a 85% consumo, deverão ser controlados, pelo almoxarifado, rigidamente:

Código	Descrição	Valor – R$	%	Classificação
1.034	Manta Branca p/costura	948.000,00	59.09	1º
1.033	Resina Solvic 374	223.400,00	13.92	2º
1.077	D.O.P.	166.533,00	10.38	3º
	Total	**R$ 1.337.933,00**	**83.39 %**	

   4.2. ***Classe B:*** Itens que correspondem de 5 a 12% do consumo total no período, e serão metodicamente controlados pelo almoxarifado, dentro de critérios rotineiros de gestão de materiais.

Código	Descrição	Valor – R$	%	Classificação
1.046	Bedin Branco	84.440,00	5.26	4º
1.011	Malha Pol/Algodão	47.150,00	2.94	5º
2.400	Diox. Titânico JHU	45.324,00	2.82	6º
	Total	**R$ 176.914,00**	**11.02 %**	

4.3. ***Classe C:*** Demais itens aqui classificados precisam ser controlados com técnicas de reposição recomendada, não exigindo controle acurado.

Código	**Descrição**	**Valor – R$**	**%**	**Classificação**
1.117	Papel Siliconizado	28.904,00	1.80	7º
2.005	Pigmento Carmin	14.030,00	0.90	8º
1.042	Tecido Poliéster 100%	9.070,00	0.56	9º
2.060	Óleo Diesel	8.654,00	0.53	10º
1.004	Tecido Tela Akena	8.390,00	0.53	11º
1.028	Prorex FG	8.259,00	0.53	12º
2.600	Iriodim 123	5.998,00	0.37	13º
1.021	Carbonil C700	3.279,00	0.20	14º
1.016	Solvecrily RCS 40	1.169,00	0.07	15º
5.605	Pig.Metálico Ouro	996,00	0.06	16º
2.006	Botijão GLP P-20	572,00	0.03	17º
1.018	Resina pevikon FD23	90,00	0.005	18º
2.007	Papel Silcic. Navajo	78,00	0.004	19º
	Total	**R$ 89.489,00**	**5.59%**	

Totais			
Classe – A	**Classe – B**	**Classe – C**	**Total**
83.39 %	**11.02 %**	**5.59%**	**100%**

5. Pelas pesquisas e literaturas que consultamos, as empresas têm adotado os índices aqui recomendados.
   Estes porcentuais de classificação (A,B, C) poderão ser ajustados, a critério da diretoria.

6. Definidos os porcentuais de classificação de materiais, poderão ser tomadas providências de imediato, facilitando as atividades de gestão de estoque, como por exemplo, diretrizes para a realização do inventário semestral / anual, previsto para dezembro próximo.

7. Em função do que foi exposto, pode-se determinar o período/data em que os itens classificados como "A" seriam inventariados, assim como os itens "B" e "C". Não necessariamente, todos os itens precisam de inventário numa mesma data, mas sim num mesmo período (agosto).

   7.1. É possível estabelecer também o número de equipes/pessoas para colaborar nesta atividade, que seria distribuído proporcionalmente, conforme classificação dos itens (quantidade maior de itens = quantidade maior de pessoas envolvidas; itens mais importantes=pessoas mais preparadas).

7.2. Os critérios para contagem/recontagem de materiais que tenham divergências entre o físico e registrado no sistema, serão mais bem definidos, em função da classificação ABC.

Por exemplo:

- ✓ itens "A" devem ter a 1ª, 2ª ou 3ª contagem realizada, em casos de divergências constatadas;
- ✓ itens "B", 1ª e 2ª contagem;
- ✓ itens "C", somente uma contagem.

8. Aguardamos seus comentários, colocamo-nos à sua disposição para esclarecimentos adicionais, no sentido de que possamos orientar o Almoxarifado e depto. de Sistemas e Informática, sobre adoção de critérios na elaboração da "Curva ABC".

Carolina Grabner Reis
Assessoria de O&M

22.5.3. GESTÃO DE MATERIAIS - ITENS NÃO MOVIMENTADOS NO PERÍODO

São Paulo, 16 de julho de 2000
015/O&M/00/CDR

Antônio Augusto Reis
Diretor de Suprimentos e Logística

Assunto: Gestão de Materiais - Itens não movimentados no período

1. Para sua apreciação, relatamos a seguir o resultado de estudos e levantamentos preliminares efetuados no sistema de controle de estoque, referente aos itens não movimentados no Almoxarifado, no período de janeiro a junho de 2000.

   Nota: Considera-se itens sem movimentação, os materiais que durante o período não tiveram aquisição e/ou consumo, isto é, não houve entrada e nem saída destes nos almoxarifados.

2. Este relatório faz parte das atividades do programa de trabalho sobre organização e administração dos almoxarifados da empresa.

3. Os dados registrados foram obtidos diretamente de listagens emitidas pelo sistema e de relações solicitadas ao Departamento. de Sistemas e Informática, em 19 de maio pp.

   Nota: As listagens em referência encontram-se em nosso poder, à disposição da diretoria e demais áreas interessadas.

4. Filial 1 - Nordeste

   4.1. Atualmente 661 itens de materiais estão registrados no sistema, referentes aos insumos (matéria-prima, produtos intermediários e material de embalagem), material de escritório e combustíveis/lubrificantes.

   Nota: Lembramos que os itens de manutenção (peças e acessórios) não foram considerados neste estudo, já que estes não são controlados pelo sistema (computador).

4.2. Dos **661 itens**, temos a comentar que:

a) itens com movimentação - 489 (74%)

b) itens sem movimentação - 172 (26%), sendo que:

✓ 106 itens (62%) com estoque zero;

✓ 66 itens (38%) possuem estoque.

4.3. Com relação aos itens sem movimentação (212) no período de seis meses, apuramos que o valor deste estoque é R$ 127.000,00 (cento e vinte e sete mil reais), o que corresponde a 1,42% de todo estoque atual (R$ 8.926.334,00).

4.4. A título ilustrativo, apresentamos os itens mais representativos sem movimentação no período de janeiro a junho/2000.

Código	Descrição	Estoque Atual	Valor – R$
1.030	Resina	2.000 kg	15.820,00
1.081	Tecido Coagulado T67	4.320 mt	12.867,12
1.043	Papel Siliconizado	2.013 kg	12.016,81
1.001	Tecido sarja bege	5.085 mt	11.593,80
1.078	Tecido Panda Nero	3.195 mt	10.674,49
1.021	Papel crepado	5.723 kg	9.958,02
1.077	Tecido panda biscoito	2.650 mt	8.856,30
1.028	Papel striper	969 kg	8.236,50
1.016	Papel seadick	1.717 kg	6.181,20
1.033	Resina hgt-98	1.000 kg	5.330,00
1.018	Papel bison 45ª	1.244 kg	4.478,40
1.011	Malha de algodão 20 ERT	726 mt	4.085,96
1.046	Resina Vithane 966-E	1.800 kg	4.213,00
1.034	Resina Finish 2234	1.000 kg	4.040,00
1.042	Tecido Pop AMG	2.194 mt	3.773,68
1.004	Verniz Novacit	360 kg	3.477,60
1.117	Manta Sacavoni P56	1.920 mt	3.436,80
1.032	Resina finish 2089	700 kg	3.430,00
1.008	Resina Norvic F54	350 kg	3.430,00
1.267	Plexigum 48FT	350 kg	3.430.00
1.118	Manta Scavoni – CDR	963 mt	3.098,68
1.119	Manta Scavoni – TGO	1.650 mt	2.953,50
1.260	Papel Branco 234	998 kg	2.351,29
1.303	Policida MM4	180 kg	2.233,80
1.325	Papel canário 34T	990 kg	2.162,05
1.369	Resina Finish 098JH	1.259 kg	1.981,44
1.598	Tecido Pop -NRT09	2.036 mt	1.746,00
1.097	Papel Azul 445	697 kg	1.548,00
1.078	Malha de algodão – preta 19220 ET	587 mt	1.165,45
1.789	Papel verde 034NT	945 kg	1.118,77

5. Filial 2 - Sul

5.1. No sistema de controle de estoque, para a filial 2 - Sul, estão cadastrados **142 itens de materiais**, sendo:

a) itens com movimentação - 128 (89.44%)

b) Itens **sem** movimentação - 14 (10.56%), sendo que:

✓ 10 itens (65%), possuem estoque;

✓ 04 itens (35%), estão com estoque zero.

5.2. Os itens sem movimentação (com estoque) da filial - 2 Sul são os seguintes:

Código	Descrição	Estoque Atual	Valor – R$
1.006	Pigmento R17	50 kg	189,50
1.212	Pigmento vermelho VT09	2 kg	0,14
1.213	Pigmento verde VT095	4 kg	0,40
1.402	Pigmento azul TES-26	25 kg	68,00
1.501	Tipure RU-098	25 kg	136,00
1.621	Pigmento preto VT909	2 kg	0,14
1.002	Púrpura Clitter ED-092	4 kg	8,40
1.019	Resina paraloid – K123	140 kg	1,50
1.034	Graxa lubrificante R5	40 kg	0,75
1.237	Resina paraloid L-065	150 kg	0,40

5.3. Os itens em movimentação (14) correspondem a R$ 314, 00, o que representa 0,14% do total dos materiais em estoque, na filial - 02 Sul, que é R$ 224.028,55.

6. Propostas da Assessoria de O&M.

6.1. Excluir das listagens de uso dos almoxarifados e demais áreas usuárias, (e não do sistema) os itens com estoque zero, objetivando reduzir o número de vias, melhor visualização e identificação dos materiais nos relatórios. Nas listagens utilizadas pela área de compras permanecer a descrição de itens para efeito de consultas/pesquisas em futuras aquisições.

6.2. Dar conhecimento às áreas usuárias (produção) dos itens sem movimentação e solicitar orientação sobre o destino a ser dado a estes materiais, ou seja, novo reaproveitamento, disponibilidade para venda, baixa de estoque, etc.

6.3. Alocar, se possível, em lugar específico os itens sem movimentação, para melhor identificação, bem como melhor aproveitamento do espaço físico no almoxarifado, na acomodação dos materiais de rotatividade normal.

Thiago Grabner Reis
Assessoria de O&M

GLOSSÁRIO

GLOSSÁRIO

TERMOS ADMINISTRATIVOS, ECONÔMICOS E FINANCEIROS

Administração: "atividade de trabalhar com pessoas para determinar, interpretar e realizar os objetivos organizacionais pela execução das funções de *planejamento, organização, preenchimento de vagas, direção e controle*; não é necessariamente sinônimo de liderança, supervisão ou ação empresarial" (Leon C. Megginson, Donald C. Mosley, Paul H. Pietri Jr. – Administração – Conceitos e Aplicações).

Administração por objetivos: "sistema de administração em que os administradores subordinados participam ativamente com seus superiores no estabelecimento de metas quantificáveis e mensuráveis de desempenho para um dado período de tempo; base para dirigir os vários esforços departamentais e para avaliar o desempenho de cada membro do departamento" (Leon C. Megginson, Donald C. Mosley, Paul H. Pietri Jr. – Administração – Conceitos e Aplicações).

Análise de eficiência: "trata-se de conseguir a realização de um determinado trabalho de forma correta, com custo e tempo menores. É a proporção do custo total (dinheiro) e recursos escassos (tempo) que pode ser relacionada com o benefício atualmente realizado. É a relação entre os recursos utilizados e os resultados obtidos em determinada atividade. A produção eficiente é aquela que maximiza os resultados obtidos com um dado nível de recursos ou minimiza os recursos necessários para obter determinado resultado. Analisa os efeitos ou resultados finais obtidos em relação ao esforço despendido em termos de dinheiro, recursos e tempo" (Bernard François Couttolenc e Paola Zucchi - Gestão de Recursos Financeiros).

Análise de produtividade: "é a relação entre o valor dos produtos obtidos e os meios utilizados nessa produção. Produtividade tem uma relação entre a produção obtida e o número de pessoas empregadas para gerar essa produção. Num sentido mais técnico, a produtividade é entendida como a relação entre a produção obtida por unidade produzida, num período determinado, e os insumos para tanto utilizados" (Bernard François Couttolenc e Paola Zucchi - Gestão de Recursos Financeiros).

Análise financeira: "são necessários instrumentos de análise das demonstrações para que certos aspectos mais importantes possam ser analisados com maior detalhes. A análise vertical e horizontal é instrumento dessa análise financeira" (Bernard François Couttolenc e Paola Zucchi - Gestão de Recursos Financeiros).

Análise horizontal: "compara duas demonstrações ou conjuntos de dados de períodos diferentes, geralmente consecutivos, conta por conta, ou por grupo de contas, apontando as variações percentuais ocorridas entre um período e outro" (Bernard François Couttolenc e Paola Zucchi - Gestão de Recursos Financeiros).

Análise vertical: "não aponta variações e sim a importância, ou seja, a participação percentual de cada item em relação ao total do Ativo ou do Passivo, no caso do balanço patrimonial, ou em relação à receita bruta, no caso de demonstração de resultados" (Bernard François Couttolenc e Paola Zucchi - Gestão de Recursos Financeiros).

Atividade: "tarefa (serviço) com a finalidade específica. Por exemplo: emissão de uma Nota Fiscal; conferência das Notas Fiscais com Pedidos de Compra; emissão de cheques, etc." (Contabilidade Gerencial – Anthony A. Atkinson; tradução André Olímpio M. du Chenoy Castro, revisão técnica Rubens Famá, Atlas, 2000)

Ativo: "registra os bens e direitos, ou seja, o que a empresa possui e o que tem a receber" (Bernard François Couttolenc e Paola Zucchi - Gestão de Recursos Financeiros).

Auditoria: "é um exame pericial, total ou parcial, executado por um auditor, das finanças e do capital de uma instituição, numa data determinada, bem como exame das transações financeiras durante o período fiscal que termina nessa data. Tem como objetivo a comprovação das operações contábeis por meio desse exame analítico e pericial" (Bernard François Couttolenc e Paola Zucchi - Gestão de Recursos Financeiros).

Autoridade: "direito de comandar os outros para que ajam ou não, visando alcançar os *objetivos*" (Leon C. Megginson, Donald C. Mosley, Paul H. Pietri Jr. – Administração – Conceitos e Aplicações).

Autoridade de linha: "*autoridade* que os superiores exercem sobre seus subordinados imediatos; é dirigida em sentido descendente através dos níveis organizacionais" (Leon C. Megginson, Donald C. Mosley, Paul H. Pietri Jr. – Administração – Conceitos e Aplicações).

Autoridade funcional: "autoridade concedida pela administração de cúpula para dar a um especialista de *assessoria*, o direito de comandar unidade de linha em questões concernentes à atividade funcional em que a assessoria se especializa; é o relacionamento mais forte que assessoria pode ter com as unidades de linha" (Leon C. Megginson, Donald C. Mosley, Paul H. Pietri Jr. – Administração – Conceitos e Aplicações).

Cadeia de valores: "seqüência de atividades cujo objetivo é prover um produto para o cliente ou prover um bem intermediário ou serviço em uma extensa corrente de valores" (Contabilidade Gerencial – Anthony A. Atkinson; tradução André Olímpio M. du Chenoy Castro, revisão técnica Rubens Famá, Atlas, 2000)

Controle: "processo de garantir que os objetivo organizacionais e gerenciais sejam atingidos" (Leon C. Megginson, Donald C. Mosley, Paul H. Pietri Jr. – Administração – Conceitos e Aplicações).

Controle administrativo: "processo de fornecer informações sobre o desempenho de unidades operacionais" (Contabilidade Gerencial – Anthony A. Atkinson; tradução André Olímpio M. du Chenoy Castro, revisão técnica Rubens Famá, Atlas, 2000)

Controle financeiro: "avaliação formal de alguma atividade financeira de uma empresa ou de uma unidade administrativa". (Contabilidade Gerencial – Anthony A. Atkinson; tradução André Olímpio M. du Chenoy Castro, revisão técnica Rubens Famá, Atlas, 2000)

Controle operacional: "avaliação de controles sob a perspectiva de melhoria de processos e procedimentos da área operacional" (Contabilidade Gerencial – Anthony A. Atkinson; tradução André Olímpio M. du Chenoy Castro, revisão técnica Rubens Famá, Atlas, 2000)

Controle orçamentário: "sistema de usar cifras quantificáveis estabelecidas, como receitas, despesas, ou tempo, como base para comparar o desempenho real do planejado" (Leon C. Megginson, Donald C. Mosley, Paul H. Pietri Jr. – Administração – Conceitos e Aplicações).

Controle organizacional: "atividades de avaliar o desempenho da cadeia de valores a partir da perspectiva dos objetivos da organização, utilizando-se de ferramentas específicas" (Contabilidade Gerencial – Anthony A. Atkinson; tradução André Olímpio M. du Chenoy Castro, revisão técnica Rubens Famá, Atlas, 2000)

Custo: "valor de bens e serviços consumidos ou aplicados em período definido para produzir outros bens ou serviços nesse mesmo período. É o valor de todos os recursos utilizados na produção e distribuição de bens e serviços"

(Bernard François Couttolenc e Paola Zucchi - Gestão de Recursos Financeiros).

Custo do produto: "custos associados com a produção dos produtos" (Contabilidade Gerencial – Anthony A. Atkinson; tradução André Olímpio M. du Chenoy Castro, revisão técnica Rubens Famá, Atlas, 2000)

Custo histórico: "registra os custos pelo seu valor real, à medida que eles vão ocorrendo. Uma vez que é preciso esperar até que todos os custos sejam registrados para analisa-los, esse sistema implica um atraso dessa análise em relação à ocorrência dos custos" (Bernard François Couttolenc e Paola Zucchi - Gestão de Recursos Financeiros).

Custo marginal: "é a mudança do custo total resultante do incremento da produção de mais uma unidade do produto. Acréscimo no custo total resultante do incremento de uma unidade no volume de produção" (Bernard François Couttolenc e Paola Zucchi - Gestão de Recursos Financeiros).

Custo médio: "é o quociente que se obtém ao dividir o custo total de produção de um bem, produto ou resultado pelo número de unidades produzidas ou serviços prestado" (Bernard François Couttolenc e Paola Zucchi - Gestão de Recursos Financeiros).

Custo padrão: "calcula antecipadamente, com base na experi6encia passada e nos objetivos fixados para o período atual, os custos que devem ocorrer no período. À medida de sua ocorrência, os custos reais e históricos são registrados e comparados com os custos padrões, e as variações encontradas são analisadas. Esse custo permite que a análise dos custos seja feita imediatamente após sua ocorrência e não depois de um período mais ou menos longo" (Bernard François Couttolenc e Paola Zucchi - Gestão de Recursos Financeiros).

Custos diretos: "são aqueles incorridos com a organização e operacionalização de determinado programa ou evento. As categorias de custo direto de maior peso são as despesas com pessoal, materiais consumidos e energia e os gastos com capital. São os custos variáveis" (Bernard François Couttolenc e Paola Zucchi - Gestão de Recursos Financeiros).

Custos fixos: "são aqueles que não variam devido às alterações do nível de produção da empresa, ou seja, dentro de um mês ou outra unidade de tempo, assumem determinado valor independentemente de nesse mesmo período a empresa ter um nível maior ou menor de atividade. Esse custo acaba por independer do volume de produção desse período; dessa forma, em curto prazo, esse custo não depende da quantidade produzida. São as despesas que não variam com o número de produção ou serviços prestados" (Bernard François Couttolenc e Paola Zucchi - Gestão de Recursos Financeiros).

Custos indiretos: "são os gastos fixos que não variam como volume de produção" (Bernard François Couttolenc e Paola Zucchi - Gestão de Recursos Financeiros).

Custos semifixos e semivariáveis: "alguns custos apresentam um comportamento, em curto prazo, que pode ser decomposto em duas parcelas: um componente fixo e outro variável. A reunião desses componentes resulta num comportamento misto cuja denominação é "semifixo" ou "semivariável" (Bernard François Couttolenc e Paola Zucchi - Gestão de Recursos Financeiros).

Custos totais: "é a soma dos custos fixos e variáveis da empresa; podem ser separados em dois tipos: custos diretos, que incidem diretamente sobre o bem ou o serviço produzido e são facilmente identificáveis e atribuíveis ao bem ou serviço em questão, e os indiretos, que são relativos a um grupo de bens ou serviços, ou a todos eles, e que são de atribuição mais difícil" (Bernard François Couttolenc e Paola Zucchi - Gestão de Recursos Financeiros).

Custos variáveis: "são aqueles que, dentro de certo mês, ou outra unidade de tempo, tem valor total determinado exatamente como decorr6encia direta do nível de atividade da empresa. A classificação variável aplica-se ao custo que demonstra um comportamento que depende exclusivamente das variações do nível de produção" (Bernard François Couttolenc e Paola Zucchi - Gestão de Recursos Financeiros).

Delegação de autoridade: "processo pelo qual os administradores alocam *autoridade* em sentido descendente às pessoas que lhes prestam contas" (Leon C. Megginson, Donald C. Mosley, Paul H. Pietri Jr. – Administração – Conceitos e Aplicações).

Departamentalização: "processo de dividir grandes grupos em unidades menores, mais fáceis de dirigir" (Leon C. Megginson, Donald C. Mosley, Paul H. Pietri Jr. – Administração – Conceitos e Aplicações).

Depreciação: "significa a perda de eficiência funcional ou valor do bem, como máquinas, instalações, veículos, etc. para a economia, a depreciação está intimamente ligada à idéia de diferença entre valores. Para a contabilidade, a depreciação é um custo amortizado. A depreciação de um período é o custo amortizado nesse período, assim como a depreciação global de um bem é parte do custo amortizado, exceto os terrenos e obras de arte, tem vida útil limitada, ou seja, serão úteis à empresa por um conjunto de períodos finitos, chamados de "períodos contábeis". À medida que esses períodos forem decorrendo, dar-se-á o desgaste dos bens, que representa o custo a ser registrado" (Bernard François Couttolenc e Paola Zucchi - Gestão de Recursos Financeiros).

Descentralização: "extensão em que a alta administração delega *autoridade* em sentido descendente para as divisões, filiais ou unidades organizacionais de níveis mais baixos" (Leon C. Megginson, Donald C. Mosley, Paul H. Pietri Jr. – Administração – Conceitos e Aplicações).

Despesa: "o valor despendido na aquisição de um bem ou na prestação de um serviço; implica necessariamente um dispêndio de dinheiro" (Bernard François Couttolenc e Paola Zucchi - Gestão de Recursos Financeiros).

Devedores duvidosos: "aqueles devedores de uma empresa/instituição que tem uma probabilidade maior de não liquidar seus débitos, os "maus pagadores". Por extensão, o valor devido por este cliente" (Bernard François Couttolenc e Paola Zucchi - Gestão de Recursos Financeiros).

Dirigir: "uma das funções básicas de administração: influenciar os empregados a realizarem os objetivos desejados; envolve as qualidades, estilos e *poder* do líder, bem como as atividades de liderança de *comunicação, motivação* e disciplina" (Leon C. Megginson, Donald C. Mosley, Paul H. Pietri Jr. – Administração – Conceitos e Aplicações).

Eficiência: "a razão entre *produto e insumos;* um administrador eficiente é o que consegue produção mais alta (resultados, produtividade, desempenho) relativamente aos insumos (mão de obra, materiais, dinheiro, máquinas e tempo) necessários para consegui-la" (Leon C. Megginson, Donald C. Mosley, Paul H. Pietri Jr. – Administração – Conceitos e Aplicações).

Eficiência técnica: "obtenção, a partir de uma certa quantidade de insumos, da maior quantidade de produto possível. Essa (por oposição à eficiência alocativa, definida anteriormente) está relacionada com o conceito de produtividade e implica maximizar o resultado com o volume de recursos dado, ou minimizar a quantidade de recursos utilizados para se alcançar certo objetivo ou resultado. Em outras palavras, trata-se de minimizar o custo necessário para atingir determinado objetivo" (Bernard François Couttolenc e Paola Zucchi - Gestão de Recursos Financeiros).

Eficiente: "processo caracterizado pela habilidade de usar o mínimo possível de recursos (material, humano, tecnológico, etc.) para produzir alguma coisa

(bens, materiais ou serviços) (Contabilidade Gerencial – Anthony A. Atkinson; tradução André Olímpio M. du Chenoy Castro, revisão técnica Rubens Famá, Atlas, 2000)

Estratégias: "planos de vulto que a administração adota para alcançar as metas organizacionais, considerando o que ela e os competidores farão em um determinado conjunto de circunstancias (Leon C. Megginson, Donald C. Mosley, Paul H. Pietri Jr. – Administração – Conceitos e Aplicações)".

Funções da administração: "as funções da administração são planejar, organizar, coordenar, dirigir e controlar" (Bernard François Couttolenc e Paola Zucchi - Gestão de Recursos Financeiros).

Funções da administração financeira: "as funções da administração de planejar, organizar, dirigir e coordenar são também funções da administração financeira, em que se destacam o planejar e o controlar, devendo-se acrescentar a função financiar. Em sua definição mais estrita, a administração financeira tem como objetivo imediato prover e gerenciar os recursos financeiros necessários à consecução das atividades. Num conceito mais abrangente, seria o grupo de funções administrativas que se responsabiliza pela administração do fluxo de dinheiro, de tal forma que a organização tenha meios de executar seu objetivo" (Bernard François Couttolenc e Paola Zucchi - Gestão de Recursos Financeiros).

Gerência administrativa: "forma de administração preocupada com o estabelecimento de *objetivos,* então com as atividades de *planejamento, organização, preenchimento de vagas e controle* de uma maneira ordenada para que sejam alcançados os objetivos da organização" (Leon C. Megginson, Donald C. Mosley, Paul H. Pietri Jr. – Administração – Conceitos e Aplicações).

Gerentes funcionais: "gerentes responsáveis por apenas uma das funções principais ou de serviços, como produção, marketing, finanças, ou contabilidade" (Leon C. Megginson, Donald C. Mosley, Paul H. Pietri Jr. – Administração – Conceitos e Aplicações).

Gerentes gerais: "gerentes que fiscalizam uma unidade ou uma divisão operativa a total que inclui todas as atividades funcionais da unidade" (Leon C. Megginson, Donald C. Mosley, Paul H. Pietri Jr. – Administração – Conceitos e Aplicações).

Gestão financeira: "é a gestão dos recursos financeiros no seu sentido mais amplo; constitui, cada vez mais, um elemento crítico e imprescindível do gerenciamento das atividades da organização, seja pública ou privada. Tem papel importante no processo de tomada de decisões e um impacto crítico nas finanças das empresas, contribuindo significativamente para muitas decisões que determinam a viabilidade econômica-financeira das instituições ou programas. Além das decisões estritamente de cunho financeiro, escolhas não-financeiras como implicações diretas e indiretas nas finanças também acontecem, como a contratação de pessoal ou a implantação de novos serviços ou produtos. A gestão financeira é mais do que o simples planejamento e execução do orçamento. Na verdade, pode-se dizer que em todas as decisões a serem tomadas há uma contrapartida financeira" (Bernard François Couttolenc e Paola Zucchi - Gestão de Recursos Financeiros).

Insumos: "são recursos ou matérias-primas. Os insumos incluem recursos humanos, materiais, equipamentos e instalações e tecnologia para operá-los; têm, necessariamente, um custo, mesmo que a unidade que os utilize não realize nenhum desembolso direto por eles" (Bernard François Couttolenc e Paola Zucchi - Gestão de Recursos Financeiros)

Líder de Mudança: "pessoa que assume a iniciativa de realizar mudanças significativas na empresa sejam organizacionais, de processos, de controle, de procedimentos, de missão, etc., assumindo riscos" (Contabilidade Gerencial – Anthony A. Atkinson; tradução André Olímpio M. du Chenoy Castro, revisão técnica Rubens Famá, Atlas, 2000)

Liderança: "processo de influenciar as atividades individuais e grupais para o estabelecimento e consecução de meta" (Leon C. Megginson, Donald C. Mosley, Paul H. Pietri Jr. – Administração – Conceitos e Aplicações).

Liquidez: "é a necessidade de um bem ou direito se transformar em "dinheiro vivo" num curto espaço de tempo. A liquidez dos ativos de uma instituição é importante porque permite que ela faça pagamentos imprevistos ou de curto prazo, realizando rapidamente aplicações, estoques ou outro bem. Por extensão, diz-se que uma empresa "tem liquidez" quando ela tem ativos de curto prazo em montante suficiente para pagar suas dívidas de curto prazo e ainda enfrentar imprevistos" (Bernard François Couttolenc e Paola Zucchi - Gestão de Recursos Financeiros).

Meta: "resultado final específico que se busca; comumente também chamado de *objetivo* que as organizações, administradores e empregados procuram alcançar " (Leon C. Megginson, Donald C. Mosley, Paul H. Pietri Jr. – Administração – Conceitos e Aplicações)".

Métodos de apropriação dos custos: "existem dois métodos de apropriação de custos: o primeiro denominado "por processo", "por departamento" ou "por serviços", registra e apropria os custos para cada departamento ou serviço.

O segundo chamado também por "ordem de produção" ou "por ordem de serviço" registra e apropria os custos diretamente nos itens de produção ou dos serviços realizados" (Bernard François Couttolenc e Paola Zucchi - Gestão de Recursos Financeiros).

Missão: "função que uma organização tenciona desempenhar dentro do sistema social ou econômico que define o caratê e a natureza da organização" (Leon C. Megginson, Donald C. Mosley, Paul H. Pietri Jr. – Administração – Conceitos e Aplicações)".

Motivação: "indução de uma pessoa ou grupo, cada qual com suas necessidades e personalidade distinta, para trabalhar a fim de realizar os objetivos da organização, ao mesmo tempo em que realizam os seus objetivos pessoais" (Leon C. Megginson, Donald C. Mosley, Paul H. Pietri Jr. – Administração – Conceitos e Aplicações).

Orçamento: "demonstração de receita e despesas planejadas – por categorias e período de tempo – de dinheiro, pessoal, espaço, prédios ou equipamentos, expressa em termos numéricos" (Leon C. Megginson, Donald C. Mosley, Paul H. Pietri Jr. – Administração – Conceitos e Aplicações).

Orçamento base zero: "método de *controle orçamentário* que divide os programas de uma organização em "pacotes de decisão" consistindo em metas, atividades e recursos necessários, e depois computa os custos "a partir do nada", como se o programa jamais tivesse existido" (Leon C. Megginson, Donald C. Mosley, Paul H. Pietri Jr. – Administração – Conceitos e Aplicações).

Orçamento-programa: "o orçamento por programa é uma modalidade de orçamento em que, do ponto de vista de sua apresentação, os recursos financeiros para cada unidade orçamentária vinculam-se direta ou indiretamente aos objetivos a serem alcançados" (Bernard François Couttolenc e Paola Zucchi - Gestão de Recursos Financeiros).

Organização: "grupo de pessoas trabalhando em conjunto para a realização de uma missão, propósito, objetivos ou meta comum" (Leon C. Megginson, Donald C. Mosley, Paul H. Pietri Jr. – Administração – Conceitos e Aplicações).

Organização de linha e assessoria: "tipo de estrutura organizacional em que as posições de assessoria foram acrescentadas para dar assistência e servir aos departamentos básicos de linha e ajudá-los a realizar os *objetivos* da organização com mais efetividade" (Leon C. Megginson, Donald C. Mosley, Paul H. Pietri Jr. – Administração – Conceitos e Aplicações).

Organizar: "uma das funções básicas da administração: determinar que os recursos e que atividades são necessários para serem atingidos os objetivos da organização, combinando-os em uma estrutura formal, atribuindo responsabilidade pela realização dos objetivos a subordinados responsáveis, e depois lhes delegando a autoridade necessária para a execução de suas atribuições" (Leon C. Megginson, Donald C. Mosley, Paul H. Pietri Jr. – Administração – Conceitos e Aplicações).

Passivo: "registra as obrigações, ou dívidas, e o patrimônio líquido, que é a parte que pertence aos proprietários" (Bernard François Couttolenc e Paola Zucchi - Gestão de Recursos Financeiros).

Planejamento: "escolha ou estabelecimento de objetivos da organização e depois determinação das *políticas, projetos, programas, procedimentos, métodos, sistemas, orçamentos, padrões, estratégias* necessários para a sua consecução" (Leon C. Megginson, Donald C. Mosley, Paul H. Pietri Jr. – Administração – Conceitos e Aplicações).

Planejamento financeiro: "consiste em definir a política e os objetivos financeiros – investimentos, crescimento, etc. - e prover o volume e os tipos de recursos necessários para atingir esses objetivos, bem como a aplicação desses recursos. A elaboração e o estabelecimento de um plano ou orçamento integrado de atividades são freqüentemente considerados como a função principal" (Bernard François Couttolenc e Paola Zucchi - Gestão de Recursos Financeiros).

Plano de contas: "é uma listagem de contas com símbolos numéricos para todas as contas do Ativo, Passivo, Capital, Receitas e Despesas da empresa. O plano de contas consiste em uma estruturação ordenada e sistematizada das contas utilizáveis numa entidade. A elaboração de um plano contábil obedece aos princípios de contabilidade geralmente aceitos e às normas legais aplicáveis em cada caso concreto. O plano contém as diretrizes técnicas gerais e especiais que orientam a realização dos registros dos fatos ocorridos e dos atos praticados na entidade" (Bernard François Couttolenc e Paola Zucchi - Gestão de Recursos Financeiros).

Poder: "capacidade para influenciar pessoas, grupos, decisões ou eventos" (Leon C. Megginson, Donald C. Mosley, Paul H. Pietri Jr. – Administração – Conceitos e Aplicações).

Ponto de equilíbrio: "nasce da conjugação dos custos totais com as receitas totais. É a quantidade ou valor em que a receita total é igual ao custo total; neste ponto, não há prejuízo nem lucro" (Bernard François Couttolenc e Paola Zucchi - Gestão de Recursos Financeiros).

Procedimentos: "*planos permanentes* detalhados estabelecidos pela administração para definir certos passos a serem dados em uma dada seqüência para a realização dos *objetivos* organizacionais" (Leon C. Megginson, Donald C. Mosley, Paul H. Pietri Jr. – Administração – Conceitos e Aplicações).

Programas: "*planos de uso único* que incluem os objetivos do programa e os passos principais que precisam ser dados para a consecução – com o tempo aproximado de cada um – bem como os recursos necessários para a realização do objetivo declarado" (Leon C. Megginson, Donald C. Mosley, Paul H. Pietri Jr. – Administração – Conceitos e Aplicações).

Projetos: "segmentos individuais de um *programa* geral" (Leon C. Megginson, Donald C. Mosley, Paul H. Pietri Jr. – Administração – Conceitos e Aplicações).

Qualidade: "diferença entre o nível de serviço prometido e realizado; obediência às especificações" (Contabilidade Gerencial – Anthony A. Atkinson; tradução André Olímpio M. du Chenoy Castro, revisão técnica Rubens Famá, Atlas, 2000)

Receita: "o valor recebido pela venda de bens, produtos ou prestação de serviços" (Bernard François Couttolenc e Paola Zucchi - Gestão de Recursos Financeiros).

Relatórios contábeis: "constitui um importante instrumento de avaliação do desempenho das atividades da empresa, fornecendo informações que demonstram o comportamento financeiro da entidade" (Bernard François Couttolenc e Paola Zucchi - Gestão de Recursos Financeiros).

Responsabilidade: "obrigação que é criada quando um subordinado aceita a *autoridade* de m administrador para delegar tarefas ou atribuições" (Leon C. Megginson, Donald C. Mosley, Paul H. Pietri Jr. – Administração – Conceitos e Aplicações).

Sistema contábil: "é o mais importante sistema de informações quantitativas de quase todas as organizações, que deve fornecer informações para três importantes finalidades: relatórios internos à administração, para planejamento e controle de operações rotineiras; relatórios internos à administração, para tomada de decisões não rotineiras e formulação de planos e políticas de maior importância; relatórios externos aos acionistas, ao governo, etc." (Bernard François Couttolenc e Paola Zucchi - Gestão de Recursos Financeiros).

Sistema de Informação Gerencial: "sistema planejado de coletar, processar, armazenar e disseminar informação, de modo que possam ser tomadas decisões efetivas" (Leon C. Megginson, Donald C. Mosley, Paul H. Pietri Jr. – Administração – Conceitos e Aplicações).

Taxa de inflação ou correção monetárias: "de um período qualquer é determinada pela relação entre o valor da medida (índice de preços) selecionada, verificado na data final e inicial do período de cálculo (ou final do período anterior)" (Bernard François Couttolenc e Paola Zucchi - Gestão de Recursos Financeiros).

Tesouraria: "o objeto da tesouraria não é pagar o mais adequadamente possível aos fornecedores, mas sim pagá-los regularmente, no prazo correto de acordo com o calendário previamente estabelecido" (Bernard François Couttolenc e Paola Zucchi - Gestão de Recursos Financeiros).

BIBLIOGRAFIA E CONSULTAS RECOMENDADAS

- Atkinson, Anthony A. – *Contabilidade Gerencial* – Atlas, 2000.
- Benato, João Vitorino Azolin – *Administração Financeira em Sociedades Cooperativas* – OCESP
- Benato, João Vitorino Azolin – *Cooperativas e sua Administração* – OCESP
- Bernardes, Cyro – *Teoria Geral das Organizações – Os fundamentos da Administração Integrada* – São Paulo – Editora Atlas
- Biller, George Rodrigo de Camargo – *Desenvolvimento de Sistemas Administrativos* – São Paulo – Editora Pioneira – 1991
- Carvalho, André de Oliveira e Maria Bernadete de Paula Eduardo – *Saúde & Cidadania - Sistemas de Informação em Saúde para Municípios* – Editora Fundação Peirópolis Ltda. – 1998
- Chiavenato, Idalberto – *Introdução á Teoria Geral da Administração*: Makron Books – 1993
- *Código de Proteção ao Consumidor – 11ª edição* - Editora Saraiva – 1999
- Couttolenc, Bernard François e Paola Zucchi – *Saúde & Cidadania – Gestão de Recursos Financeiros* – Editora Peirópolis Ltda. – 1998
- Dias, Mário e Costa, Roberto Figueiredo – *Manual do Comprador – 1ª edição* – São Paulo – Edicta/2000
- Drucker, Peter F. – *Administrando em Tempo de Grandes Mudanças* – Editora Pioneira – 5ª Edição – 1998
- Ferreira, Aurélio Buarque de Hollanda – *Dicionário da Língua Portuguesa – (Século XXI)* – Editora Nova Fronteira – 1999
- Florentino, Américo Matheus – *Análise Contábil-Empresarial – Apostila nº 2 – Sistema COAD de Atualização Profissional*
- Fonseca, Carlos J.C., Jorge Tadeu Vieira Lourenço, José Domingos Trinta Allen – *Terminologia do Aprimoramento Organizacional* – Qualitymarky Editora – 1997

- Fuhrer, Maximilianus Cláudio Américo – *Resumo das Obrigações e Contratos Comerciais – 9ª Edição* – SP - Malheiros Editora

- Gates, Bill – *A Empresa na Velocidade do Pensamento Com um Sistema Nervoso central* – Companhia da Letras – 1999

- Jacintho, Roque – *Contabilidade Geral – 1ª edição* – São Paulo – Editora Brasiliense

- Jacintho, Roque – *Educação para o Trabalho – Técnicas Comerciais* – São Paulo – Editora Brasiliense

- Koots, Harold e O'Donnell, Cyrill – *Princípios da Administração – 11ª edição* – Livraria Pioneira Editora – São Paulo

- Marcos Kisil – Saúde & Cidadania – *Gestão da Mudança Organizacional* – Editora Peirópolis Ltda. – 1998

- Megginson, Leon, Donald C. Mosley, Paul H. Pietri Jr. – *Administração Conceitos e Aplicações* – Editora Harbra – São Paulo – 1986

- Neto, José Vittorato – *Manual de Contas a Pagar* – São Paulo – DFC Editora – 1996

- Pierruci, Antônio – *Roteiro da Auditoria Contábil* – São Paulo – Editora MacGraw Hill do Brasil

- Requião, Rubens – *Curso de Direito Comercial – 2º volume – 16ª edição* – São Paulo – Editora Saraiva

- Rummler, Geary A.A e Alan P. broche – *Melhores Desempenhos das Empresas* – São Paulo – Markron Books

AGRADECIMENTOS

DAVOS

DAVOS CONSULTORIA EMPRESARIAL LTDA.
Rua Antônio das Chagas, 180 – 3º andar – Fone: 5182.3122
São Paulo – SP.
davos@davosconsult.com.br / www.davosconsult.com.br

VR - Consultores & Auditores S/C Ltda

Rua: Tuim, 50 - sala 1106 -Moema
São Paulo - SP - CEP 04514-100
Tel.: (11) 5053-5075 celular: (11) 9975-4563
e-mail: vittorato@msn.com

KOINONIA SOFTWARE LTDA

As telas e relatórios que aparecem neste livro, capítulo 16, foram extraídas do Software Hábil, gentilmente cedidos pela KOINONIA SOFTWARE LTDA. O Hábil (Sistema de Controle Financeiro), pode ser "baixado" de forma GRATUITA e livremente através do site: www.habil.com.br

Impressão e Acabamento

Prol

EDITORA GRÁFICA